실기교육방법론

윤길근 | 이병헌 | 정황순 | 정경은

Practical Education Methodology

태영출판사

머리말

대부분 사람들은 책을 읽을 때 머리말을 잘 안본다고 합니다. 머리말을 안쓰려고 하니 머리말이 없는 책은 없다는 고정관념 때문에 머리말을 쓰기로 하였습니다. 머리말을 통해 교과서 본문에서는 못하는 이야기를 하려고 합니다.

교육이란 무엇인가라는 질문에 대해 먼저 머리에 떠오르는 것은 '가르치는 것'이라는 대답이다. 그러나 '어떻게 가르치느냐?'는 방법론적인 질문을 한다면 그 대답은 간단하지 않고 다양하다. 가르치는 데에는 무엇인가 최선의 방법, 즉 가장 좋은 또는 가장 바람직한 어떠한 교수방법이 있지 않겠느냐 하는 사람들의 강렬한 희구가 교육방법 탐구에 유행성을 초래하였다.

우선 이 책은 누구나 읽고 공감할 수 있는 교육방법론에 관한 주제와 내용만 서술하려고 시도하였다. 교수·학습과정의 이론모형과 수업설계와 학습지도안은 부록에 넣었다. 그리고 학습자의 선호도에 따라서 학습여부를 결정하도록 하였다.

한국은 겨우 반세기만에 유럽의 선진국을 모두 세지고 고등교육 대중화를 실현하였다. 교육기회의 확대라는 면에서 경이로운 일이 아닐 수 없다.

교육방법은 유행의 물결에 휩쓸려 왔다. 시청각적 교수방법, 교수기계에 의한 교수방법, 협동적 교수방법, 텔레비전 교수방법, 완전학습을 위한 교수방법, 세미나식·토의식 교수방법, 컴퓨터 활용 교수방법 등 수많은 교수방법들이 교육현장을 잠시 휩쓸다가는 시들해져 버렸다.

교육방법은 교육의 본령인 교육의 과정(過程)과 관련되는 것으로 교육 목적을 달성하기 위하여 학습자에게 일련의 경험을 하게 하는 과정이다. 교육심리학은 교육방법의 과학적, 이론적 근거를 확립하고 제공하는 학문이다.

그리하여 이 책에서는 교육방법론과 더불어 심리학이론을 함께 수록하였고, 수업이론들을 부록으로 하여 읽는 이들이 참고할 수 있게 하였다.

많은 참고자료들을 인터넷 검색을 통하여 수집하였다. 참고문헌을 작성하는 과정에서 누락된 부분이 있을 수도 있다. 알려 주시면(virbonus@hanmail.net) 수정 · 보완할 것이다.

끝으로 본서를 출판해 주신 태영출판사 김현태 사장님은 오랜 친구이다. 그동안 교육, 유아교육의 발전을 위해 많은 공헌을 하였다.

21세기 지식기반사회에서 태영출판사라는 이름이 아름답게 더 번창하기를 기원합니다.

2005. 8.

저자 씀

차 례

제 1 장

교육방법과 학습지도의 원리

우리는 그 특성이 변화로 대표되는 정보화시대를 살아가고 있다. 정보화시대는 삶의 모든 부분에 변화를 가져오고, 지식의 수명은 점점 짧아지며, 모든 이들로 하여금 지속적으로 평생학습할 것을 요구한다. 사회적 기준에 맞춰진 모범적이고 규격화된 인간의 시대와 기존 지식을 외우며 암기하던 시대는 지나갔다. 물론 암기는 단기간 내 많은 지식을 습득하는 장점이 없지 않다. 하지만 활용할 수 없는 암기식 지식은 이제는 의미가 없다.

산업화시대의 교육특성이 모방이었다면 정보화시대의 교육특성은 창의성이다. 산업사회에서는 제도권에 들어가서 제도권교육을 받아야만 지식과 정보를 얻을 수 있었다. 제도권 교육의 특성 중 하나인 교과서에 의한 똑같은 방식의 성적위주의 교육은 창조력을 발달시키는 사고나 행동을 억압한다. 인터넷이 시간과 공간의 벽을 무너뜨린 21세기에는 규격화된 교육은 희망이 없다.

컴퓨터, 정보통신기술의 혁명적인 진보는 이제 누구든지 자신에게 필요한 정보와 지식을 쉽게 취득할 수 있게 만들고 있다. 따라서 국가의 임무도 국민을 교육시키는 것이 아니라 국민들이 스스로 학습할 수 있도록 하는 것이다. 근본적으로 '가르치고 주입해야 한다'는 교육관을 바꾸는 작업이 필요하다. 매일 수천 권의 책이 쏟아지는 정보과잉시대에는 단순히 지식을 많이 알게 하는 것이 아니라 각자의 수준에서 지식을 생산할 줄 아는 능력을 가진 사람을 만드는 것이 교육의 목적이 되어야 한다는 것이다.

학습자가 스스로의 세계를 구성할 수 있는 '학습(learning)'을 할 수 있도록 하는 것이 중요하다. 학습자들이 주체로서 스스로 자신의 적성과 재능을 계발하도록 해야 한다. 정해진 지식을 주입시키는 교육이 아닌 '학습'이 중시되는 시스템으로 전환해야 한다. 학습자 입장에서 학습해야 자신에 가장 적합한 창조력을 키울 수 있다.

1. 교육방법의 개념

교육에서 중심이 되는 것은 무엇을 가르칠 것인가와 어떻게 가르칠 것인가의 문제이다. 일반적으로 교육은 왜 가르치려는가의 교육목적과 무엇을 가르칠 것인가의 교육내용 및 어떻게 가르칠 것인가의 교육방법으로 나누어 생각해 볼 수 있다. 학습자에게 어떠한 내용을 선정 조직하여 어떻게 효과적으로 가르칠 것인가에 관한 영역이 교육방법이다. 한 마디로 교육방법은 교사가 학습자에게 학습과제를 가르치는 방법이다.

교육방법이라는 말에는 좁은 의미와 넓은 의미가 있다. 좁은 의미로는 가르치는 기술을 뜻한다. 넓은 의미로는 교육의 과정을 의미하기도 하는데, 여기에는 교육목적의 탐구, 교육과정 구성, 수업(학습지도), 교육의 평가, 생활지도의 영역까지 포함된다.

넓은 의미로 교육방법은 다음과 같은 영역이 포함된다.

첫째는 교육과정이다. 이것은 어떤 교육내용을 학습할 것인가의 문제를 다루는 영역이다.[1)]

1) 학생들에게 무엇을 가르칠 것인가는 중요한 명제이다. 이는 교육과정의 핵심 쟁점인 교육내용을 무엇으로 할 것인가와 관련된 철학적 문제와 결부된다. 21세기 학교교육의 모습과 내용이 달라져야 한다는 점에 대해서는 누구나 동의할 것이지만, 이는 기존의 교육내용과 교과의 구조를 해체하고 재구조화하는 문제가 따르기 때문에, 이러한 점에 대해 좀더 깊이 있는 논의와 합의가 도출되어야 할 것이다. 교육내용의 합의에 대해서도 많은 비판적 시각이 있다. 교육과정이 사회학적인 관점에서 볼 때 교육내용 등에 있어서의 합의도 정치적 산물로서 힘을 가진 쪽에 의해 주도되는 것으로 보고 있기도 하다. 그러나 교육과정의 개정 작업은 복잡한 의사결정과 선택의 과정으로서, 우리 나라의 국가수준의 교육과정 기준을 정하는 과정에는 나름대로의 합리적인 절차와 관계되는 수많은 사람의 합의에 바탕을 두고 만들어지고 있다.

둘째는 학습지도이다. 이는 종래 흔히 사용해온 교수법이란 표현을 보다 넓은 개념으로 확대한 것으로, 학습자의 지식 · 기능 · 태도를 고르게 계발 · 발전시키고자 하는 학습의 과정이나 형태 등을 총칭하는 말이다. 학습지도는 지식의 체계적인 전달 · 수용 뿐만 아니라 학습자 하나하나의 인격의 형성과 학습환경의 조성 등도 이에 못지않게 중요하게 다루어져야 할 것이다.

셋째는 생활지도이다. 이는 학습자의 건전한 성장과 발달을 촉진하기 위하여 그들의 생활과정에서 나타나는 현실적 문제들을 개개인의 능력 · 적성 · 처지에 알맞게 지도하는 일이다.

넷째는 교육평가이다. 이는 교육목적에 관한 증거 및 교육목적의 달성에 영향을 미치는 변인에 관한 증거를 수집하고 이에 더해서 교육적 의사결정을 내리는 과정을 말한다.

다섯째, 학급경영이다. 이는 학급구성원이 의도하는 교육목적을 달성하기 위하여 영위하는 계획 · 조직 · 조정 · 통제와 관련된 일체의 활동을 총칭한다.

여섯째는 교구활용이다. 이는 교수의 수단 또는 방법으로서, 교수를 용이하게 하고 교수효과를 높이기 위하여 도구를 사용함을 말한다. 종래에는 교구란 교과서, 괘도(掛圖, 걸어 놓고 보는 학습용의 그림이나 도표), 모형 등에 한정되었으나 최근에는 시청각 기구가 다양하게 개발되어 교구의 개념이 넓게 쓰이게 되었다(김정환, 1984).

전통적인 교육에 있어서는 교육목적이란 지식의 전달과 수용에 국한되었기에 교육방법은 좁은 의미로 쓰였으나, 현대교육에 있어서는 교육목적을 학습자의 전인적 발달에 두기 때문에 교육방법은 넓은 의미로 쓴다. 이러한 의미에서 교육방법이란 설정된 교육목표를 성공적으로 달성하기 위해서 선정된 교육 내용을 학습자에게 효과적으로 전달하기 위한 수단이다.

이것을 교육현장에서는 교수(teaching)[2], 수업(instruction)[3], 학습지도

2) 교수(teaching)는 가르친다는 뜻을 가진 일반적인 용어로서 교사가 학습내용을 학습자들에게 일방적으로 전달한다는 뜻을 강조하는 개념이다. 교수는 주로 교사의 설명이나 강의에 의존하는 교육방법이다. 이 개념으로 교육방법을 사용할 때, 학교교육이 주입 또는 암기중심으로 이루어지는 것으로 지적되고 있다.

3) 수업(instruction)은 교수와 동일한 개념으로 혼용되고 있지만, 수업은 교수보다 포괄적인 개념으로 사용한다. 교수는 교사의 가르침을 통해서 일어나는 학습을 전제로 하는데 비해서 수업은 교사의 가르침 외에 각종 교재, 컴퓨터, 방송, 우연한 경험 등을 통한 학습활동도 포함하는 개념으로 사용된다.

(learning guidance)[4], 또는 교수–학습(teaching-learning)으로 부르고 있다. 이처럼, 교육방법의 개념이 여러 가지 용어로 사용되는 것은 각 교육방법에서 강조되는 내용이 조금씩 다르기 때문이다.

교육방법이란 결국 어떻게 가르칠 것인가를 탐구하는 것이며, 교육현장에서 가장 중요한 부분의 하나이다. 교육의 내용이 아무리 잘 선정되고 조직되었더라도 그 내용이 학습자에게 정확하게 전달되지 않으면 아무 의미가 없다. 즉, 교육의 내용 선정과 조직이 집을 짓기 위한 설계도라고 하면, 교육방법은 설계도에 따라 집을 짓는 과정으로서 공부할 내용을 어떻게 하면 학습자들에게 효과적으로 전달할 것인가에 대한 방법을 찾는 것이다.

'아는 것과 가르치는 것은 별개(To Know is one thing, to teach is another)'라는 말처럼, 가르친다는 것은 지식을 많이 아는 것으로만 이루어질 수 있는 것이 아니다. 우리가 알고 있는 지식을 어떻게 하면 보다 효과적으로 학습자들에게 전달할 수 있는가라는 물음과 어떻게 안내하면 학습자가 스스로 탐구할 수 있게 될 것인가에 대한 물음에 해답을 찾으려는 것이 교육방법에 관한 연구라고 볼 수 있다(양용칠, 1995 : 175-177).

가르치는 데에는 무엇인가 최선의, 즉 가장 좋은 또는 가장 바람직한 어떠한 교수방법이 있지 않았겠느냐 하는 사람들의 희망이 교수방법 탐구에 유행성을 초래하였다. 교육의 여러 가지 실천영역에 있어서 교수방법은 유행의 물결에 휩쓸려 왔다. 수많은 교수방법들이 교육현장을 잠시 휩쓸다가는 시들해져 버렸다. 예컨대, 시청각적 교수방법, 교수기계에 의한 교수방법, 협동적 교수방법, 텔레비전 교수방법, 완전학습을 위한 교수방법, 세미나식 · 토의식 교수방법, 컴퓨터 활용

---

4) 학습지도(learning guidance)는 교사중심의 전통적인 교육방법에서 학습자 중심의 새로운 교육방법으로 옮기는 과정에서 나타나는 개념이다. 이 방법은 교사의 가르침 활동은 학습자들에게 학습내용을 일방적으로 전달하는 것이 아니라 학습자들이 스스로 학습을 수행해 나갈 수 있도록 학습활동과 학습자가 배우는 과정을 동시에 강조하는 개념이다. 특히, 교사와 학습자가 서로 묻고 답하는 상호작용의 과정이 중시된다.

교수방법 등이다.

그러나 가르친다는 것은 지극히 복잡하고, 역동적인 과정이다. 개인에 따라 수없이 다양하고, 교수・학습목표, 내용, 조건 등에 따라 다양화될 수 있는 것이 수업방법이다. 비록 같은 한 개인이라 하더라도, 그가 똑같은 목표로, 똑같은 내용을 갖고, 똑같은 학생들에게 어제 가르쳤고, 또 오늘 가르쳤다고 했을 때 그 때의 수업이 결코 똑같을 수는 없다.

이것은 곧 가르친다는 것이 그만큼 사적(私的)인 과정이며, 따라서 개별적 독특성(idiosyncrasy)을 전제하지 않을 수 없음을 나타내는 것이다. 그것은 예술가의 작품 창출과정과도 비슷하다. 어느 예술가라해도, 그가 똑같은 소재, 재료, 작업조건을 갖고 동일한 작품을 어제도 만들고 오늘도 만들었다고 했을 때, 완전히 동일한 작품은 있을 수 없다.

이와 같은 교수방법의 유행성과 개별적 독특성은 결국 교수방법에 있어서 최선의 방법이란 존재하기 어려움을 입증해 주는 것이다. 그런데도 우리는 교수방법에 있어서 그 어느 누구에게도, 그 어느 과목이나 내용 또는 조건에도 전부 부합되는 가장 좋은 교수방법이 있는 듯이 잘못 생각하고 있다.

그러나 만병통치적인 최선의 교수방법이란 있을 수가 없다. 최적의, 즉 가장 적합한 교수방법이 있을 뿐이다. 최적의 교수방법은 우연성 또는 불확정성을 기본 특징으로 한다. 최적의 교수방법은 그때 그때의 여러 가지 상황에 따라 얼마든지 달라질 수 있다. 누구에게나, 어떠한 대상에게나 또 어떠한 상황조건에서나 가장 좋은 특정한 교수방법을 찾는다는 것은 지극히 어려운 일이다. 그 보다는 가르치는 사람 각자마다 자신의 다양한 최적의 교수방법을 찾으려는 노력이 더욱 값지고 실속있는 일이다(이성호, 1986).

가르치는 사람 하나하나가 각기 자신의 최적의 교수방법을 가꾸고 만들면서, 그리고 앞으로는 더 나은, 더 적합한, 더 발전된 교수방법을 갖추고 개발하게 되리라는 기대를 가질 수 있는 것이다. 그것은 곧 교수방법이 무한한 가능성의 예술적 노력(art of the possible)임을 나타내는 것이다(이성호, 1986 pp. 3-31).

2. 교육방법의 변천과정

교육이론가들은 그들이 정립한 교육이론 가운데 교육목적을 달성하기 위하여 다양한 교육방법론을 제시하고 있다. 현대교육의 방법론이 있기까지 교육의 역사에 획기적인 계기를 마련한 교육방법을 정리해 보기로 한다.

1) 소크라테스의 산파법(dialogic method)

소크라테스는 '대화법'이라는 교육방법을 제시한다.[5] Socrates(B.C 469-399)의 교육방법은 플라톤의 '대화편'에 나타나 있다. 대화편에 나타난 그의 교육방법을 간단하게 특징짓는 것은 불가능하지만 일반적으로 Socrates의 교육방법을 그 자신이 쓴 말을 빌어 '산파술'이라고 규정하고 있다. Socrates는 사람이면 누구든지 대체로 동일한 정도의 판단능력을 가지고 있다는 것을 믿었다. 누구든지 각자 자기의 눈으로 볼 능력을 가지고 있으며, '볼 수 있도록' 해 주면 누구든지 볼 수 있게 된다는 것을 믿었다. Socrates는 교육을 지식의 주입이 아니고 주어진 능력의 계발로 보았다. 지덕(知德)을 교사가 외부로부터 일방적으로 주입하지 않고 먼저 학생으로 하여금 의문을 일으키게 하여 스스로의 사고활동으로써 학습하게 한다. 즉, 학생의 내부에서 끄집어내야 한다는 것이다. 계발주의적 방법이라고 할 수 있다.

따라서 교사의 역할은 학습자가 그 능력을 계발할 수 있게 도와 주는 일이다. 마치 산파가 산모를 도와 아이를 순산하게 하듯이 교사는 산파처럼 산모로 비유되는 학습자를 도와 신생아로 비유되는 능력의 발전을 꾀해야 한다고 하였다. 이래서 소크라테스는 교육을 '산파술'이라고 했다.

---

5) 소크라테스의 대화법은 소극적 대화법인 반어법과 적극적 대화법인 산파법으로 나뉘어진다. 이와 같은 교육방법을 통해 학습자가 진리에 도달하게 되면, 그의 지덕합일설 에 의해 따라서 도덕적 인간이 되며, 이러한 도덕적 인간은 그의 교육목적인 선한 인간양성과 일치한다. 이와 같은 그의 교육방법론은 교육목적론과 일관성을 지녀 후세의 많은 교육이론과 실천에 영향을 미쳤다.

Socrates는 교육을 지식획득의 과정이 아니고 이미 우리에게 주어져 있는 힘을 사용하여 키우는 일(not a process of acquisition, but the use of powers already existing in us)로 보았고, 이런 교육의 방법으로 힘을 자극하고 키워주는 대화를 강조했다.

Socrates의 방법이 나타내고 있는 가장 명백한 특징은, Socrates 자신이 강조하고 있듯이, 학생이 모르는 것을 가르쳐 주는 것이 아니라, 학생으로 하여금 자신의 지적 탐구를 통하여 스스로 발견해 내도록 하는 데 있다고 볼 수 있다.

2) 코메니우스의 감각적 직관교수

교수-학습이론의 시발점을 역사적으로 거슬러 올라가면, 코메니우스 시대까지 거슬러 갈 수 있다. 직관, 자기생활, 종합 등을 포함하는 교수원칙을 토대로 Comenius(1592-1671)는 그의 저서 「어학입문」, 「세계도회」에서 직관주의 또는 객관적 자연주의 원리에 입각한 감각적 직관교수법을 개발하였다. 그는 세계 최초의 체계적인 교육학서로 알려진 「대교수학」(모든 사람에게 모든 사물을 교수하기 위한 술법)'이라는 저서 속에서 사물을 교수할 때에는 신속하고 정확하며 유쾌하게 배우도록 해야 한다고 하였다. 그의 이러한 주장은 그의 저서 「세계도회(Orbis Pictus, 1658)」에서 실현되었다. 「세계도회」는 세계최초로 그림이 있는 교과서로서 동판으로 인쇄된 150여 개의 그림이 들어 있으며 그림 가운데는 공기, 하늘 등 형이하학적인 것으로부터 하느님 같은 형이상학적인 것에 이르기까지 폭넓은 다양한 것들이 들어 있다. 그 당시 이것은 하나의 커다란 혁명이라고 까지 말할 수 있었다.

Comenius는 학교 교실의 벽에는 그림을 반드시 걸어야 하고 또 아이들이 보는 책들에는 그림으로 채워야 한다고 주장했던 것이다 예를 들면, 그림이라든가, 지도라든가, 노표 또는 모델들이 교실에서 자유롭게 주어져야 된다고 주장했다. 즉, 종래의 언어주의적 교수의 비능률성을 간파하고 사물과 언어의 병행적 학습원칙을 확립하여 직관교수를 구체화하였는데 이것이 곧 근대 교수이론의 선구임과

아울러 시청각 교육의 선구적 위치에 서게 되는 것이다.[6)]

3) 로크의 능력도야법(能力陶冶法)

Locke(1632-1704)는 경험주의를 주장하면서 인간의 본성은 태어날 때는 백지와 같은 것인데 점차 외부의 경험이 쌓여짐에 따라 건전한 정신이 형성된다고 하였다. 그는 교육론에서 반복연습을 강조하면서 체력, 도덕력, 지력 등은 극기적인 엄숙한 단련에 의해 인간의 정신 속에서 습관화될 때까지 반복연습이 행하여져야

---

6) 코메니우스는 수업기술은 공장(工場) 모형(물건을 제작하는 활동)으로 표현된다. 그는 가르친다고 하는 기술을 누구나 알기 쉽고 즐거운 기술로 가꾸어 나가야 한다고 생각해, 가르친다고 하는 기술을 특정인만이 지니고 있는 특수기술이나 개인기에 머물게 할 것이 아니라, 누구나가 보편적으로 갖추어나갈 수 있도록 해야 한다고 주장했다. 가르친다고 하는 기술의 확실한 방법을, 도구를 사용하여 소재에 가공해 나가는 수세공(手細工) 모형으로 생각하여 어린이들을 밖으로부터 만들어 가는 기술로 생각한 것이다. 이 같은 제작 모형으로서의 생각은 다음과 같은 교쇄술(教刷術)을 주장하는 것에 의해 극에 이르게 되었다. 즉, 교쇄술이라 했을 때 그것은 다음과 같다. 용지는 어린이이다. 어린이의 정신 속에 지식이란 문자가 인쇄되는 것이다. 활자는 교수용 도서와 그 밖의 교구에 대한 준비이다. 이것만 있으면 학습해야 할 지식이 아무런 고통 없이 정신 속에 새겨 넣어지게 되는 것이다. 잉크는 교사의 육성이다. 이것이 사물의 의미를 교과서에서 청강자의 정신 속에 옮겨 넣게 되는 것이다. 압인기(壓印機)는 학교의 규율이다. 교사의 가르침은 이것에 의해 더욱 쉽게 이루어질 수 있게 되고, 또 좋든 싫든 주입되어 나갈 수가 있게 된다. 어린이는 용지에 비유되고, 인쇄기술에 상당하는 교수 기술의 방법에 의해 어린이들에게 지식이라는 문자가 손쉽게 새겨 넣어지게 된다는 것이다. 학교, 학급을 효율성이 뛰어난 제조 공장으로 가꾸어 나가야 한다는 생각에, 학교에 있어서의 수업을 공장 모형으로 비유한 것이다.
 코메니우스의 이 같은 공장모형이 갖는 교육적 의의는 다음과 같다.
 첫째로, 나쁜 것은 어린이가 아니라 기술의 서투름에 있다는 인식이다. 용지, 즉 어린이는 누가 되었건 개의치 않는다고 그는 주장하고 있다. 누구가 되었건 가능성이 있다고 본 것이다. 그 이유는 백지이기 때문이다. 더럽혀 있지만 않으면 인쇄는 깨끗하게 되어지고 또 보기에도 선명하게 되기 때문이다. 종이에 말끔히 인쇄되지 않는 것은 결코 종이(어린이)가 아니라 인쇄하는 사람의 기술이 서투르기 때문이라는 생각은 오늘날의 발달론의 입장에서 보더라도 선구적인 생각이라 볼 수 있다.
 둘째로, 학교에서의 일제수업이 갖는 적극적인 의의를 강조하고 있다는 것이다. 공장생산, 즉 집단에서의 일제교육의 방법이 1 대 1의 교육보다는 어린이들을 한층 더 즐겁게 해 주고 활기있게 해 줄 수 있다는 생각에서이다.
부모가 자신의 손으로 자기 자식의 교육을 제 아무리 잘하려해도, 어린이들은 집단 속에서 교육하는 것보다는 못한 것이다. 그 이유는 서로가 본보기가 되어 주고 자극제가 되어 주기 때문이며, 그렇게 함으로써 학업의 성취나 즐거움도 더욱 증가될 수가 있기 때문이다.
-吉本均(1987), 수업의 원칙 -박병학 역(1994), 수업과정의 인간화, 교육과학사.-

한다고 했다. 그리고 관련된 중요한 몇몇 요소를 훈련에 의해서 계발시킴으로써 다른 요소도 계발될 수 있다고 주장하여 능력심리학에 입각한 형식도야설을 주장하였다.

그는 마치 우리 육체가 여러 운동에 의해서 단련되는 것처럼 우리 정신도 어려운 교과의 학습을 통해 단련되는 것으로 보았다. '육체의 힘은 주로 어려움에 견디는 능력들로 구성되듯이 정신의 힘도 그렇다(As the strength of the body lies chiefly in being able to endure hardships, so also does that of mind)'고 주장하였다.

학습은 무엇을 배우는가가 중요한 것이 아니고 어떻게 배우는가가 중요하다. 왜냐하면 학습내용은 잊혀지거나 상황이 변하면 쓸모 없게 되지만, 그 학습에서 얻은 능력은 잊혀질 수도 없고 상황이 바뀌어도 그 능력은 효과를 나타내기 때문이다. 예를 들면, 라틴어는 실사회에 거의 쓰여지지 않지만 라틴어의 까다로운 어미변화 등을 외면서 길러지는 기억력은 라틴어 어미변화를 잊어버린 다음에도 남아 생활의 여러 문제를 푸는 데 유용하게 사용된다.

철봉으로 턱걸이하는 것은 턱걸이 자체에 의미가 있는 것이 아니고, 이것을 통해 단련되는 체력이나 순발력 등을 기르는데 목적이 있다. 교과에 대해서도 마찬가지이다. 수학의 내용 자체가 중요한 것이 아니고 이로 인해 단련되는 논리적 사고력이나 분석적 · 조직력 등이 중요하다. 학습을 이렇게 생각한 사람이 Locke이다.

4) 루소의 내적 자연의 중시

Rousseau(1712-1778)는 성선설에 기초를 두고 아동에 대한 일체의 인위적 · 전제적인 억압이나 주입을 배격하였다. 그는 아동의 자기발견, 사기사고, 자기활동을 존중하고, 아동의 내적 욕구(주관적 자연성)에 의한 자발적인 학습을 주장함으로써 20세기 초기의 교육개혁의 중요 원리의 하나인 '아동으로부터'라는 원리를 내세웠다. 그는 교육의 요소를 자연, 인간, 사물이라고 보았으며, 인간과 사물의 교육은 자연의 교육에 일치 또는 통합되어야 한다는 합자연의 원리에 의하여 교육할 것을 주장하였다. 이러한 것은 자발성의 원리와 개성존중의 원리로 요약될 수 있다.

Rousseau는 가르친다고 하는 것의 모형을 밖으로부터의 활동 또는 새겨 넣는 활동으로 보는 것이 아니라, 내부로부터의 힘의 전개 · 발전으로 본다는 농장(農場) 모형(식물을 재배하고 돌봐주는 활동)으로 제시하고 있다. 교육이란, 바람직한 인간성의 자연이 싹터 나오도록 지켜보고, 그것을 보호해 주는 것이지, 그것을 가공해 나간다든가 간섭해 나가는 것이 아니라고 생각한 것이다. 그는 교육의 방법에 대해 다음과 같이 주장하고 있다. 어린이에게는 결코 명령해서는 안 된다. 어떤 것에 대해서도 절대로 명령해서는 안 된다. 여러분께서 어린이들에게 명령을 할 수 있는 어떤 권위를 지니고 있음을 그들에게 조금이라도 상상할 수 있게 해서는 안 된다. 또 어린이에게는 결코 벌을 벌로써 과해서는 안 된다. 벌이란 항상 그들의 악행의 자연의 응보로써 그들에게 되돌아가도록 해나가야 하는 것이다.

밖으로부터의 강제라든가 간섭을 가능한 한 제거하고, 어린이의 생득적인 힘이 발육되어지기를 주의 깊게 지켜보고, 도와주고, 보호해 주는 것이 교육의 올바른 방법이라 보는 것이다. 이 점에서 교사는 정원사이고, 수업이란 정원을 가꾸는 일과 공통점이 있다는 것이다. 가르친다는 일을 농장 모형, 즉 유기체의 성장 모형으로 보는 생각은 페스탈로치나 프뢰벨 등에 있어서도 크게 받아들여지고 있다.[7)]

---

7) 인간의 교육은 점토를 반죽해 내는 일과는 전적으로 달라서, 포도나무가 열매를 맺고, 커나가는 힘을 길러 나가도록 옆에서 도와주고 또 주의 깊게 지켜봐 주는 것과 같은 것으로 봐야 한다는 것이다. 농장모형은 공장모형과는 달리 가르친다고 하는 활동의 본질을 인간의 내부로부터의 힘(사고하는 힘, 표현하는 힘)을 발달시키는 것으로 본다는데 있다. 물건을 만드는 법칙이라든가 기술과는 달리, 어린이 자신의 내발적 의사에 의해 활동해 나가도록 해야 한다는 것이다. 교사의 활동의 실마리는 어린이들 자신으로부터 우러나오는 의지를 조심성 있게 지켜보고, 도와주고, 북돋워 주는 데서 찾아져야 한다. 이를 깊이 인식하는 데에 식물재배의 농장모형의 특질이 있다. 수업기술을, 어린이들을 단련시키는 활동으로 볼 것인가, 아니면 어린이들의 내적인 힘이 우러나오는 것을 지켜보면서 도와주는 활동으로 볼 것인가의 두 가지 대립적인 사고방식은 지금도 넓고 뿌리 깊게 존재하고 있다. 전자는 관리주의라 불리어지고, 후자는 자연주의라고 불리어지고 있다. 그리고 관념적으로는, 어린이들의 내부로부터 우러나오는 힘을 원조해 나가는 것이 옳은 방법이라고 하면서도, 실제적으로는 어린이들을 무리해서라도 단련시켜 나가지 않으면 교육한 것 같지도 않게 생각하고 있는 것이 현실이다.

5) 페스탈로치의 기초도야법(基礎陶冶法)

Pestalozzi(1746-1827)는 Comenius와 같이 외적(객관적) 자연의 법칙에 따라 추상적, 법칙적인 것으로 출발하는 연역법을 버리고 아동의 경험에 기인하는 귀납법을 교수법으로 도입하였다.

Pestalozzi는 직관이 모든 교수의 기초가 된다고 믿었으며 학생의 선천적인 소질의 발달을 조성하는 것이 교수의 본질이라고 하면서 내부로부터의 발전을 강조했다. 사물을 인식하는 기초가 되는 수 · 어 · 형 등의 교수를 막연한 감각적인 인상에서 명료한 관념으로 구체화하도록 하였다. 교육방법은 자발성의 원리, 방법의 원리, 직관의 원리, 소화의 원리, 사회의 원리 등으로 요약할 수 있다.

Pestalozzi는 교육에 코페르니쿠스적인 전환을 일으킨 사람으로 평가되고 있다. 그에 의해 귀족중심의 교육이 민중중심의 교육으로, 교과서 중심의 교육이 생활중심의 교육으로, 그리고 지식중심의 교육이 인간의 조화적 발전이란 인격도야 중심의 교육으로 바뀌게 되었다. 이러한 그의 교육론은 기초교육의 이념에 나타나 있다. 이것은 세 가지 3위 1체로 구성된다.

첫째, 인간교육을 도덕력, 지능력, 기능력의 세 힘의 조화적 발전으로 보는 인격도야의 방법 원리이다.

둘째, 지능력의 발달을 수(數) · 형(形) · 어(語)의 세 인식수단으로 명시한 것이다. 우리가 대상을 인식하려 할 때, 우리는 먼저 그것이 몇 개인가(數), 어떤 꼴인가(形), 그리고 무엇이라 불리우는가(語)를 알아야 한다. 이 셋은 인식의 가장 기본적인 수단이다.

셋째, 인간의 전체적인 능력의 도야는 직관 언어 사고를 통하여 얻어진다. 사물을 직관적으로 인식하고, 다음에 그 직관을 언어로 표현하고, 마지막으로 직관과 언어를 바탕으로 사고를 함으로써 인간의 힘이 전체적으로 길러진다는 것이다. 그것이 첫눈에 어떻게 보이는가? 그것은 언어로는 어떻게 표현될 수 있는가?

-吉本均(1987), 수업의 원칙 -박병학 역(1994), 수업과정의 인간화, 교육과학사.-

그것은 어떤 기능을 하는 것이며 또 어떤 의미가 있는 것인가? 이렇게 탐구해 나가는 것이 가장 좋은 교육방법의 하나이다.

Pestalozzi는 빈민교육의 목적과 계획이라는 논문에서 흔히 빈민에게는 직업 교육만 시켜 산 기계를 만들려고 하는데 이것은 큰 잘못이며, 그들에게도 그들의 잠재능력을 전면적으로 발달시킬 인간교육의 기회를 제공하여야 한다고 부르짖었다.

Pestalozzi는 모든 교육은 감각적 인지에 기초를 두고 감각적 경험을 통한 잠재력 개발을 해야 한다고 하여 실물교수(object lesson) 방법을 주장하였다. 예컨대, 지리를 가르칠 때 Pestalozzi는 학생들을 언제나 데리고 다니면서 여행을 하였다. 그런 다음에는 언제나 수업시간에 진흙을 가지고 학생들이 직접 산이나 계곡의 모형을 만들도록 하고 모든 형태의 모양을 학생들로 하여금 제작하도록 하였던 것이다. 그는 언어는 단지 상징적인 것에 불과하며 실제적인 경험에 연결되지 않는 한 한낱 공허한 것에 지나지 않는다라고 하였다.

6) 프뢰벨의 인간교육

프뢰벨은 인간교육이라는 저서에서 아동에게 내재하고 있는 神性을 계발하는 것이 교육의 근본이므로 신의 창조활동에 의한 인간으로서의 생산활동이 존중되어야 한다고 하였다. 즉, 노작의 원리에 의한 교육방법을 주장하였다. 우리는 어린 동식물들에게 휴식처를 제공하고, 그들에 대한 무리하고도 심한 간섭을 피해야 한다. 무리하게 간섭하면 그들의 순수한 발육과 건전한 성장을 방해하게 되기 때문이다. 하물며 인간인 어린이를 마음 내키는대로 반죽해낼 수 있는 점토 덩어리로 취급하려 드는 것은 끔찍스러운 일인 것이다.

원정(園丁)이 가지치기를 하는 경우에 있어서도 그 포도나무의 본성을 좇아서 전적으로 주의 깊게 온갖 정성을 다하여(수동적인 자세로) 이루어지지 아니하면, 설사 그것이 선의에 의해서 이루어진 행위라 하더라도 포도나무가 죽게 되거나, 최소한도 열매를 잘 맺도록 하고 키워나가는 힘을 파괴하고 말 것이다.

Fröbel(1782-1852)은 유치원의 창시자이며, 유희활동을 강조했다. 아동은 놀이 자료를 통해 자기를 표현할 수 있으며 자료의 조작으로 정신의 발전을 이룩할 수 있다고 하였으며, 1838년 은물(gift), 작업(occupation)을 창안, 유아의 자발적인 행동을 통한 교육을 시도함으로써 시청각적 교수매체를 통한 교육의 기초를 마련하였다.

7) 헤르바르트의 5단계법

Herbart(1776-1841)는 교육의 목적을 덕성의 함양에 두고, 그 덕성함양을 위한 방법을 논리적으로 고찰하여 교육의 체계를 갖추었다. 그는 교육의 목적은 윤리학에서, 교육의 방법은 심리학에서 찾아야 한다고 보았다.

우리가 헤르바르트의 5단계법이라 할 때 그것은 그와 그의 제자에 의해 완성된 교실 안의 학습활동의 과정을 말한다. 이것은 준비(preparation), 제시(presentation), 연합(association), 체계화(systematisation), 응용(application)의 5단계로 나누어진다. 준비(準備)는 지난 시간에 배운 것 등을 회상시키며 이번 시간에 배워야 할 것이 무엇인가를 밝히는 일, 제시(提示)는 이번 시간에 배워야 할 새로운 내용을 가르치는 일, 연합(連合)은 지난 시간에 배운 것과 이번 시간에 배운 것을 비교하는 일, 체계화는 지금까지 배워 온 것들을 하나의 체계로 일반화하는 일, 그리고 응용은 원리를 이용하여 각자가 새로운 문제나 예제(例題)에 도전하여 그것들을 풀며 원리를 익히는 일이다.

Herbart는 아동의 자기활동은 내적으로 발생하는 의지활동이 아니라, 외계의 대상에 의해서 유발되는 활동이라고 하였다. 이러한 주지주의적 입장에서 모든 교육의 진행은 일정한 형식에 따라서 이루어져야 한다는 형식단계설(formal steps)을 세웠다. 그는 도덕적 품성의 도야라는 교육목적을 달성하기 위하여 흥미를 기반으로 한 교수의 과정으로 명료, 연합, 계통, 방법의 4단계를 들고 있다. Ziller는 Herbart의 명료를 다시 분석과 종합으로 분류하였고 Rein은 다시 Ziller의 5단계를 준비(preparation), 제시(presentation), 비교(comparison and abstraction), 총괄 또는 일반화(generalization), 응용(application) 등으로 분류하였다.

Herbart는 Pestalozzi와 같이 경험은 목적물의 감각력으로 시작된다고 하였다. 학습과정에서 그 새로운 학습에 관계되는 바는 이미 알고 있는 경험이다. 그는 여러 학습 단계에서 교사가 그 뜻을 명백히 하는 것은 가장 중요한 것이라고 보았으니 이 개념 속에 시청각 교육에서 강조되고 있는 학생의 필요에 응하는 교사의 열성적 태도도 포함되고 있는 것이다.

8) 듀이의 반성적 탐구법

Dewey(1859-1952)는 '행함으로써 배운다(Learning by doing)'고 하면서 활동과 경험을 위주로 하는 교육방법을 주장하였다. 그는 교육을 경험의 계속적인 재구성이라고 정의하였는데 그의 교육이론에 있어서의 사고는 습관을 기르고, 그 사고가 경험을 심화시켜 인생의 문제, 우리가 사는 세계의 문제를 푸는 열쇠가 되어야 할 것으로 중시되고 있다. 그에 의하면 교육이란 올바른 사고로 경험을 풍요·심화·체계화시켜 생활을 의미있게 하는 일이다.

Dewey는 교육내용을 여러 교과로 나누어, 어느 교과에서는 기술을 습득하고(읽기, 쓰기 등), 어느 교과에서는 정보를 수집하고(역사, 지리 등), 어느 교과에서는 사고력을 기르고(수학, 철학 등) 하는 논리는 단호히 배격한다. 모든 교육내용이 올바른 사고를 길러주는 반성적 탐구(reflective inquiry)가 되어야 한다. 그래서 그는 이것이 방법의 본질이자 교육의 방법이라고 역설한다.

Dewey는 문제해결의 연속적 단계를 강조하여 반성적 사고과정을 중심으로 문제에의 접근, 자료수집, 가설설정, 원리(이론)의 전개, 원리(이론)의 검증의 5단계 과정인 문제해결 과정을 주장하였다.

이를 구체적으로 설명하면 다음과 같다.

첫째, 문제의 인식이다. 과거에 경험하지 못했던 새로운 상황에 부딪쳐 혼란과 당혹을 느꼈을 때 이에 굴하지 않고 자기가 풀어야 할 문제가 무엇인가를 정확하게 인식한다.

둘째, 주어진 자료를 분석함으로써 잠정적(暫定的)인 해석을 내리는 단계이다.

셋째, 잠정적인 해석이 과연 옳은가, 옳지 않은가를 논증할 수 있는 자료를 수집하거나 연구를 하는 단계이다.

넷째, 수집된 자료와 연구를 토대로 해서 잠정적인 가설을 설정하는 단계이다.

다섯째, 설정된 가설의 타당성 여부를 검증하는 단계이다. 그래서 가설을 수용하거나 기각(棄却)한다.

Dewey는 이 다섯 가지 단계의 사고의 과정이 올바른 사고를 유도한다고 말한다. Dewey의 이러한 교육방법은 그 후 여러 종류의 문제해결법으로 변용되고 발전되면서 진보주의 교육방법의 원리로 정착되었다.

9) 마카렌코의 집단교육법

소련의 사회주의 교육이론의 제공자 Makarenko는 교육의 임무는 '집단주의자를 교육하는 데 있다'고 말한다. 집단주의는 사회주의의 특징이다. 이 집단이란 개개인이 아무렇게나 결합된 모임이 아니고, 사회주의의 원칙에 입각해서 결합된 조직된 개인의 통합체이다. 집단주의 교육방법을 요약하면 다음과 같다.

첫째, 집단에 대한 충성심 함양이다.

둘째, 노동을 중시한다. 이론과 실천의 통일성은 공산주의 철학의 대전제다. 실천을 통해 이론이 유도되고, 이론은 또 실천을 통해 심화된다.

셋째, 교과 외 행사의 중시다. 학교 내외의 갖가지 행사가 사회주의적 인간을 기르는데 적극적으로 권장되어야 한다. 북과 트럼펫에 발맞추어 일사불란하게 행진하면서 힘과 단결의 감각(a sense of strength and unity)을 기른다.

넷째, 다면적(多面的) 교육이다. 어떤 직업에도 다 통용될 수 있는 기초적 원리를 철저하게 배우는 교육인데, 이것을 다예교육(polytechnism)이라 한다. 이런 뜻에서 어느 특정 직업에 필요한 특정 기술을 일찍부터 배우는 직업교육은 지양된다.

다섯째, 가정을 교육적 기관으로 인정하지 않고 도리어 사회적(집단적) 생활을 하는데 장애가 되는 것으로 본다. 그의 생각은 뒤에 다소 수정은 되었지만 사회성을 기르지 못한 '부르주아 가정'에 대한 혐오심은 여전하다.

Makarenko의 교육방법의 특징은 집단을 통해 배우고 집단을 통해 자기를 발전시키는 데 있다. 그러나 이 같은 논리는 자유민주 사회의 전통과는 맞지 않는다. 다만 그의 이론 중에서 다예교육(多藝教育) 방식만은 서구사회에도 많이 도입되고 있다.

3. 학습지도의 원리

전통적인 학교는 지식을 가르치는 곳이며, 교사는 교과서만 가르치면 되었다. 이때의 학습지도는 언어를 통하여 지식을 전달하는 교사중심의 학습활동으로 전개되었던 것이다. 즉, 교수만이 있었다.

교수는 교사가 중심이 되어 지식을 학생에게 주입 · 전달하고 가르치고, 학생이 지적 · 정서적 · 기능적 목표를 달성할 수 있도록 촉진하기 위하여 학습 경험을 조정하는 과정으로 일반적으로 지적 방면에서의 교육활동을 의미한다. 그러나 20세기 들어와 아동경험중심으로 입장이 기울면서 문화의 창달자로서의 교사의 역할도 학습자의 활동을 통한 진정한 학습이 이루어지도록 조장 및 지도하는 것을 의미하게 되었다. 그리하여 교수라는 개념도 학습지도로 바뀌었다. 학습지도란 학습자가 교육목표를 효과적으로 달성할 수 있도록 자극하고 도와주는 교육활동을 말한다. 학습은 학생들이 배우고 익히는 것이며 몰랐던 것을 알게 되는 것, 어떠한 기능이 익숙해지는 것을 의미한다.

학습의 의미를 자발적인 행동 변화의 과정이라고 볼 때, 그 성격상 학생이 스스로 하는 경우 또는 자신이 하려고 노력하는 경우에만 성립하게 된다. 이것을 무시하고 교사가 아무리 열심히 주입시켜도 학습자 측에서 이를 적극적으로 받아들일 자세가 되어 있지 않다면 바라는 대로 인간다운 행동 변화는 이루어지지 않는다. 왜냐하면 행동 변화를 하는 측은 학생이며, 그 학생 개개인은 제각기 흥미와 능력과 요구를 가지고 제 나름의 서로 다른 반응을 하는 성질이 있기 때문이다. 교육은 학습자가 자기 발견을 하는데 있으니, 학습지도에 있어서 학습자의 성질을 먼저 이해하여야 할 것이다.

학습지도의 원리는 오랜 역사적인 과정을 통해서 개선되고 추가되어 근대적인 학습지도의 원리로 형성되어 왔다. 최근의 학습원리는 학습자의 지능, 성숙 정도, 경험적인 배경 등으로 형성되는 학습의 소지를 기반으로 한다. 이와 같은 교육활동을 위해서는 다음과 같은 학습지도의 특징이 고려되어야 한다.

1) 자기활동(자발성)의 원리

자발성의 원리는 학습의 능동성을 강조하는 것이다. 효과적인 학습은 아동의 자발성에 호소하여야 하며 자발성이 토대가 되어 학습이 이루어져야 한다. 어떠한 학습을 막론하고 그것은 학습자의 내부에서 일어나는 학습의욕으로 성립되고 전개되는 것이다. 이런 의미에서 교육은 학생의 자기발전이며, 자기발전을 위하여 필요한 것은 자기활동이다. 또 자기활동은 그들의 내면적인 욕구에서 발동하는 것이므로 자아의 전개라고 할 수 있다.

자발성의 원리는 자기활동, 자기구성, 자기발전 또는 자기생산이라는 점에서 학습의 모든 가능성이 의존하고 있는 최후의 중심관계가 '자아', 즉 생명이라는 원리에 입각한 것이다. 학습에서의 자발성이란 생명에 뿌리를 내리고 있는 것으로서 자발성을 존중한다는 것은 곧 생명을 존중한다는 것이다. 자발성은 생명의 본질이고, 창조활동의 근원이며 또 모든 사고나 행동의 원동력이다.

학습지도에서 자발성을 존중한다는 것은 개인의 내적 생명인 자기발전을 조장할 뿐 아니라 그 생명이 직면하고 있는 문제해결의 방향을 올바르게 하고 그 해결을 조장하는 것을 의미한다. 학습지도에서 경험의 원리, 노력의 원리, 식관의 원리, 활동의 원리 등은 모두가 자발성의 원리에서 파생된 지도방법의 원리라고 할 수 있다.

학습자 자신의 활동과 노력을 중시하는 Pestalozzi의 노작(勞作)교육과, Dewey가 주장하는 '행(行)함으로써 배운다(learning by doing)'는 것은 자발성의 원리를 뒷받침해 준다고 할 수 있다. 교사의 입장에서는 학생 스스로 학습하도록 하는 방법이 모색되어야 한다. 구안법, 문제법, 프로그램학습 등은 이와 같은 원리를 적용한 것이다. 자활이나 자발을 기초 원리로 삼게 될 때 학습자가 가지는 창의성을 발휘할 수 있다.

학습활동을 효율적으로 전개시키려면 학습자가 자발적으로 학습에 참여해야 한다. 자기의 필요와 흥미에 의해서 자발적으로 학습했을 때 그 진전의 속도는 빠르고 학습자는 희열을 맛보게 된다.

아동이 특정 방면, 즉 체육을 즐겨한다든지, 음악을 좋아하는 본래의 흥미 뿐만 아니라 학습의 진행을 흥미롭게 유도하는 것은 흥미에 의한 학습 동기 유발에 중요한 문제가 된다. 학습 의욕을 일으키기 위해서는 무엇보다도 먼저 생활하게 하여야 하고 생활하는 것에 의해서 그 생활의 필요로부터 자발적인 학습이 이루어지는 것이다. 또한 우리나라 교육과정에서 추구하는 인간상, 즉 자주적 인간과 창의적인 인간은 자발성의 원리에 따라 교육할 때 길러질 수 있는 것이다.

2) 개별화(individualization)의 원리

학습은 학습자의 발달과 이해의 정도에 따라서 이루어진다. 개별화의 원리는 학습의 내용과 진도를 학습자 자신이 지니고 있는 요구와 능력에 맞추어 학습활동의 기회를 마련해 주어야 한다는 원리이다. 인간이란 근본적으로 성격 · 능력 · 지능 · 흥미 · 경험 등에 개인차(individual difference)가 있어서 획일적으로 취급할 수 없는 것이다. 따라서 학습자가 지니고 있는 각자의 개인차를 토대로 하여 요구와 능력 등에 알 맞는 학습활동의 기회를 마련해 주어야 한다는 것이다.

학습자의 활동은 전통적인 교수방법에서와 같이 모든 학습자를 일률적이며 통제적으로 이끌어 갈 수 없다. 지도자료로서의 교과나 교재도 한 가지를 준비하여 모든 학생에게 똑같은 방법으로 적용시켜서는 안 된다. 학습자는 성숙의 정도, 능력, 흥미, 요구, 생활태도, 경험 등에 의해서 각자의 이해 정도가 다르고 학습능력도 다르기 때문이다.

학습자의 개성이나 능력에 맞는 이상적인 지도형태는 교사와 학생의 1 대 1에 의한 지도형태를 목표로 하는데 그것은 가정교사에 의한 지도형태에서 찾아볼 수 있다. 그러나 교사와 학생이 1 대 1로 학습활동을 전개하는 것이 반드시 바람직한 것이라고 할 수 없다. 왜냐하면 그것은 문자학습, 기타의 지식이나 기능의 학습에는 도움이 될 수 있지만, 학생지도에 대한 사회적 · 집단적인 지도이념을 떠난 편협적인 사람이 될 가능성이 있다. 그러나 개인지도의 학습이 이상적이라는 점은 부정할 수 없다.

학습의 개별화의 경향은 개인차의 문제를 밝힌 심리학의 발달에 의해서 촉진되었다. 모든 사람은 자신의 능력에 따라 기회균등의 권리가 보장되며, 사회적인 통제를 받지 않고 행동할 수 있도록 하는 민주생활의 원리는 학생들의 흥미나 능력에 따라 학습시킬 것을 더욱 강조하게 되었다.

3) 직접경험(direct experience)의 원리

'백문(百聞)이 불여일견(不如 見)이다'는 말이 있다. 문자에 의한 교육이 정확하고 살아있는 지식이 되지 못하기 때문에, 직접경험을 통한 현장학습의 필요성을 강조하게 되었다.

학습흥미는 구체적인 대상에 의해서 강하게 유발되므로 지도방법을 학습자가 직접 경험하는 것이 좋다. 교과서를 통해서 학습하는 간접경험 보다는 직접경험, 즉 체험을 하는 것이 효과적이다.

4) 사회화(socialization)의 원리

Aristoteles는 이미 오랜 옛날에 '인간은 사회적 동물이다'고 하여 인간생활의 사회성을 간파하였다. 인간은 사회적 존재이기 때문에 사회와 격리되이 생활할 수 없으며, 교육 또한 무인고도나 허공의 기구처럼 사회에 격리되어 이루어질 수 없다. 학생의 학습도 사회성을 떠나서는 존재할 수 없다. 사람은 자기가 속해 있는 집단의 사상이나 행동에 의하여 크게 영향을 받고 있기 때문이다. 사회화 원리는 학습 내용을 현실 사회의 사상과 문제에 기반을 두어 선정하고, 학교에서 경험한 것과 학교 밖에서 경험한 것을 교류시키며, 이것을 공동 학습을 통하여 협력적이고 우호적인 학습 상태로 꾸며 진행하는 원리이다.

이 원리는 학습자가 자기활동을 전개하려고 할 때 개별화의 문제도 중요하지만 동료들과 같이 협력하는 사회성도 중요하다고 본다. 이 원리는 학습이란 개인의 인격 완성을 목적으로 하는 의도적 활동인 동시에 개인을 사회화하는 동화작용이며, 사회인으로 형성하는 사회 작용의 하나로 보고 있으며, 학습자가 하나의 독립된 인간으로서 그들이 소속한 각종 사회에 참가하여 원만한 인간관계를 맺어 가면서 개인적으로 발전하고 사회적으로 유용한 일원이 되도록 학습을 지도해야 한다는 전제에 입각한 원리이다. 그러므로 아동의 교육은 한 독립된 인간으로서 그들이 소속한 사회에 참가하여 사회적 활동을 원만히 할 수 있도록 지도하여야 한다.

개별화의 원리와 사회화의 원리는 서로 모순되는 것 같은 데, 개별화 또는 개성화의 방향이 사회적인 공헌을 전제로 하는 것이기 때문에 모순이 아니고 상보적인 관계를 이루고 있는 것이다. 즉, 개개인의 사회적 공헌은 자기의 개성을 통하여 이룩되며 개성의 위치는 사회과정에서 인정받게 되는 불가분의 관계가 있는 것이다.

학습지도에서 사회화의 원리를 구현하는 방법은 다음과 같다.

① 全人的인 지도의 관점에서 학습의 개별화와 사회화의 균형을 유지시켜야 하며, 두 원리의 조화를 이루어야 한다. 지나치게 사회화에 중심을 두어 획일적인 지도가 되어서는 안 된다.

② 학교에서의 지도와 가정에서의 지도 사이에 간격이 벌어져서는 안 된다.

③ 사회화의 원리를 실천함에 있어서 어떠한 학습형태를 취하든지 학생 상호간의 인간관계를 잘 조정해야 한다.

사회화의 학습을 가능하게 하는 학습지도 형태로는 토의법, 분단학습(group study), 문제해결법, 구안학습법(project method), 자치활동, 동아리 활동 등이 있다.

5) 통합화(integration)의 원리

오늘날의 교육은 지식이나 기능보다도 그것을 포함한 전인교육, 즉 전체로서 환경에 적응할 수 있는 내재적인 모든 능력을 조화적으로 발달시킬 것을 요구하고 있다. 인간의 행동은 부분적 또는 단편적으로 이루어지는 것이 아니라 종합적,

통합적으로 전개된다. 즉, 학습은 부분적, 분과적으로 이루어지는 것이 아니고 지적, 정의적, 기능적 분야의 종합적인 전체(전인교육)에서 이루어져야 한다는 것이다.

그러나 종래의 교실에서의 수업은 부분적 · 분과적으로 이루어졌고 수업은 유기적인 연관이 없을 뿐더러 실생활과 거리가 먼 주입식 주지 교육이었다고 하여도 과언이 아니다. 이러한 학습 활동은 인간의 여러 영역을 발달시키는 데에는 한계가 있다. 이러한 주입식 주지주의(主知主義) 교육으로부터 벗어나 생활 영역과 밀접하게 교섭하며 인간 생활을 종합적으로 이해하도록 지도하여야 한다. 여기에 기초를 둔 것이 통합의 원리이다. 학습지도에 있어서 통합의 요구는 교재의 통합과 인격의 통합으로 나누어 생각할 수 있는데, 교재의 통합은 학습에 필요한 모든 교재를 학습자 중심의 흥미로 통합시키는 것이며, 인격의 통합은 학생의 내부에 있어서의 형성, 즉 인격, 태도, 행동 등을 목표로 한다. 이 통합화의 원리를 구현하기 위하여서는 교재를 통합하고 문제해결 방식을 종합적으로 모색하며 생활지도와 밀접한 관련을 맺어 가정과 학교와 사회가 긴밀한 관련을 취해 가야 하는 것이다. 교사는 언제나 학생의 구체적인 정신적 · 사회적 발달, 즉 지덕체(知 · 德 · 體)의 조화적 균형을 이루도록 노력하여야 한다.

6) 목적(purposes)의 원리

교육은 목적을 가진 의식적인 활동이며 학습지도는 그 목적을 실현하기 위한 구체적인 방법이다. 효과적인 학습활동을 전개하려면 먼저 주어진 학습문제에 대한 목적의식이 뚜렷해야 한다.

학습자의 입장에서는 학습자에게 학습목표가 분명하게 인식되었을 때 학습자들은 자발적이며 적극적인 학습활동을 하게 된다. 인간의 모든 행동에는 반드시 원인이 있으며, 이는 다른 말로 목적이 있다고 말할 수 있는 것이다. 목적이 없는 행동은 뜻이 없는 활동이며 적극성과 발전을 기대할 수 없는 활동이다. 자기나름대로 목적이 있을 때 그 행동이나 활동에 민첩하고 활발하며 활동의 결과를 자기가 평가하려고 하며 그 결과에 따라서 자기행동에 수정을 가하여 의도한 바의 목적에 도달하는 것이다. 따라서 학습 내용을 학습할 때 학생 각자가 뚜렷한 목적의식을 갖도록 사전 자극을 주어 학습 의욕을 일으키고, 흥미를 가질 수 있도록 해야 한다.

위에서 말한 다섯 가지 원리 외에 직관의 원리가 있다. 직관의 원리란 어떤 사물에 대한 개념을 인식시키는데 있어서 언어적인 방법과 설명보다는 구체적인 사물을 직접 제시하거나 경험시킴으로써 큰 효과를 볼 수 있다는 학습의 원리이다.

직관교육은 문자로 된 서적을 중심으로 하는 언어주의에서 벗어나 이해가 쉽고 빠르며, 학습의 과정과 결과는 인상 깊이 기억되며 학생들이 흥미 있게 학습에 참여하게 되어 학습효과가 크다. 언어교육보다 시청각교육이 강조되고 있는 근본 입장은 직관의 원리에 근거한다. 사진, 모형, 표본, 슬라이드 등 여러 가지 시청각 교육에 의한 대리경험을 주어 직관교육을 실시하거나 가능한 범위 내에서 현장학습을 실시하여 교육의 효과를 거둘 수 있다.

참고 문헌

곽병선(1996). -교육과정 2000 연구개발-초·중등학교 교육과정 체제 구조안. 한국교육개발원.

김성규(1994). 교육을 생각하자. 조선일보 1994. 12. 6.

김영칠(1996). 한국교육 비전 2020 -세기의 대전환-. 한국교육개발원.

김인회(1986). 교육사 교육철학 강의. 문음사.

김정환(1984). 교육학개론 -교육의 본질과 과제-. 박영사. pp. 234～243(교육방법의 역사).

______(1995). 페스탈로치의 교육철학. 고려대학교 출판사.

박병학 역(1994). 수업과정의 인간화. 교육과학사. -吉本 均(1987). 수업의 원칙.

박승배(1996). 정보화 시대의 학교교육과정과 평가상의 과제. 교육학연구 34(3). pp. 203～221.

박영태(1995). 사랑의 학습지도법. 학지사.

박의수·강승규·정영보·강선보(1993). 교육의 역사와 철학. 동문사.

박준영(1987). John Dewey 교육방법론의 본질과 특성. 부산수산대학교 논문집 제8집, 제1권 pp. 353-370.

박형준(1995). "정보사회에서 사회적 불평등의 매커니즘". 아산재단 제7회 사회윤리 심포지움 정보사회와 윤리. 1995. 10. 27. p. Ⅳ-6.

변영계·김영한(1996). 교육방법 및 교육공학. 학지사.

안인희 편(1991). 교육고전의 이해. 이화여자대학교 출판부.

양용칠(1995). 교육학개론. 중앙적성출판사.

이돈희(1985). 교육철학개론 교육행위의 철학적 분석-. 교육과학사.

이상주(1995). 교육개혁 공개토론. 조선일보사. 1995. 4. 7.

이성호(1986). 교수방법의 탐구 -교육방법과 공학-. 양서원.

이원호 역(1984). 교육사 -교육문제 변천사-. 문음사.

이옥화·천세영(1996). 정보사회의 도래와 교육의 변화전망, 교육학연구, 34(1). pp. 189～

208.
이인숙(1996). 교육공학의 역할 재규명을 위한 연구. 교육학연구, 34(5). 한국교육학회.
이홍우(1991). 지식의 구조와 교과 -소크라테스의 교육방법-. 교육과학사.
이화여자대학교 교육공학과(1996). 교육방법 및 교육공학. 교육과학사.
조무남 · 피정만 · 김기수(1996). 교육사 교육철학 강의. 동문사.
조선일보(1996. 3. 10). 교육방법, 태도, 내용까지 바꿔 -인터넷이 교육혁명 일으킨다-. 조선일보사.
진위교(1995). 학교 교육의 내용과 방법 : 정보화 사회의 요구, 그에 적합한가? 교육학연구, 33(4). pp. 103~124.
최운실(1996). 열린 학습사회 실현을 위한 사회교육 개혁과제 연구. 한국교육개발원.
______(1997). 열린 학습사회를 지향하는 평생교육의 시 지평. 한국교육학회소식(제33권 제2호 통권 214호).
한국통신기술협회(1994). 정보통신용어사전.
한승희(2000). 학습혁명. 매일경제신문사.
함종규(1992). 학습지도. 문음사.
허숙(1995). 학교 교육의 내용과 방법 : 정보화 사회의 요구, 그에 적합한가? 에 대한 토론. 교육학 연구, 33(4). pp. 125~129.
허운나(1995). 멀티미디어와 미래 인간교육. 정보화 사회와 한국교육(한국교육개발원 및 통신교육연구원 주최 교육정책 세미나 자료, 3월 15일), pp. 35~56.
Council of Europe(1991). Education and the information society. UK: CASSELL.
J. S. Brubacher(1996). A History of the Problems of Education.
Merriam, S. B. & P. M.(1989). Cunningham Editors. Handbook of Adult and Continuing Education, San Francisco : Jossey-Bass Publishers.

* 교육방법의 변천과정은 김정환(1984). 교육학개론 -교육의 본질과 과제-. 박영사. pp. 234~243(교육 방법의 역사)과 이원호 역(1984). 교육사 -교육문제변천사-. 문음사. J. S. Brubacher(1966). A History of the Problems of Education. 박병학 역(1994). 수업과정의 인간화. 교육과학사. -吉本 均(1987), 수업의 원칙'을 준거로 하여 작성하였음.

별첨 1 교육의 방법이 바뀌어야 나라가 산다

미국의 워싱턴 포스트지는 지난 1000년 동안의 역사 속에 가장 중요했던 인물로 에디슨이나 아인슈타인 대신 징기스칸을 뽑은 바 있다. 징기스칸은 매복과 기습이라는 혁명적 전술과 속도전에 알맞은 기마병으로 아시아와 유럽을 지배했던 위대한 전략가다. 그러나, 징기스칸의 대 몽골 제국이 150년밖에 유지되지 못한 원인은 시대의 흐름에 따라 새롭게 변하려는 도전적인 자세가 부족하였고 낡은 방식만 고수하려 했던 고정관념 때문이었다.

지금 우리나라는 5천 년 역사이래 가장 풍요롭고 자유로운 생활을 누리면서 살고 있다. 그러나, 이렇게 풍요를 누린 것도 10여 년밖에 되지 않는다. 서양의 소설가 세르반테스는 "태양이 비치고 있는 동안에 건초를 만들어라"라고 말한 바 있다. 여건이 갖추어져 있을 때 미래를 대비하라는 뜻일 것이다. 우리는 현재와 현실 속에서 우리의 미래를 예측해 보고 점검해 보아야 한다. 이 세상에 변하지 않는 것은 아무 것도 없다. 변화에 대처하지 않으면 뒤쳐질 수밖에 없다. 이러한 관점에서 지금 우리가 점검하고 바로 잡아가야 할 문제는 바로 교육이다.

교육의 목표는 학생 개개인의 타고난 능력을 계발하는 데 있다. 특히, 스스로 문제를 찾아서 해결해 낼 수 있는 아이디어를 구안하고 이를 바탕으로 새로운 가치를 산출해 낼 수 있을 때 올바른 교육이 이루어지는 것이다. 그러나, 지금 우리 교육은 입시를 위한 암기 내지는 수렴적 사고를 요구하는 피행적 교육에 편향되어 있다. 이와 같은 교육방식으로는 국제적 경쟁에서 앞서 갈 수 없다. 이런 관점에서 교육의 방법을 전환시키기 위한 다음의 3가지 의견을 제안하고자 한다.

첫째, 교육의 방법을 문제풀이 중심에서 문제발견 내지는 문제해결 중심으로 바꿔야 한다. 예를 들어, 고막에는 왜 3개의 뼈가 붙어 있는지, 맛이나 향기를 수치화할 수는 없는지, 불국사의 청운교는 왜 이중 아치로 되어 있는지에 대해 의문을 갖고 궁리하여 문제를 해결해 낼 수 있도록 해야 한다.

둘째, 결과를 중요시하기 보다 과정을 즐길 수 있는 교육을 해야 한다. 사람에게는 누구에게나 감추어져 있는 것을 찾아내려 하고, 모아진 것을 나누어 보고, 흩어진 것을 다시 모아서 새롭게 바꾸려는 욕구와 능력이 있다. 이러한 욕구와 능력은 저절로 형성되는 것이 아니다. 그것은 창의적 사고력을 바탕으로 한 새로운 교육방법과 훈련과정에 의해 계발되고 성취되는 것이다. 우리의 교육이 새로움을 지향하는 학생들에게 격려를 해 주고, 궁리하는 학생에게 칭찬을 해 주고, 다른 사람과 다르게 문제를 푸는 학생에게 박수를 쳐준다면 학생들은 배움의 과정에서 기쁨과 성취의 감동을 경험할 수 있을 것이다. 나아가 이러한 경험은 인생의 성취에 큰 밑거름으로 작용할 것이다. 따라서 학생들 스스로 학습의 과정에서 보람을 찾고 성취의 즐거움을 경험할 수 있도록 교육의 방법을 바꿔야 한다.

셋째, 학생 개개인의 능력 신장보다는 3~4명 단위의 그룹탐구를 장려하여 학생들 스스로 궁리해서 아이디어를 제안하고 직접 실행해 볼 수 있는 프로젝트 중심형의 교육방식으로 지향해야 한다. 세상에는 나보다 더 우수하고 능력이 있는 사람이 얼마든지 있고, 내가 가지지 못한 능력을 상대방이 갖고 있는 경우가 많다. 아이디어를 잘 내는 학생, 컴퓨터를 잘 하는 학생, 손재주가 좋은 학생들이 한데 모여 문제를 찾아내고 스스로 설계하여 문제점을 해결해 나아가는 방식을 적용한다면 미래사회에 경쟁력 있는 인재를 길러낼 수 있을 것이다.

21세기 사회는 각 분야에서 새로운 자세로 도전하는 인재를 요구하고 있다. 우리는 현재에 안주하는 고인 물고를 터 버리고 교육의 방법을 새롭게 바꾸어야 한다. 그래야 나라가 산다.

- 육근철(2002). 교육의 방법이 바뀌어야 나라가 산다.- 한국교육신문. 2002. 10. 21.

제 2 장

교육방법의 유형 (학습지도의 형태)

【거꾸로 도는 시계】

'발상의 전환을 통한 변화와 혁신' 상징

'거꾸로 도는 시계'는 시계는 왼쪽에서 오른쪽 방향으로 돈다는 고정관념을 깨뜨리고 오른쪽에서 왼쪽으로 돌아도 같은 시간을 가리킨다는 발상의 전환을 통한 '변화와 혁신'을 상징적으로 나타낸다.

-행성자치부 국가전문행정연수원-

우리는 다른 나라가 300～400년에 걸쳐 이룩한 근대화의 과정을 50여 년 동안에 이룩하였다. 그동안 많은 지식을 효율적으로 수용하는 방식이 필요하게 되었는데 가장 효율적인 방식이 교수는 전달하고 학생은 수용하는 방식이었다. 많은 지식을 학습자에게 전달해 주고 학습자들은 그것을 수용하는 방법을 지금까지 지속해왔다. 유능한 교수란 지식을 많이 가지고 있는 사람이고 유능한 학습자란 그것을 훼손됨이 없이 많이 얻는 사람이었다. 그러나 이와 같은 전달－수용적 방법으로는 21세기에 나타날 불확실성을 극복할 수 없고, 세계지성사와 문명에 기여할 수도 없다. 전달-수용적 방법은 앞선 것을 따라잡는 데에는 효과가 있었으나, 새로운 것을 창출하는 데는 효율성이 낮은 방법이기 때문이다.

지식과 정보가 다양하고 방대해지는 정보화 사회에서는 경험에 대한 개방적인 태도와 사고의 유연성을 가지고 탐구하는 인간상이 필요하다. 정보화 사회에서는 정보와 지식이 폭발적으로 증가하는데 학습자들에게 이러한 지식을 모두 전수한다는 것이 불가능해졌기 때문이다. 이제 지식을 전수하는 교육이 아니라 학습자들이 스스로 지식을 구성해 나갈 수 있는 능력을 교육하는 것이 필요하게 된 것이다. '무엇을 배우느냐(what to learn)'보다 '어떻게 배우느냐(how to learn)'에 초점을 맞추어 교육해야 하는 것이다. 즉 기존의 획일적이며 권위주의적인 전달-수용적 방법 대신에 학생 개개인의 사고에 가치를 부여하고 학생간의 상호작용이 가능한 참여－탐구적 방법으로 전환되어야 한다.[1] 이러한 교육의 방향을 추구하기 위해서는 보다 능동적인 학습을 유도할 수 있는 교수방법들이 적용되어야 할 것이다.

그러나 인간을 다루는 지도방법에 단 하나밖에 없는 가장 좋은 방법은 있을 수 없다. 각각의 학습지도 형태는 나름대로의 장·단점을 가지고 있다. 따라서 학습지도의 형태로 하나의 방법을 소개하고 이를 권장하려면 그 방법이 가지고 있는 정확한 성질과 장·단점 등을 충분히 고려하여야 한다. 또한 학습의 목적과 학습 장면의 상황에 따라 상호 보완적인 관점에서 적합한 방법이 채택되고 운영되어야 한다. 다양하게 제기되어 온 학습지도의 형태를 살펴보기로 한다.

1) 조정원(2000). 대학교육의 세계화와 국제적 질 관리. 2000년도 하계 대학 총장 세미나.

1. 강의법(lecture method)

1) 강의법의 역사

강의법은 근본적으로 학습자의 정서적인 성장이나 사회적 적응보다는 지적인 훈련에 목적을 두고 있는 가장 오래된 교육방법으로써, 고대에서부터 동서양을 막론하고 유용하게 사용해 왔다. 동양에서는 공자나 맹자가 일찍이 1대 1의 개인교수 방법을 사용하기도 했지만 여러 제자들을 함께 모아 놓고 강론이라는 형식으로 가르치기를 즐겨했다. 서양에서는 희랍시대부터 소크라테스, 플라톤, 아리스토텔레스 등이 즐겨 사용했던 교육방법의 하나였으며, 이것이 15세기 초 중세에 들어와 대학이 제도적 형태를 갖추기 시작하면서 완전히 하나의 교수모형으로 정착하기에 이른다. 이때는 교육의 실용적 가치를 외면한 교양교육을 실시하던 때였으므로 지적(知的)인 내용을 주입하는 방법으로서 강의법이 가장 적당한 방법으로 여겨졌다. 또한 종이가 부족하고 인쇄술이 발달하지 못하여 서적의 보급이 어려워 교사만이 교재를 가지고 있었으므로 강의를 통한 지식, 기술의 발달을 촉구하였다.

그러나 교양교육을 위주로 하던 주지주의(主知主義) 교육에서 실생활의 대비를 중요시하는 실용주의 교육철학이 대두됨에 따라 강의나 암송을 통한 방법만으로는 학습자의 욕구를 충족시켜 줄 수 없게 되었다. 학교 수업방법이 많이 개선되었지만 아직도 대부분이 수업은 교사가 학생들 앞에 서서 열심히 교과서에 실려 있는 내용을 설명해 주는 형태가 가장 많다. 강의와 설명 중심의 전통적 방법은 그 나름대로 장점이 없는 것은 아니지만 교육의 과학화, 개별화, 민주화를 표방하는 현재에 그러한 방법은 고답적인 것이 아닐 수 없다(양용칠, 1995).

2) 강의법의 특징과 장 단점

강의법은 중요한 정보를 교사의 말로 학습자에게 전달하도록 설계된 수업모형이다. 지식이나 기능을 교사의 설명을 통해서 학습자에게 전달하고 이해시키는 교사

중심의 학습법이기 때문에 교사와 학습자 사이에 반응을 주고받을 기회가 제약된다. 그러므로 교사는 수업 내용을 철저히 분석하고 조직하여 학습자가 쉽게 이해할 수 있도록 학습자에게 제시해야 한다. 학습자의 인식능력에 맞는 적합한 어휘, 속도, 제스처 등을 통하여, 또는 다양한 학습매체나 수업 보조물 등을 사용하여 학습자의 주의집중이나 동기유발에 도움을 주어야 한다.

강의법의 문제점 중의 하나는 강의를 듣는 학생들에게 제시되는 자료를 이해하고 따라갈 수 있는 능력에 개인차가 있음에도 불구하고 전형적으로 강의는 일정한 보조에 따라 진행된다는 데에 있다. 이와 같이 강의법은 비효과적이라는 비판이 있으나 아직도 많은 사람들이 모일 수 있는 곳이라면 어디에서든지 학습자를 가르칠 수 있는 효과적인 교육방법으로 이용되고 있다. 강의법의 장점과 단점은 다음과 같다.

(1) 장 점

① 많은 학생을 대상으로 하여 짧은 시간에, 동시에 교수할 수 있으므로 경제적으로 유리하다.

② 다량의 사실을 언어만으로 체계적인 전달할 수 있다.

③ 강의할 내용을 적절히 조정할 수 있다.

④ 학습보조 자료를 적절히 제시하면 학생들의 동기유발도 되고 난해한 문제를 평이하게 설명할 수 있다.

⑤ 전체적인 전망을 제시하는데 유리하다.

(2) 단 점

① 교사중심이므로 학생들의 활동성을 저해하여, 학생들이 수동적으로 된다.

② 스스로 사고하는 습관의 훈련이 이루어지지 못하므로 문제해결력, 창의력, 사고력, 응용력 등의 고등정신 기능을 연마할 기회가 없다.

③ 획일적인 일제학습이 되기 쉬우므로, 학습자의 개인차를 무시하고 일방적으

로 주입시키는 결과를 가져온다.[2)]

④ 교재위주의 학습지도이므로 현실생활과 동떨어진 지식위주에 빠지기 쉽고, 응용화, 사회화의 힘이 길러지지 못한다.

⑤ 자율학습의 태도가 길러지지 못한다.

2. 토론법(discussion method)

1) 토론법의 특성

한국인은 토론문화에 익숙하지 않다고들 한다. 그러나 대화와 투론은 인간의 삶이 있는 전체 사회현상과 체제의 기본구조를 형성한다. 토론은 인간 사이의 만남을 현실화하는 방법이다. 교육활동이 인간관계와 공동체 형성에 그 본질을 둔다고 할 때, 대화를 통한 토론은 교육의 장을 마련해 주는 바탕이 된다. 그러므로 학교교육은 교사의 일방적인 지시나 설명으로 전개되는 것이 아니라, 토론하고 공동으로 의견을 모으고, 자료를 서로 나누고 교재를 공부하면서 기뻐하는 만남의 장이되어야 한다.

강의법을 교사중심의 수업이라고 한다면 토론법은 학습자 중심의 수업이라고 말할 수 있다. 토론법은 학습자들 사이에, 또는 학습자와 수업자들 사이에 정보나 아이디어, 의견 등을 나누기 위해 서로 이야기하거나 함께 문제를 해결해 나가는 탐구과정이다. 문제 자체를 해결하는 것 뿐 아니라 집단 속에서 개개인이 자유롭게 의견을 발표하고 타인의 의견을 수용하여 원만하고 합리적인 결론으로 문제를 해결하려는 태도와 습관을 기를 수 있으며, 이러한 과정에서 자주적인 학습 의욕이

2) 주입 · 암기식 교육의 원조(元祖)는 일본이다. 일본은 선진국이 수백년간 이루어 놓은 근대학문과 산업기술을 주입 암기식 교육을 통해 짧은 기간 안에 흡수했다. 그러나 일본은 1984년 21세기의 출범이라는 이름으로 교육개혁을 시작하면서 교육의 목표를 창의력과 개성신장으로 바꾸었다. 선진국에서 더 배울 것은 없고 21세기를 위해 일본이 할 일은 창의력 교육이라는 일본 문부성 관리의 말처럼 일본은 80년대 후반부터 유치원에서 대학까지 아예 개념 정립을 다시 하는 변혁을 시도하고 있다. 뒤늦게 근대화를 시작한 우리 나라도 주입 · 암기식 교육이 경제발전의 바탕이 된 것도 사실이다. 그러나 이제 더 이상 그런 식으론 안 된다는 것이 세계 석학들의 충고이다. 지식이 폭발적으로 생산되는 시대에 과거의 지식만을 암기시키고 주입하는 것은 아무 의미가 없다.

생긴다. 교육활동에서 토론은 필수적인 학습수단이며 상호 지식과 의견을 전달하는 기본 형태가 된다. 또한 학습자의 활동, 참여, 피드백의 기회를 만들어 학습자를 적극적으로 움직이게 하는 효과가 있다.

이와 같이 토론법은 실제적인 의사소통을 통하여 학습자의 참여를 유도하며 문제를 비판·분석하는 능력을 기르고, 창의적 능력과 협동적인 기술을 개발할 수 있는 방법이다. 복잡한 개념을 이해하고자 할 때, 혹은 문제해결이나 사고과정을 강조하는 수업을 진행하고자 할 때 효과적인 것으로 평가되고 있다. 그러나 정보나 메시지의 전달 속도가 느리고 전달정보의 범위가 좁고 정확도, 밀도가 낮아서 원래 의도했던 기대 목표에 미치지 못한다는 평가도 있다.

2) 토론법의 장·단점

(1) 토론법의 장점

① 사회적 기능 및 태도를 향상시킬 수 있다. 토론은 대화를 통해 상호의견을 교환하고 집단적으로 문제를 해결하는 협력의 과정을 전제로 한다. 따라서 학습자들은 타인에 대한 이해와 존중의 태도를 배울 수 있으며, 집단적 사고를 가능하게 해 주는 협력과 참여의 기능도 익힐 수 있다.

② 집단의식과 공유능력을 향상시킨다. 토론 수업은 학습자들에게 집단구성원으로서의 역할과 소속감, 연대의식 등을 심어 준다. 즉, 집단 속에서 자신의 기여와 책임감을 느끼게 함으로써 구성원으로서의 능력을 수행할 수 있게 한다.

③ 선입관과 편견은 집단구성원의 비판적 탐색에 의해 수정될 수 있다. 토론 수업에서는 학습자들이 집단구성원으로부터 새로운 정보나 지식을 획득할 수 있는 기회가 많다. 따라서 학습자들이 기존에 갖고 있던 생각을 끊임없이 수정하는 비판적 자세를 견지할 수 있게 한다.

④ 자율성을 향상시킬 수 있다. 토론은 수업자 보다는 학습자의 비중이 높은 수업방식이다. 따라서 학습자들의 능동적인 참여와 자발적인 역할이 요구된다. 즉, 학습자가 수업자에게 의존하지 않게 됨으로써 학습자 중심의 자율적인 수업이 이루어지게 된다.

(2) 토론법의 단점

① 시간이 많이 소요된다. 토론 수업을 하기 위해서는 준비와 계획단계에서 뿐만 아니라 진행과정에서도 많은 시간이 소요된다.

② 사전준비와 체계적인 관리에도 불구하고 예측하지 못한 상황이 발생할 수 있다. 이는 토론의 목적에서 벗어나서 산만하고 빈약한 대화를 하거나 초점을 잃은 채 토론을 위한 토론으로 끝날 수 있음을 의미한다.

③ 토론의 허용적 특성은 학습자의 이탈을 자극할 수 있다. 토론 수업에서 학습자 전원이 적극적으로 참여하고 주도적 역할을 수행하기 보다는 몇몇에 의해 주도될 가능성이 있다. 나머지 학습자들은 토론과정에서 방관하거나 무관심한 상태로 빠질 위험이 있다.

④ 알려지지 않거나 어느 정도 완전하게 이해하지 못한 사실과 개념에 대해서 효과적으로 토론하기란 어렵다. 토론하게 될 주제를 충분히 파악하지도 설명하지도 못한 채 이에 대해 생각하고 말한다는 것은 한계가 있다. 또한 학습자들이 토론주제에 관해 어느 정도 이야기할 수 있을 만큼의 수준에 도달해 있어야 하는데, 그렇지 못한 경우가 많다(변영계, 김영환, 1999).

3) 효과적인 토론 수업을 위한 유의점

토론 수업이 성공하기 위해서는 학습자 측의 적극적 참여와 준비가 전제되어야 한다. 토론 수업의 질은 학습자들이 토론하는 주제나 문제에 대한 사전 지식과 정보를 얼마나 풍부하게 준비하느냐는 것에 비례하기 때문이다. 따라서 효과적인 수업을 위해서 치밀한 계획을 세우고 그 계획에 기초하여 전개하고 평가하는 등 일련의 단계를 거쳐야 한다. 토론이 시작되기 전에 수업자는 수업의 목적을 명확하게 설정하고 이에 맞는 주제와 방식을 선정한다. 이 때 학습자의 능력이나 수준, 관심 정도, 교과내용의 맥락 등 여러 가지 여건을 고려해야 한다. 학습자들의 관심이 있고 문제의식을 느끼는 주제일수록 효과적인 토론을 기대할 수 있다. 또한 원활한 대화를 위한 심리적·물리적 환경조성도 염두에 두어야 한다.

토론이 본격적으로 진행되면 수업자는 목적지향적인 토론이 이루어질 수 있도록 유의해야 하며, 학습자의 참여를 자연스럽게 유도할 수 있어야 한다. 또한 토론이 원만하게 진행되도록 편안하고 개방적인 분위기를 조성하고 토론진행을 방해하는 요인들을 적절히 다룰 수 있어야 한다. 또한 수업자는 토론을 시작할 때 주제를 간결하고도 자연스럽게 제시한다. 참가자 전원에게 토론의 내용과 목적을 분명히 이해시키며, 개방적인 질문이나 진술을 던질 수 있어야 한다. 질문에 있어서는 사실형(fact-type)의 질문은 피하여야 한다. 반면에 '어느 것' 또는 '왜(why)'형의 질의는 토론을 활기차게 북돋우며, 판단이 내포된 질문은 토론을 활발하게 한다. 수업자는 주제를 흥미롭게 다루고 유머 감각이 있어야 하며, 타인의 의견을 존중하면서 자신의 의견을 억제할 줄 알아야 한다. 또한 학습자의 태도와 행동에 대해 판단하지 않으며 수용과 격려의 자세를 취해야 한다. 구체적인 설명이나 강의, 자극적이고 지나친 유머 사용은 토론분위기를 해치기 쉽다.

4) 토론의 유형

토론은 집단의 규모와 구성원들의 특성, 활동방식에 따라서 다양하게 제시될 수 있다. 참가하는 인원이나 의제 등에 따라서 원탁식 토론(round table discussion), 배심토론(panel discussion), 공개토론(forum discussion), 심포지엄(sysposium), 대담토론(colloquy), 세미나(seminar), 버즈토론(buzz) 등으로 구분된다.

(1) 원탁식 토론(round table discussion)

토론의 가장 기본적인 형태로, 참가 인원은 보통 5~10명 정도로 소규모 집단구성을 이룬다. 참가자 전원이 상호 대등한 관계 속에서 정해진 주제에 대해 자유롭게 서로의 의견을 교환하는 좌담형식이다. 원탁식 토론은 충분한 경험을 지닌 사회자와 기록자, 그리고 전문 지식을 가진 청중들 또는 관찰자(관찰자는 있어도 되고 없어도 됨)와 함께 대화하는 비형식적 집단의 성격을 띤다. 토론에 참가한 구성원들이 자신의 생각을 마음껏 발표하고 청취할 수 있는 분위기를 유도해야 하며, 특히 침묵하거나 소외되는 참가자들이 없도록 전체 분위기를 조정해야 할 필요가 있다.

원활한 토론을 위해서는 집단구성원들간에 충분한 협조와 개방적인 자세, 그리고 공동체 의식이 형성되어야 하는데, 만약 그렇지 못할 경우 토론을 위한 토론이나, 심각한 언쟁이나 반목의 상태로 악화될 우려가 있다.

(2) 배심토론(panel discussion)

배심토론이란 사회자의 진행에 의해 특정의 주제에 관하여 3~6명의 패널 구성원이 청중 앞에서 유목적적 대화의 형태로 토론을 하게 하는 학습기법을 의미한다. 이 때 패널 구성원의 대담식 토론이 배심토론의 주된 내용이 되며, 사회자나 청중 참석자들의 의견개진이나 공식토론은 거의 허용되지 않는다.

토론에 참가하는 소수의 신정된 배심원은 특정 주제에 대해 상반되는 견해를 대표하며 청중은 주로 듣기만 하는데, 경우에 따라서는 질문이나 발언권을 주기도 한다. 배심원은 토론될 주제에 대한 관심을 갖고 관련된 내용을 조사해야 하며, 필요한 경우에는 전문적인 연구도 해야 한다. 그러나 배심원이 반드시 관련 주제 분야의 전문가일 필요는 없다. 다만 토론 주제에 대해 흥미를 느끼고 약간의 지식을 갖추어서 청중 앞에서 토론을 할 수 있는 능력을 지니고 있으면 된다.

(3) 공개토론(forum discussion)

1~3인 정도의 전문가나 자원인사가 10~20분간 공개적인 연설을 한 후, 이를 중심으로 하여 청중과 질의 응답하는 방식으로 토론을 진행한다. 공개토론은 청중이 직접 토론에 참가하여 공식적으로 발표한 연설자에게 질의를 하거나 받을 수 있다는 점이 특징이다. 사회자는 연설 및 질의시간이나 발언 횟수를 조절해야 하며, 활발한 토론 진행을 위해 청중에게 질의를 유발시켜야 한다.

(4) 단상토론(symposium)

단상토론 학습기법은 동일한 주제 혹은 상호 관련이 있는 몇몇의 소주제를 중심으로 소수의 사람들이 공식발표 형태로 각자의 전문적 지식과 의견을 제시하고 토론하는 일종의 공식적 좌담형태를 취하게 된다.

토론 주제에 대해 권위 있는 전문가 몇 명이 각기 다른 의견을 공식 발표한 후, 이를 중심으로 해서 의장이나 사회자가 토론을 진행시킨다. 단상토론에 참가한 전문가와 사회자, 그리고 청중 모두는 특정 주제에 관한 전문적인 지식이나 정보, 경험 등을 지니고 있어야 한다는 점이 특징이다. 따라서 한 주제를 다양한 측면에서 깊이 있게 다룰 수 있다.

(5) 대담토론(colloquy)

대담토론은 콜로키라 불리우는 학습기법으로서 보통 6~8명의 토론 참석자로 구성되며, 이 중 3~4명은 학습자(청중) 대표이고 또 다른 3~4명은 전문가나 자원인사이며 한 명의 사회자가 대담토론 과정을 총괄하여 이끌어 나가게 된다.

대담토론은 주로 청중 대표와 전문가 집단에 의해서 이루어지나, 사회자의 진행에 의해 일반 청중이 직접 토론과정에 참가할 수도 있다. 토론시간은 청중 대표, 전문가와 일반 청중이 비슷하게 안배되어야 하며, 서로간에 의사소통이 원활하게 이루어질 수 있도록 배려해야 한다.

(6) 세미나(seminar)

세미나는 우리에게 가장 친숙하며 가장 널리 활용되고 있는 집단학습기법이다. 참가자 모두가 토론 주제 분야에 권위 있는 전문가나 연구가들로 구성된 소수집단 형태이다. 세미나를 주도해 나갈 주제발표자의 공식적인 발표에 대해 참가자들이 사전에 준비된 의견을 개진하거나 질의하는 방식으로 토론이 이루어진다.

세미나의 지도자는 세미나의 참석자들 위해 군림하는 권위적인 지도자나 일방적 · 수직적인 관계 하에 지시 · 교도하는 교사로서의 입장을 배제해야 한다. 상호 수평적 관계 하에서 상호 공동학습(co-learning)의 원리에 입각하여 세미나를 진행하여야 한다.

세미나는 참가자들에게 특정 주제에 대한 전문적인 연수나 훈련의 기회를 제공해 주는 데 목적이 있다. 따라서 참가자 전원은 보고서 형식의 간단한 자료들을 상호 교환할 수 있어야 한다. 이 토론방식은 참가자 전원이 해당 주제에 관련된 지식이나 정보를 체계적이고도 깊이 있게 토론할 수 있게 하는데, 이는 사전에 철저한 연구와 준비를 전제하는 것이다.

(7) 버즈토론(buzz)

집단토론 방법의 하나로서 학급 안의 인간관계를 높임과 동시에 학생의 기초학력을 향상시키는 것을 목적으로 하고 있다. 한 분단은 6명씩으로 조직하고 6분간 토론하고 그 결과를 가지고 전체가 모여서 토론한다는 6 · 6법이라고 불리어진 것이며 학생들이 벌떼처럼 와글와글 거리면서 학습한다고 해서 버즈학습이라고 한다.

윙윙회의 또는 6 · 6토론라고도 하는데 소집단 토론과정을 통하여 학생들은 자기 의견이나 생각을 털어 놓고 모르는 것은 서로 일러주어 협력해 가면서 문제를 해결해 나가는 도중 학생 상호간의 인간관계를 증진시키는 수업형태이다. 대집단에서 강연, 심포지움 등이 있은 후 소집단으로 쪼개어 주어진 주제에 관하여 자유로이 토론함으로써 자기표현, 인간관계, 문제의 깊이를 더해 나갈 수 있다는 장점이 있다.

3. 문제법(problem method) : 문제해결학습

문제법은 Dewey가 체계화한 진보주의 교육철학의 교육방법으로 그는 'How we think'에서 밝힌 반성적 사고과정(reflective thinking)[3]을 통하여 이 방법을 확립하였다. 이 방법은 학습자들이 생활하는 현장에서 당면하는 여러 문제들을 해결해 나가는 과정에서 지식, 기능, 태도, 기술 등을 종합적으로 획득하도록 하는 교육방법이다. 학습자 스스로의 활동이 중요하며 자료수집과 그 조직화 등에 대해

3) 반성적 사고과정은 ① 곤란의 감지 ② 곤란의 위치지움과 확인 ③ 가능한 해결의 시사 ④ 추리에 의한 발전 ⑤ 행위에 의한 가설의 검증(관찰, 실험)의 5단계이다.

서 학습자 자신이 계획연구를 함으로써 풍부하고 깊이 있는 경험을 가지게 된다. 학습자의 자발적인 활동에 의하여 스스로의 힘으로 문제를 해결하고, 논리적이며 건설적으로 생각할 수 있는 능력, 즉 발산적이며 평가적인 사고력을 기를 수 있다는 데 교육적 의의가 있다. 효과적인 문제법 수업을 위하여, 교사는 학습자의 능력 흥미 경험을 고려하여 가능한 한 학생들이 다양한 문제를 경험할 수 있도록 문제를 제시하는 것이 좋다. 또한 사고하는 과정을 잘 전개해 나가고, 문제를 완전히 해결하고자 하는 습관을 기르도록 해야 한다. 학습자가 올바르게 사고과정을 밟아 학습활동을 할 수 있도록 교사의 적절한 조력과 지도가 필요하다. 그러므로 교사 자신이 문제해결의 기술에 숙달되어 있어야 함이 필수적이다. 문제해결의 과정은 아래의 5단계로 나눈다.

1) 1단계 : 문제의 인식

학습자 자신이 문제를 충분히 의식하고 있어야 한다. 학습자 자신이 문제를 발견하기도 하고 또 교사가 제시할 때에는 충분히 설명하여 학습자가 충분히 그 문제를 파악하도록 해야 한다.

2) 2단계 : 해결 방법의 연구계획

결정된 문제를 해결하기 위해서 문제의 성질에 따라서 해결방법이나 과정 분담 등을 정하는 것이다.

3) 3단계 : 자료의 수집

계획에 따라 문제에 관련된 자료를 조사하고 문헌을 통하거나 실험, 실측 등으로 수집한다.

4) 4단계 : 해결 방법의 실시

수집한 자료를 가지고 관찰, 실험, 조사연구를 하여 의문을 해결하는 실제 활동을 한다. 이 때에는 학습자가 중심이 되어 자주적인 활동을 한다. 교사는 학습자의 뒤에서 보조해 주는 것이다.

5) 5단계 : 결과의 검토와 정리

활동한 결과를 정리한 것을 검증하는 단계로서 그 결과를 다시 재검하면서 응용해 보고 재확인한다. 확인한 결과가 성공했을 경우에는 발표하도록 하고 더욱 고차적인 다음의 발전을 예상하게 되는 것이다.

4. 발견학습(discovery learning)

발견학습이란 교사가 학습자에게 가르쳐야 할 내용을 최종적으로 완결된 형태의 학습을 제시하는 것이 아니고, 학습자가 스스로 정보를 재구성하거나 기초 지식을 통합하여 해결을 발견하는 학습을 말한다(Gagné, 1977). 발견학습은 학습자의 일상생활과 직접 관련 없는 학습내용을 기계적으로 암기하고 연습하는 선동적인 수용학습에 대한 불만에서 비롯되었다. 발견학습은 학습자의 탐구적인 사고방법의 형성을 그 목표로 한다. 발견학습은 일종의 지적인 탐구과정인 것이다. 지적인 탐구과정을 통해 탐구적인 사고방식을 학습자에게 형성케 하는 것이 발견학습의 주요 목표이다. 학습자 스스로 자신의 이해력을 개발하고, 교사는 지식 진달 보다 학생들이 발견 경험하도록 돕는 학습자 중심교육 방법이다. 이 교육방법의 기원은 Socrates의 대화법, Rousseau의 아동중심 교육사상에까지 거슬러 올라가며, 그 현대적 원천은 반성적 사고를 강조한 Dewey의 사상과 Bruner의 발견학습, Massialas의 사회탐구 모형, Schwab의 과학탐구 모형 등에서 찾아볼 수 있다.

학습자 스스로 문제를 인식하고 해결해 가는 과정을 중시한다는 점에서 발견학습과 탐구학습은 명확히 구분되어 정의되는 개념은 아니며, 이 두 가지는 동일한 개념으로 간주할 수도 있다. 이는 탐구(inquiry)나 발견(discovering)은 지식 자체가 아니라 지식을 얻는 과정, 방법 혹은 활동으로 표현되며, 흔히 문제해결, 반성적 사고의 과정을 포함하고 있기 때문이다. 그러나 Trowbridge는 발견이란 '개념이나 원리를 습득하는 지적인 과정'이라고 정의하면서, 발견학습이 탐구학습에 비해 과학의 기초과정을 주로 사용하는 것이라고 차별화하였다. 즉, 발견학습에서는 관찰하기, 분류하기, 측정하기, 예상하기, 서술하기, 추리하기 등의 활동을 하며, 이는 초등학교의 저학년과 중학년의 과학 활동에서 주로 적용되는 것으로 보았으며, 탐구학습은 Piaget가 말하는 형식적 조작기에 있는 초등학교 고학년 이상의 학생들에게 적용될 수 있다고 하였다(변영계, 김영환, 1999).

5. 탐구학습(inquiry learning)

탐구(inquiry)란 제기된 불확실한 문제들을 해결하기 위해 가설을 세우고 객관적 근거에 따라 평가하고 검증해 나가는 과정을 말한다. 그러므로 증거를 제시할 수 없거나 문제해결 과정에 논리성이 결여되어 있을 때 탐구라는 용어를 쓰는 것은 부적절하다. 탐구학습은 학생들의 자발성·능동성을 전제로 하며, 학생들로 하여금 학습방법을 학습하게 한다. 지식의 구조를 파악하게 하고 단순한 지식의 암기보다 확실한 이해를 중요시한다. 그리하여 학습된 지식의 파지와 전이력을 높이며, 창의성·조직력 판단력 등과 같은 상위 수준의 지적 능력을 개발할 수 있도록 한다.

1) 탐구학습의 교실분위기

탐구학습을 하기 위해서는 먼저 탐구교실을 조성할 수 있는 교실의 분위기가 중요하다. 탐구학습을 위한 교실분위기의 특징은 다음과 같다(Massialas, 1966 ;

정세구, 1987).

(1) 공개된 토론분위기

탐구교실의 분위기는 공개적이고 다른 사람의 의견을 받아들일 수 있어야 하며 교실에서 발표되는 견해와 진술을 조사해 볼 가치가 있는 명제로서 받아들여져야 한다.

(2) 가설의 중시

탐구교실은 계속적으로 문제와 가설이 강조되는 점에서 특수하다. 문제는 나아가야 할 일반적인 방향을 정하는 반면에 가설은 탐구의 도구이며 특수 초점과 방향을 정한다. 가설은 탐색모형과 이의 적절, 비적절을 결정하는 평가기준의 이중역할을 한다. 이와 같이 가설이 토론의 초점을 이룰 때 탐구교실과 전통적인 설명식 교실을 구분할 수 있다.

(3) 증거를 위한 사실의 사용

사실의 사용은 전통적인 교실에서 행하여지는 사실획득의 형태와 대조된다. 전통적인 교실에서는 서로 관련되어 있지 않은 사실을 축적하는데 강조점이 주어진다. 아는 학생과 모르는 학생의 차이는 어떤 주어진 순간에 얼마나 많은 양의 사실적인 정보를 기억하느냐에 달려 있다 한편 탐구교실에서의 사실은 신뢰도와 중요성에 대하여 끊임없이 평가되는데, 이는 중요 문제에 대한 가설과의 관계에 따라 판단된다. 탐구교실은 가설을 중요시하고 사실의 가치는 중요가설을 입증하는데 얼마나 도움을 주느냐에 따라 결정된다.

2) 탐구학습의 단계

탐구학습은 6단계를 포함하는데 각 단계는 어떤 종류의 기능이나 활동에 의하여 특징지어진다. 이 6단계는 비판적 사고의 모형을 이루고 이 모형은 학생들이 문제

인식에서부터 해결에 이르는 연속적인 행동 형태를 나타낸다. 이 단계는 안내 → 가설 → 정의 → 탐색 → 증거제시 → 일반화이다.

(1) 안내(orientation)

이 단계에서 학생과 교사는 모두 현안문제에 대하여 민감하게 인식한다. 문제에 대한 인식은 학교에서 배우는 교과서 문장에서 나올 수도 있고 교사가 독서자료 등을 통하여 준비할 수도 있다.

(2) 가설(hypothesis)

어떤 문제의 설명 혹은 해결에 대한 서술적 진술이다. 이것은 사건이나 현상, 둘 이상의 사태 사이의 관계에 대한 입증의 형태로 표현된다. 즉, 예측적인 상태를 말한다.

(3) 정의(definition)

이것은 어느 단계에서도 적용된다. 가설과 관련된 중요한 부분의 새로운 용어, 개념 등을 명료하게 하는 것이다. 용어의 의미에 대한 견해의 일치는 탐구의 대화과정에서 가장 필요하다.

(4) 탐색(exploration)

안내와 가설이 귀납적이라면 탐색은 연역적이다. 논리적인 연역, 암시, 가정, 전제에 의해서 가설이 더 신중하게 설명된다. 이때 논리적으로 유지할 수 없는 기초를 발견할 경우 가설을 재구성하게 된다.

(5) 증거제시(evidencing)

학생들이 관계되는 자료를 수집하는 과정이다. 가설을 입증하기 위해서는 충분한 자료가 제시되어야 하며 그 자료는 시간과 공간을 초월하여 타당도를 입증받아야 한다. 교사는 학생들이 가설을 입증 혹은 부정하는 증거를 찾게 도와준다.

(6) 일반화(generalization)

입수할 수 있는 모든 증거에 입각하여 입증될 수 있는 문제에 대한 가장 조리 있는 결론이다.

3) 탐구학습에 임하는 교사의 역할

탐구방법을 사용하는 교사의 역할은 다음과 같다.

① 충분한 교수자료를 준비해야 한다.

② 학생이 문제점에 직면히면 교사는 이를 해결하는 최종적인 답변을 주어서는 안된다. 탐구활동에 참가하는 하나의 동료로서 학생들의 흥미를 일으켜 주어야 하고 또 해결의 방향을 제시할 수 있어야 한다.

③ 교사는 그에게 향하는 질문의 방향을 현명하게 바꿀 수 있어야 한다. 예컨대, 만약 학생들이 정보를 요구하면 교사는 아무리 대답하고 싶더라도 이를 피하고 추가적인 질문을 한다.

④ 교사는 문제점을 보는 새로운 방법을 안내하거나 추가적인 질문을 할 수 있다.

⑤ 교사는 탐구과정에 적극 참여하는 학생에게 보상을 주기 위해 노력해야 한다.

⑥ 가치를 다룰 때에는 교사는 공평함을 유지해야 한다. 가치의 문제를 안내할 때에는 뚜렷한 자기의 의견을 밝혀서는 안 된다.

이와 같이 교사는 탐구수업을 이끌기 위해서 계획자로서, 소개자로서, 질문자로서, 탐구의 유지자로서, 보상을 주는 자로서, 형성 평가자로서 다양한 역할을 수행해야 한다.

6. 역할놀이 수업

역할놀이 수업은 학생들이 다양한 역할을 해 보는 과정에서 실생활에 일반화시킬 수 있는 인간의 행동에 관한 여러 개념을 학습하게 된다는 가정에 기초를 두고 있다. 학생들이 다양한 경험을 체험할 수 있도록, 주어진 어떤 상황에서 자신이 흔히 하는 행동 유형을 중단하고 다른 사람의 행동, 배경, 감정 등을 표현하도록 하는 것이다. 역할놀이를 하는 동안 학생들은 개인 상호간의 문제해결에 참여하게 되고, 주어진 상황에서 자신의 가치와 의견을 보다 분명히 깨닫게 되며, 타인의 행동에 대한 이해도를 높일 수 있다. 이때, 역할놀이 수업의 효과를 높이기 위해서는 자유스러운 분위기가 필요하다.

역할놀이 수업은 여섯 가지 단계로 구성된다. 그러나 반드시 이 순서를 지킬 필요는 없다. 어떤 단계는 학생들과 반복하거나 복습해야 할 필요가 있을 수도 있다. 각 단계에 필요한 시간의 양은 학생들의 능력이나 흥미에 따라 달라진다. 역할놀이 수업의 절차는 다음과 같다.

1) 역할놀이의 상황 설정

역할놀이의 상황은 여러 가지 자료, 즉 교실에서 일어나는 학생 상호간의 문제, 신문에 실린 최근의 관심사, 문학 작품이나 역사적 상황 등에서 얻어질 수 있다. 처음에는 교사가 상황을 선택하지만 나중에는 학생들도 제안할 수 있다. 상황을 설정하는데 고려해야 할 세 가지 일반적 원리가 있다.

첫째, 상황이나 문제는 가능한 한 여러 가지로 해석되고, 결말이 나고, 해결이 될 수 있어야 한다. 즉, 어떤 주제를 선택하건 학생들이 자신들의 경험이나 견해에 따라 서로 다르게 행동할 수 있는 것이어야 한다.

둘째, 어떤 상황이나 문제도 개인의 사생활에 대한 권리를 침해해서는 안 된다. 따라서 지나치게 개인적이고 학급의 특정 학생과 관련된 주제는 피해야 한다.

셋째, 상황이나 문제는 어느 정도 학생들에게 친숙한 것이어야 한다. 즉, 역할놀이의 상황은 학생들이 자신의 경험에 비추어서 실제로 역할을 할 수 있는 것이어야 한다. 때로는 역할놀이에 앞서서 사전 연구나 독서를 해야 할 경우도 있다.

2) 역할놀이 준비

역할놀이를 처음 시작할 때, 대부분의 학생들은 자신의 느낌이나 감정을 있는 그대로 표현하기보다는 선생님이 그들에게 기대하는 것이 무엇인가를 추측해서 거기에 맞도록 행동하는 경향이 있다. 그러므로 가능한 한 학생들에게 그들의 느낌을 솔직히 말해도 그들에게 아무런 피해가 없을 것이며, 그들의 솔직한 반응이 선생님이 바라는 것이라는 것을 미리 인식시킬 필요가 있다.

(1) 상황의 도입

학생들이 특별한 상황 속에 있기 위해서는 우선 문제가 되는 이야기와 대화에 흥미를 가지고 참여해야 하며, 역할놀이를 하게 될 상황에서 어떤 일이 벌어지고 있는가를 이해해야 한다. 교사는 학생에게 언제 화가 나고 슬펐는지 등을 기억하게 하며, 역할놀이 상황에서 일어난 일과 유사한 일이 실제로 일어났는지 말해 보게 한다. 즉, 학생들이 이야기 속의 인물의 이미지와 상황을 둘러싸고 있는 환경을 창조하게 된다.

(2) 장면의 설정

실제 역할놀이도 자연스럽게 변하시키기 위해서는 장면을 설정하는 것이 좋다. 장면 설정시 교사는 학생들에게 배경 설명을 해 주어야 하며, 학생들의 사전 계획 수립시 도와 주어야 한다. 그러나 실질적인 대화를 준비하여서는 안 된다. 교사는 역할자들의 생각을 명료하게 해 주어야 하고, 소품은 너무 신경을 쓰지 않아도 좋으며 간단한 것을 이용하면 된다.

3) 역할놀이 실연자 선정

역할놀이 참가자를 선정할 때, 교사는 관련 인물과 동일한 말을 하거나 수행할 역할과 비슷한 모습을 가지고 있는 학생들을 선정하도록 한다. 처음 시행할 때는 지나치게 성인 지향적이거나 사회적으로 용납될 수 있는 해결을 내리는 학생은 피하는 것이 좋다. 학생들에게 역할을 맡길 때, 교사는 '엄격한' 아버지, '짓궂은' 형과 같이 학생들의 일상 생활에서 흔히 볼 수 있는 일정한 형태의 역할을 지시할 수도 있다. 때로는 역할놀이를 싫어하는 학생을 선정하여 참여하도록 하는데, 결코 강요해서는 안 된다. 그러한 학생에게 교사는 용기를 주어 참여하도록 격려할 수 있지만, 결국 선택은 학생 스스로 하는 것이다.

4) 청중의 준비

역할자가 정해지고 역할놀이가 시작되기 전에 교사는 나머지 학생들이 능동적인 관람자가 되도록 교육을 시켜야 한다. 결국 역할놀이에 참가하는 학생과 청중 모두가 역할놀이의 경험으로부터 함께 배워야 하기 때문이다. 만약 관람 학생들이 준비가 되어 있지 않으면, 남의 결점만 지적하거나 부주의하고 딴 생각을 하게 되어 결국 무엇이 어떻게 되는지 알 수 없게 된다. 교사는 학생들을 주의 깊고, 예의 바르고, 반응적이고, 방심하지 않는 관객이 되도록 가르쳐야 한다.

첫째, 보고 들은 것을 기억하여 정확히 진술할 수 있으며,
둘째, 보고 들은 것을 해석하고,
셋째, 자신이 설정한 준거에 따라서 검토하고 평가할 수 있어야 한다.

5) 역할놀이의 실연

학생들은 역할을 수행하는데 있어서 서로 자연스럽게 행동하고 실제 상황에서 사람들이 행동하는 것과 같은 방법으로 행동하여 역할놀이의 상황을 생생하게 하도록 하여야 한다. 역할놀이의 초점은 역할 수행의 질이 아니라 역할을 통해 제시하고자 하는 아이디어이다. 따라서 교사는 학생들에게 능숙한 역할 수행을 기대하지 말고, 도중에 문제가 자연 발생하면, 그 문제를 최소로 줄일 수 있도록 문제에 대한 조치가 적절하게 이루어질 수 있도록 노력하여야 한다.

6) 역할놀이 실연에 대한 토론과 평가 및 재연

일단 한 차례 역할놀이가 끝나면 토론을 하고, 거기에서 얻은 통찰력을 다음 역할놀이에 활용하게끔 한다. 토론의 과정을 통해서 역할 수행자도 관람 학생과 마찬가지로 많은 것을 배우게 되어 동료에 의한 바람직한 행동이 강화되고 학습될 수 있다. 따라서 교사는 관찰자와 역할 수행자가 함께 생각하도록 토론을 유도해야 한다. 재연할 때에는 새로운 아이디어가 시도되고, 새로운 역할자에 의해 상황이 재해석되며, 첫 번째 주어졌던 것과는 다른 각도에서 수행할 수 있도록 학생에게 역할 기회를 주어야 하며, 재연이라고 되는대로 수행해서는 안 된다.

7. 사례연구 교육방법

1) 개 념

교육학에서는 사례연구법이 크게 두 가지 의미로 받아들여지고 있다. 첫째는 생활지도와 교육과정 분야에서 교육연구법으로 활용되고 있고, 둘째는 성인학습자를 가르치기 위한 수업방법으로 쓰이고 있다.

생활지도에서는 아동과 학생이 문제행동의 특성과 원인을 찾아내어서 이에 대한 교육적 대책이나 치료방안을 강구하기 위한 연구방법으로 널리 쓰이고 있으며, 최근 교육과정 연구에서 사례연구법을 전통적인 양적 접근방법의 대안으로서 실제적인 현실문제를 다루는 질적 연구방법으로 평가하고 있다(Kenny & Crotelueschen, 1984). 질적 연구방법은 구체적인 개별 사례의 분석을 통하여 사회현상을 심층적으로 분석하는 연구방법이다. 구체적인 개별 사례로는 한 사람, 하나의 집단, 하나의 사건과 그 전개과정, 하나의 공동체나 지역사회, 한 사회, 혹은 사회생활의 어느 단위이든지 선택될 수 있다. 특정한 개인이나 집단 또는 기관을 대상으로 하여 어떤 문제나 특성을 심층적으로 조사하고 분석하는 연구로서, 소수의 연구대상을 선정해서 필요한 각종 정보나 자료를 여러 가지 방법으로 조사 수집하고, 이러한 자료들을 기초로 하여 연구대상이 가지고 있는 특성이나 문제점을 종합적으로 진단하고 기술하는 연구이다(이종승, 1984).

교육방법으로서 사례연구법은 Case Study Method, Case Method, Case-Oriented Instruction 또는 Case Approach 등과 같이 다양하게 표현되고 있다. 교육방법으로서 사례연구법이란 학습자로 하여금 주어진 현실적인 문제 장면을 검토 · 분석하고 그러한 문제 장면의 여러 가지 성질을 평가하여 최선의 해결책을 찾아내게 하는 수업방법이다. 그러므로 성공사례를 단순히 발표하는 식으로 수업을 끝내버리는 방법은 엄격한 의미에서 교육방법으로서 사례연구법이라고 규정할 수 없다. 물론 수업실제에서 성공사례를 적극 활용할 수 있지만, 성공사례를 소개받거나 읽고 난 다음에 그 사례에 대한 체계적인 분석과 활발한 토의를 거쳐 학습자가 스스로 문제해결 능력을 갖출 수 있도록 지도하는 것이 더 중요한 의미를 갖는다. 또한 수업목표와 학습과제의 성질에 따라 성공사례 뿐만 아니라 실패사례를 활용할 수 있으며, 실제의 현장사례는 물론 있을 수 있는 가상적 사례도 활용할 수 있다.

사례연구는 의학 분야에서 처음으로 사용하기 시작하여 오늘날에 와서는 법학, 경영학, 인간발달과 교육 분야에서 광범위하게 활용되고 있다. 예수(Jesus)와 이솝(Aesop) 등과 같은 위대한 교사들이 그 당시에 사례를 널리 활용했던 점으로 미루어 볼 때 사례연구법은 역사적으로 오랜 전통을 지니고 있다고 할 수 있다. 남북전쟁 직후에도 사회사업가를 훈련시키는데 사례를 활용했던 것으로 알려지고 있다.

1970년대에 들어와서는 대학 뿐만 아니라 각종 연수교육기관에서 교육방법으로서의 사례연구법이 각광을 받기 시작했다(Fisher, 1978). 사실 연수교육기관에서 연수를 받은 연수생은 풍부한 인생경험을 소유한 성인학습자이므로 이들 각자의 소중한 경험을 동일한 직업 분야에 속하는 다른 연수생과 상호의견을 교환함으로써 각자의 실무를 보다 효과적으로 처리하도록 도와줄 수 있다는 장점이 크게 부각될 수 있다.[4)]

4) 우리나라에서는 김진규 교수(국가전문행정연수원 교육행정연수부 교수)가 1988년 '사례연구법. -연수방법의 이론과 실제-. 한국금융연수원.'을 발표하였다.

사례연구는 세계화, 전문화, 복잡다양화, 가속화되는 사회 환경의 변화 속에서 기존에 해왔던 업무처리 방법으로는 새로운 문제에 효율적으로 대응할 수 없는 경우가 증가함에 따라 그 중요성이 증대되고 있다. 실제발생하는 문제의 정확한 분석과 실천가능한 해결, 문제상황에 대한 구체적인 통찰, 효율적으로 업무를 담당하는 직업팀의 구성과 생산적인 공동작업수행, 조직구성원의 지적 – 정서적 발전, 새로운 문제상황에 관련된 경험의 신속한 적용, 자신의 발전에 대한 다각적인 방안모색 등이 요청되고 있다. 이런 상황에서 사례연구는 중요한 역할을 담당할 수 있다.

2) 수업 절차

교육방법으로서 사례연구법의 절차는 문제의 탐구, 분석, 토론 및 이해의 과정을 거치는 점에서 소크라테스식 산파술이나 Dewey의 반성적 사고에 토대를 둔 문제해결법과 유사한 점이 있고 사례토의가 주된 역할을 차지하고 있다는 점에서 토의법의 절차와 비슷하다.

또 현실적인 문제를 해결하는데 적합한 교육방법으로 평가되고 있는 역할연기법[5], 시뮬레이션게임, 또는 범례학습[6] 방법의 절차와 유사하다. 종합하면, 사례 또는 문제의 제시 → 분석 → 토의 → 해결책의 결정이라는 절차를 거치는 일련의

---

5) 역할연기법(role playing)은 사례연구법보다 더욱더 현실적인 체험을 지닐 수 있게 하는 교육방법이다. 이것은 심리요법에서 사용되는 심리극을 교육상황에 응용한 것이다. 실제적인 역할연기를 통해서 인간관계에 대한 통찰을 얻도록 하는 방법이다. 실제적인 과정은 다음과 같다.
   ① 학습자 각자에게 간단한 상황과 역할을 부여하면서 각자의 뜻에 따라 자유스럽고, 자연스럽게 행동을 취할 것을 강조한다.
   ② 상황과 역할을 부여했으면 실제로 연기를 시킨다.
   ③ 각자의 역할을 교체시켜서 동일한 상황에서 다시 한번 연기를 반복시킨다.
   ④ 종료 후 한데 모여서 집단토의를 행한다. 첫 번째의 연기와 역할교체 후의 연기의 비교, 각자의 연기의 비판, 감상, 청중의 역할해석 등이 토의의 내용을 이룬다. 인간관계관리는 지식이나 경험보다 우선 인간존중의 태도가 중요하다. 이러한 태도를 몸에 지니게 하는 데는 역할연기법이 가장 효과적인 교육방법이다. 여기서 사용하는 사례는 사례연구에서와 같이 현실적인 것이어야 한다.

6) 범례학습(凡例學習, Exemplarisches Verfahren : Exemplar)은 모범, 견본, 표본이라는 뜻이며, Verfahren이란 방식, 처리, 취급, 방법, 절차라는 뜻이다.

문제해결의 과정을 밟고 있다고 요약된다. 이러한 공통적인 절차를 기본 골격으로 하고 토의법의 전통적인 수업절차인 준비, 전개, 정리(평가)라는 3단계(이희도, 1980)에 입각하여 사례연구법의 수업절차를 제시하기로 한다.

(1) 준비단계

이 단계는 본격적인 수업을 전개하기 전에 수업에 필요한 준비사항을 마련하는 과정이다. 사례연구법의 효과를 높이기 위해서는 세심한 사전계획이 수립되어야 한다. 우선 학습자의 필요와 수업목표에 적합한 사례를 준비해야 하고 사례를 제시할 수업매체를 설정하고 사례분석과 토의를 진행하기 위한 학습지도안을 작성해야 한다. 또한 모든 학습자가 서로서로 의견을 활발히 교환하면서 학습자 중심의 학습이 이루어질 수 있도록 집단의 크기, 교실 시설과 환경, 토의 시간 그리고 학습분위기 등을 사전에 계획해야 한다.

집단의 크기는 12명 정도가 적당하며 40명을 넘어서는 그 효과를 기대하기 어렵다. 그러나 하버드 경영대학에서는 100명 정도의 학생을 대상으로 사례토의를 진행할 수 있다고 하는데, 대집단 토의를 실시하기 전에 7∼8명 정도의 소집단을 편성하여 약 2시간 정도 예비토의를 거치는 특별한 전략을 활용하고 있다.

좌석은 세미나 또는 회의일 경우와 비슷하게 배치하면 된다. 그리고 사례토의 시간은 사례의 길이나 사례의 복잡성의 정도에 따라 다소 다를 수 있지만 대략 1∼2시간 정도가 적당하다. 학습분위기는 토의과정에서 공개적이고 비형식적이며 이완된 분위기를 조성하게 해야 한다.

준비단계에서 수업시간에 다루고자 하는 사례를 선정하는 것이 바로 수업목표의 설정에 해당된다. 이 때 수업목표를 너무 구체적으로 제시할 필요는 없고 사례의 제목과 목차를 간략하게 통보하거나, 그 사례와 관련된 경험이나 배경지식을 상기시켜서 새로운 사례를 학습하는데 도움을 줄 수 있도록 유도해야 한다.

(2) 전개단계

전개단계는 사례연구가 실제로 진행되는 과정이다. 이는 대체로 사례의 제시

→ 분석 → 토의 → 해결책의 결정이라는 세부단계로 구분하여 진행된다.

1 사례의 제시

준비단계에서 선정한 교육용 사례를 제시한다. 사례는 준비단계에서 선정한 수업매체에 따라 제시하면 된다. 사례를 학습자에게 글로 쓰여진 인쇄자료로 제시하는 것이 가장 보편적이다. 그 외에도 말로 전달하거나 녹음테이프와 같은 청각매체로 제시하기도 하고 영화나 슬라이드와 같은 시각매체로 전달할 수도 있다. 또한 사례를 학급 전체에게 소집단에게 또는 개인에게 각각 제시할 수 있다.

2 사례의 분석

학습자들은 각각 제시받은 사례를 읽고 사례 속에 포함되어 있는 사실, 등장인물의 감정 및 그들간의 관계를 분석해야 한다. 사례분석에서는 첫째, 분석의 단서가 되는 중심단어와 구, 둘째, 등장인물 또는 집단 사이의 조직적 관계, 셋째, 집단의 역할 배당, 넷째, 대안적 행동의 근거를 검토해야 한다. 일반적으로 사례를 분석하는 절차는 기본적인 문제나 쟁점을 확인하고, 장면을 분석하고 등장인물들 사이의 관계를 탐색하고, 그들의 신념과 태도를 분석하는 과정을 거치게 되어 있다.

3 사례의 토의

사례를 면밀히 분석한 후 학습자는 자신의 분석결과를 기록해서 토의 사회자에게 제출한다. 소집단별로 사례를 분석할 경우에는 한 사람의 발표자를 선출해야 한다. 이 단계가 사실상 사례연구법의 핵심이라 할 수 있다. 여기서 중요한 것은 토의 사회자(case leader)의 역할이다. 토의 사회자는 교사가 될 수 있고 이 방면에 정통한 학생이 될 수도 있다. 사례토의의 성패는 사회자의 역할에 달려 있으므로 다음 몇 가지 토의 사회자의 역할을 명심할 필요가 있다.

① 모든 성원들이 적극적으로 토론에 참여하여 자유로이 의사를 표현하도록 이완되고 허용적인 분위기를 조성해야 한다. 특정한 한두 사람에 의해서 독점되는 일이 없도록 진행해야 하고 토의에 적극적으로 참여하면 할수록 각자에게 더 유익할 것이라는 점을 강조해야 한다.

② 종합적인 결론이나 일반적 원칙에 관한 설명을 학습자들이 요구하더라도

응하지 말아야 한다. 사례연구법은 일종의 비지시적인 수업방법이므로 사례토의에 교사나 토의 사회자가 적극적으로 개입하면 그 기본목적에 위배되기 때문이다. 따라서 학습자들이 스스로 자기 책임하에 상황을 판단하고 결정을 내리도록 유도해야 한다.

③ 토론이 엉뚱한 방향으로 전개되거나 한 문제에 대하여 지나치게 오랜 시간이 소요된다고 판단될 때에 토론의 방향을 바로 잡아 주어야 한다. 또한 명백한 오류가 옳은 것으로 받아들여질 때 교사가 개입하여 수정해야 한다.

④ 학습자의 토의활동에 대하여 언어적 · 비언어적 강화와 피드백을 제공해야 한다. 여기에서는 교사가 주는 것보다는 오히려 동료들끼리 서로 강화하고 피드백을 제시하는 것이 더 중요하다. 사실 토의과정에서 동료들과 자신의 여러 가지 경험과 정보를 교환함으로써 자기발견이 이루어지는 커다란 효과를 가져올 수 있다.

⑤ 교사나 사회자 자신도 학습자임을 명심해야 한다.

4 해결책의 결정

사례토의 과정을 통해서 각자의 의견을 비교하고 종합하여 가능한 최선의 해결책을 결정한다. 여기에 해결책이란 보편적인 것이라기 보다는 사례 가운데에서 그 문제에 직면하고 있는 특정한 인물의 입장에서 구체적으로 생각되는 것에 지나지 않는다. 따라서 모범답안과 같은 유일한 해결책은 있을 수 없으며 다만 현실에 가까운 해결책을 찾는 것이 가장 좋다. 교사나 사회자가 그 문제에 대한 자신의 해결책을 미리 제시해서는 안 된다. 결국 학습자 스스로 토의과정을 거쳐 자기발견을 하도록 지도해야 한다.

(3) 정리(평가)단계

이 단계에서는 토의가 끝날 때 또는 끝나고 난 다음에 정리하고 반성하는 절차가 필요하다. 사례연구의 평가는 성적을 산출하는 경우와 수업과정 전체를 반성하는 평가로 나누어 볼 수 있다. 먼저, 성적을 산출하는 경우를 생각하면, 학습자의 사례분석 능력과 토의의 참여행동을 확인하는 방법이 있다. 학습자의 사례분석

능력을 평가하는 가장 효과적인 방법은 실제로 비슷한 사례를 제시하고 난 후 질문에 답변하게 하는 방법이다. 그들의 사례분석 능력은 평가기준에 따라 평가되어야 한다. 이러한 평가준거를 예시하면 다음과 같다(Estrin & Goode,1964).

① **통찰력**(insight) : 자료를 포착해서 관계와 유형을 밝히는 능력, 사례의 분리된 사실을 종합하고 전체를 파악하는 능력

② **관계성**(relevance) : 주변문제보다는 핵심문제를 다루고 개념과 이론을 사례와 관련지우는 능력

③ **철저성**(thoroughness) : 분석과 종합을 하기 위해 모든 적절한 사실과 유용한 도구를 완벽하게 활용하는 능력

④ **조직력**(organization) : 논리적 계획에 따라 분석하는 능력

다음으로 학습자의 토의에의 참여 정도를 평가하기 위해서는 관찰자와 평정도구가 필요하다. 사례토의를 진행하는 도중에 학습자들이 평가받고 있다는 것을 알고 있을 경우에는 토의행동이 위축되는 수가 있다는 점을 유의해야 한다.

수업과정 자체를 반성하는 평가방안으로서 여러 가지가 제시될 수 있다. 대체로 자신의 자기평가, 학습자에 의한 평가 그리고 동료 교사들에 의한 평가가 있을 수 있다. 이 평가결과는 자기 수업의 질을 개선시킬 수 있는 중요한 참고자료가 될 수 있다는 점에서 충분히 활용할 가치가 있다고 보여진다.

3) 사례작성이 실제

(1) 사례작성의 방법

사례(case)란 한 개인이나 집단이 경험한 어떤 현실적인 문제 또는 장면에 대한 설명이다. 사례는 실제로 일어났던 사건의 기록이거나 현실상황에 대한 가상적인 설명일 수 있다. 사례는 짤막한 단락에서부터 1~2쪽에 달하는 분량에 이르기까지 그 길이가 다양하다. 가장 효과적인 길이는 보통 1,500~4,000단어 정도이다(Fisher, 1978). 또 교수 자신이 사례를 직접 작성할 수도 있고 사례작성 전문가가

개발한 것을 활용할 수도 있다.

사례작성 전문가가 개발한 사례가 학습자의 필요나 수업목표에 부적합할 경우가 많으므로, 자신의 수업을 성공적으로 수행하기 위해서 직접 제작할 수 있는 기능을 획득해야 한다. 또한 성인 학습자들도 자신이 겪은 귀중한 경험을 사례라는 형식을 빌어 스스로 정리해 봄으로써 자기 자신의 행동에 대한 반성의 기회가 될 뿐만 아니라 다른 동료들에게 대리적 학습경험을 부여할 수 있는 잇점이 있다.

대체로 하나의 사례에는 제목, 목적, 장면, 등장인물 그리고 질문이 포함되어 있다. 이 가운데 가장 기본적인 구성요소는 사례의 제목, 장면 및 질문이다. 적어도 이 세 가지 구성요소는 명확히 포함되어야 한다.

사례작성 또는 집필한 경우의 유의점으로는 사례가 논문이 아니라 소설에 보다 가깝다는 사실을 인식해야 하고, 집필자의 개인적인 감정이나 편견은 사례 속에 포함시켜서는 안 되고 될 수 있는 한 객관적인 문체로 기술해야 한다. 또한 상담사례의 경우와 마찬가지로 사례에 등장하는 인물이나 조직과 단체는 A씨, 김대리 및 ○○은행 등과 같이 가급적 익명으로 표현하는 것이 원칙이다. 왜냐하면 등장인물에 대한 신분을 보장할 필요가 있고 개인이나 기관에 대한 후광효과를 배제할 수 있기 때문이다. 대부분의 사례에서 지명, 인명, 건물명은 사례의 기본적인 특성을 바꾸지 않을 정도로 적절한 익명의 형태를 취하면 된다.

위에서 제시한 작성 절차는 전형적인 경우이다. 교사가 교육용으로 간단한 사건의 사례를 개발하기 위해서는 위의 절차를 엄격히 고수할 필요는 없다. 우선 사례를 작성할 교과목의 단원의 주제를 확인하고 사례에 등장하는 주인공의 배경자료(사실과 감정)와 현재 상황을 묘사한다.

그 다음 그 상황에 등장하고 있는 다른 인물을 간단히 기술하고 그 사례의 기본 문제, 즉 의견의 충돌과 차이점, 현안쟁점을 묘사한다. 보통 사례를 분석하는데 있어 반성적 사고를 자극하기 위하여 수준 높은 인지를 요하는 3~4개 정도의 사례질문으로 사례작성을 마무리짓는다.

(2) 사례의 예시

사례연구법의 발달배경에서 알 수 있듯이 법학, 행정학, 경영학, 사회사업학 등과 같은 사회과학 분야의 수업에서는 사례를 쉽게 설계 개발할 수 있다. 그렇다고 해서 공학, 자연과학 분야의 수업에서 사례를 개발하여 실천하는 것이 불가능한 일은 아닐 것이다. 예컨대, 화학실험의 성공 또는 실패 사례, 건축 토목 공사의 성공 실패 사례, 환경오염의 문제 등에 대한 사례를 얼마든지 발굴 개발할 수 있을 것이다. 여기서는 한국교육개발원에서 사용한 사례를 하나만 소개하기로 한다.

사례제목 : 철수의 고민

1 사례장면

철수의 아버지는 희귀한 암에 걸려 죽어가고 있습니다. 철수는 아버지를 살리려면 어느 약제사가 만들어낸 라듐이 든 좋은 약을 써야 한다는 것을 알아냈습니다. 그러나 그 약값은 터무니 없이 너무 비쌌습니다. 그 약을 한 병 만드는데 10만원 정도 들 뿐인데 그 약제사는 100만원을 약값으로 받으려 했습니다. 철수는 돈을 빌려 보았으나 약값의 절반인 50만원 밖에 구하지 못했습니다. 그래서 철수는 약제사를 찾아가서 '아저씨 50만원 밖에 없으니 그 약을 제발 50만원에 주세요'하고 사정을 해 보았지만 약제사는 어림도 없었습니다.

철수네는 겨우 밥만 먹고 사는 무척 가난한 형편이어서 나머지 50만원을 구한다는 것은 불가능한 일입니다. 그래서 철수는 절망한 나머지 아버지를 살리기 위해서 그 약을 훔치겠다고 생각했습니다.

철수는 약국에 몰래 들어가 약을 훔쳐서 아버지에게 먹였습니다. 이튿날 신문에 약국의 절도사건이 보도되었습니다. 철수의 집안 사정을 잘 아는 동네 파출소 소장이 그 기사를 읽었습니다. 그 파출소장은 철수가 그 약을 훔친 사람이라는 것을 알았습니다. 파출소장은 약국 절도범이 철수라는 것을 보고해야 할지 망설였습니다.

2 사례질문

① 철수가 아버지를 위해서 그 약을 꼭 훔쳐야 합니까?

② 파출소장은 철수가 범인이라는 것을 보고해야 합니까?

③ 파출소장은 철수를 체포해서 재판에 회부했습니다. 판사는 철수에게 유죄판결을 내려야 합니까? 석방해야 합니까?

④ 만일 여러분이 철수의 경우라면 양심에 비추어 어떤 결정을 내리겠습니까?

4) 사례연구법의 학습효과 및 장·단점

사례연구는 지식과 기술이 실제 현실에 적용되지 않으면 학습되어질 수 없다는 철학적, 실천적인 관점에서 출발하고 있다. 즉 사례연구는 학습자들이 지식탐색과 기술 숙달에 있어 적극적으로 참여함에 의해, 즉 행위를 통해 가장 잘 학습되어진다는 전제로 구성되어 진다. 이런 점에서 사례연구는 논리적이고 분석적이며 전문적인 방법으로 어려운 결정을 내려야 할 필요가 있는 사람들에게 적절하고 생산적인 대리적인 삶의 학습기회를 제공해준다.

사례연구법에 의한 학습효과는 다음과 같다.

첫째, 학습자들은 사례연구를 통해 순수히 강의와 교과서의 진행과정보다 더욱 흥미를 갖게 된다. 그러므로 공부에 더 많은 시간을 할당하게 되며, 심도 있는 연구와 사고는 더 내면화된 교육효과를 가져온다.

둘째, 학습자들은 실제사회에서 이루어지는 문제를 해결하는 경험을 통해 스스로 사용하고 응용해 본 지식, 정보 및 개념을 보다 잘 기억한다.

셋째, 학습자들은 개념을 단순히 암기하기 보다 실제 상황을 파악하고 그에 관련된 개념을 적용하는 기술을 발달시키게 된다.

넷째, 학습자들은 사례연구과정을 통해 요구되는 다른 학습자들과의 집단작업과 상호작용이 인간적인 관리기술의 효과적인 준비과정이 된다는 것을 발견할 것이다.

다섯째, 사례연구과정의 학습자들은 이미 정립된 개념을 적용할 뿐 아니라 새로운 개념을 개발시키는 방법을 배운다. 내일의 문제는 새로운 개념들은 요청하기 쉬우며, 이런 점에서 사례연구과정의 학습자들은 단순히 현행 개념을 기억하는 학습자보다 미래상황에 대해 보다 잘 준비할 수 있게 된다.

(1) 장 점

① 학습자 전원이 능동적으로 학습에 참여할 수 있다.
② 독자적인 문제해결 능력을 길러 준다.
③ 현실적 문제를 다룸으로써 이론과 실제 사이를 메워 준다.
④ 특정 대상의 문제해결 외에도 상담자나 일반교사들에게 실제적 사례를 제공할 수 있으므로 그들의 훈련이나 재교육에 유익한 자료가 된다.

(2) 단 점

① 상당한 시간이 소요된다.
② 소집단에 적당한 방법이어서 교실수업에서 사용할 수 있는 절차로 개발하기 어렵다.
③ 특수 사례에 관한 것이므로 연구결과를 일반화시킬 수가 없다. 그래서 신뢰도와 타당도 측면에서 큰 단점을 갖고 있다.
④ 연구대상의 외면적 사실에 치중해서 내면적이고 본질적인 문제, 정서적이고 심리적인 문제를 간과할 우려가 있다. 때로는 자료 수집에 치우쳐서 연구대상의 현재 상황을 소홀히 할 경우가 있다.
⑤ 여러 사람이나 많은 사례를 동시에 연구대상으로 삼기 곤란하며, 시간과 노력이 많이 들며 비경제적, 비능률적이다. 또한 연구대상을 심리적으로 위축시킬 우려가 있어, 연구자의 경험이나 숙련도가 연구결과에 영향을 미칠 수 있다.
⑥ 진행시에 사례를 잘 알고 있는 유능한 사회자를 필요로 하다

참고 문헌

강신웅(1984). 현대교육과정. 정민사.

곽병선(1994). 첨단정보 사회와 교육. 교육개발(1994, 11, 통권 92호). 한국교육개발원.

권이종(1989). 대학에서의 집단토론 교수법. 한국대학교육협의회.

김정환(1984). 교육학개론 -교육의 본질과 과제-. 박영사. pp. 234-243(교육 방법의 역사)

김종석(1995). 교육공학과 자료개발. 전국전문대학 공업계 교수 연수자료. 한국과학기술원.

김재은(1994). 창의성 교육의 시대적 요청. -한국교육학의 맥-. 나남출판.

김진규(1988). 사례연구법. -연수방법의 이론과 실제-. 한국금융연수원.

김진규 · 윤길근(2003). 아동연구법. 동문사

김해동(1980). 행정사례와 Case Method. 서울대 행정대학원 부설 한국행정조사연구소편. 한국행정사례연구집. 법문사.

나일주(1994). 정보통신공학과 학교의 재구조화. 교육진흥(1994년 가을, 제7권 제1호 통권 25호).

나일주 · 정인성(1996). 교육공학의 이해. 학지사.

박병식(1994). 사례연구의 교육방법론에 관한 연구. 개발논총. Vol.3

박연호(1991). 인간관계론. 박영사.

백영균(1994). 정보공학시대의 교육과 교사의 역할. 교육진흥(1994년 가을, 제7권 제1호 통권 25호).

변영계 · 김영환(1996). 교육방법 및 교육공학. 학지사.

이동원(1995). 인간교육과 협동학습. 성원사.

이성호(1986). 교수방법의 탐구 -교육방법과 공학-. 양서원.

이용남(1990). 교육방법 및 교육공학. 교육과학사.

이용숙(1992). 교육평가의 인간화를 위한 제언. 교육월보(1992.7). 교육부. pp.70-75.

이종승(1984). 교육연구법. 배영사

이칭찬(1995). 교육방법과 교육공학. 문음사.

이화여자대학교 교육공학과(1996). 교육방법 및 교육공학. 교육과학사.
장영호(1993). 교육공학. 학문사.
전성연(2003).大學에 있어서의 教授-學習 : 課題와 展望.고려대학교.
조미헌(1994). 멀티미디어의 교육적 활용 : 유용성과 문제점. 교육진흥(1994년 가을, 세7권 제1호 통권 25호).
조정기(1993). 교육방법과 교육공학. 대광문화사.
황정규(1989). 명강의란 무엇인가. 한국대학교육협의회.
한국교육행정연구회(1995). 교육행정연구법. 하우.
한숭희(2000). 학습혁명. 매일경제신문사.
허운나(1994). 첨단정보 공학을 통한 교육개혁동향. 교육개발(1994, 11, 통권 92호). 한국교육개발원.
허 형(1994). 한국교육학의 맥 -학교 학습성과의 극대화 : 컴퓨터- 교수 학습체제 개발-. 나남출판.

Cooper, J. M., et al.(1994). Classroom teaching skills (5th ed.), Lexington : D.C. Health and Company.
Gruickshank, D. R., Bainer, D. L., & Metcalf, K. K.(1995). The act of teaching. NY : Mcgraw-Hill. de Bono, E.(1971). Technology today, London : Routledge & Kegan Paul.
Negroponte, N.(1995). Being digital, NY : Alfred A. Knopf. Johnson, D.W., & Johnson, R. T.(1975). Learning Together and Alone : cooperation, competition, and individualization. Englewood Cliffs, NJ : Prentice Slavin, R. E.(1990). Cooperative Learning : theory, research, and practice, Englewood Cliffs, NJ : Prentice Hall.
Hall. Slavin, R. E.(1983). Cooperative Learning, NY : Longman. Toffler, A.(1990). Power Shift, New York : Bantam Books.

제 3 장

학습동기유발을 통한 교육방법

1. 학습과정과 동기유발의 기능

동기란 '어떤 목표를 지향하는 행동을 일으키고, 방향을 잡아주고, 유지하는 힘의 총합'이라고 정의하며, 유기체의 행동을 설명하기 위해서 만들어진 개념이다. 행동의 원인이라고 할 수 있는 동기에 대한 이해 없이는 인간행동을 올바르게 설명하기 힘들다.

"말을 물가로 데리고 갈 수는 있으나 물을 먹일 수는 없다."는 속담에서 알 수 있는 것처럼 스스로 하고자 하는 마음이 없으면 학습효과를 기대할 수 없는 것은 당연한 이치이다. 어떻게 하면 스스로 하고자 하는 마음을 가지게 할 수 있는가 하는 문제는 교사, 부모들의 머리에서 떠나지 않는 문제이기도 하다. 이러한 생각의 밑바닥에는 동기유발(motivation)의 개념이 자리잡고 있다.

학습에서의 동기유발이란 '어떻게 하면 학습자에게 학습하려는 의욕을 높일 수 있을 것인가, 어떻게 하면 계속해서 학습하려는 의욕을 일으킬 것인가 또 학습이 끝난 후 어떻게 하면 새로운 학습을 탐구하려는 태도를 함양할 수 있을 것인가'로 표현할 수 있고, '학습자가 특정한 능력을 습득하기에 필요한 접근, 강화 및 반복을 확실하게 하는 조건'이라 할 수 있다.

교수학습 상황에서 동기는 어떤 기능을 하는 것인가를 이해하고 그 기능을 적용하는 것은 교수학습을 효과적으로 진행할 수 있게 한다. 동기의 기능은 다음과 같다.

1) 초발적 기능(初發的 機能, emergizing or activating function)

동기는 행동을 일으키고 지속하게 하며, 그리고 끝내게 하는 것으로 생각된다. 이것을 동기의 초발적 기능이라고 한다.

2) 지향적 기능(志向的 機能, directive function)

행동은 환경 속에 있는 대상으로 향하여 전개되는 경우가 많다. 이렇게 행동을 방향 짓는 것을 동기로 보아 동기의 지향적 기능이라고 한다. 대부분의 인간행동은 목표추구행동(purposive behavior)이고, 특정한 대상으로 그 방향이 정해져 있기 마련이다.

3) 조정적 기능(調整的 機能, regulating and adjusting function)

행동은 목표에 도달하기 위하여 필요한 동작이 선정되고 전개되는 과정을 겪는다. 이와 같이 하위 분절동작을 선택하고 편성하는 기능도 동기의 기능으로 보아, 동기의 조정적 기능이라고 한다. 이 기능은 행동은 분절적 과정으로서 지적 기능에 영향을 미치는 경우가 있다.

4) 강화적 기능(强化的 機能, reinforcing function)

행동의 끝남이 유기체에게 미치는 효과가 어떤가에 따라 그 행동이 다시 일어날 확률이 증가하기도 하고 줄어들기도 한다. 이러한 경우에 그것은 동기에 의해 그러한 변화가 생긴다고 본다. 이와 같은 동기의 기능을 강화적 기능이라고 한다.

2. 동기의 종류

동기는 동기의 질적인 관점에서의 분류와 발생 원인에서의 분류로 나눌 수 있다.

질적인 관점에서 보면 신체적 · 생리적인 욕구, 즉 식욕이나 성욕 · 수면 · 휴식 · 보온 등으로서 이것을 제1차적인 욕구라고 하며, 심리적인 애정의 욕구 · 인격적인 독립 등을 제2차적인 욕구라고 본다.

1차적 욕구인 갈증과 배고픔은 강력한 생리적 동기의 원형이다. 갈증과 배고픔의 동기는 모든 유기체에 보편적이며, 유기체 내에 내축되어 있는 생리적 기제이며, 생존과 직결되어 있다는 섬에서 동기의 원형이다. 갈증과 배고픔 외에도 고통의 회피, 산소, 배설, 체온조절, 수면 등이 생리적 동기에 속한다.

모든 생리적 동기가 생물체의 생존과 관련되어 있는 것은 아니다. 생존과 직접적으로 관련되지 않는 동기 중에 자극욕구(stimulus needs)가 있다. 그것은 감각적 자극에 대한 욕구이다. 아무 것도 보이는 것이 없고, 들리는 것이 없고, 움직이는 것이 없는, 고립된 독방은 심리학자들이 감각박탈의 효과를 실험하기 위해서 많이 쓰이는 장치이다. 감각적 자극이 없는 이런 장소에 오래 있으면, 혼란과 불편감을 경험할 뿐만 아니라 거기에 있지도 않은 소리가 들리고, 빛 같은 것을 본다고 한다. 이것은 방음장치가 된 방이 반드시 사람을 미치게 한다는 것이 아니고, 감각적 자극은 강력한 기본적 욕구라는 것을 예시하고자 하는 것이다.

자극욕구에는 이 밖에도 자극의 다양성, 복잡성에 대한 욕구가 있다. 너무 똑같은 자극상황이나 단조로운 자극상황에 오래 있으면, 그러한 상황을 벗어나려는 욕구가 생기는 것이다.

생리적인 요구(physiological requirement)는 유기체의 자기 조절 과정(self-regulating process)에서 그 원천을 찾아볼 수 있다. 이는 비교적 선천적이며 태어날 때부터 가지고온 선물이라고 할 수 있다.

한편, 2차적 욕구인 애정의 욕구 등과 같은 사회적 동기는 주어진 문화적 · 사회적 과정 속에서 획득된 것이다. 특히 사회화(socialization)과정에서 상호 인간관계에 크게 관련이 되는 동시에 사회적 규범, 가치 또는 제도들과 밀접한 관련을 가지면서 형성된다. 동기의 원천이야 어디에 있던 두 가지 동기가 모두 같은 방법으로 인간의 행동에 영향을 미친다는 사실은 명백하다.

그리고 동기의 발생 원인이 어디에 있느냐에 따라 분류하면, 자연적인 동기와 인위적인 동기 또는 내적 동기(intrinsic motivation)와 외적 동기(extrinsic motivation)로 분류할 수 있다. 내적 동기는 행동의 전개 목표로 되어 있는 경우이고, 외적 동기는 행동의 목표가 행동 이외의 것이어서 행동이 수단의 역할을 하고 있는 경우이다. 내재적 동기란 어떠한 외재적 목적이나 보상없이 특정한 활동을 하려는 동기이다.

잘 통제된 학습환경에서 비교적 단기간에 이루어지는 학습에서는 외적 동기유발이 중요하나 장기적이고 생애에 걸치는 학습에서는 내재적 동기의 성숙이 무엇보다도 중요하다. 내재적 동기가 있는 학습자는 학습과 능력개발에 도움이 되는 과제나 활동에 참여하려는 유능동기를 보이며, 도전감 있는 과제를 추구하려는 신기성을 보이고, 자기 스스로의 결정을 중요하게 생각한다. 기대 전달은 타인의 동기가 학습자의 동기를 활성화시키는 것으로서 그 대표적인 것이 교사기대이다. 교사기대에 대한 연구는 Rosenthal과 Jacobson(1964)의 연구이래 지금도 꾸준히 계속되고 있으나 그 결과에는 상당한 불일치가 발견된다.

내적 동기는 학습의 장(場)에서 학습자의 요구나 흥미·태도·목표 등에 의해서 형성되는 것으로 학습자 자신에 의해서 인정되는, 즉 자율적으로 통제되는 동기이다. 내적 강화에 의해서 충족되는, 그러므로 외적 목적에 의존하지 않는 동기를 일컫는다. 어떤 목표를 달성하거나 보상을 얻기 위해서가 아니라 행동 그 자체가 재미있고, 신나고, 만족스럽기 때문에 행동할 때 내적 동기에 의한 것이라고 할 수 있다.

반면 외적 동기는 학습이 이루어지는 외부에서 도입되는 것으로 일반적으로는 점수나 승진, 상·벌 등에 의하여 또는 교사의 인격이나 교사에 대한 학생들의 호(好)·불호(不好)에 따라서 이루어지는 동기를 말한다.

학교에서 받는 상, 진급과 같은 것을 사용하여 동기를 유발시키는 것을 외적 동기라고 볼 수 있을 것이고, 학습하는 그 자체에 의미를 갖게 하거나 스스로가 학습하는 것을 만족하는 것은 내적 동기유발이다. 학습동기는 내적 동기와 외적 동기가 서로 밀접하게 관련되어 있고 경우에 따라서는 엄밀하게 구분하기 힘들 정도로 연관된 것도 많다.

한 연구결과에 의하면, 외적 동기 보다는 내적 동기로 인한 행동의 강화 및 지속력이 큰 것으로 밝혀졌다(Swann & Pittman,1977). 예컨대, 장학금이나 상을 받기 위해서 공부하는 것(외적 동기)보다 공부 자체가 좋아서 공부에 전념(내적 동기)하다가 보니까 상이나 장학금을 받는 것이 바람직하다.

3. 동기유발의 방법

1) 내적 동기유발의 방법

내적 동기유발은 학생들의 내부적인 요구에 기인하여 학습의욕을 환기시키는 방법이다. 내부로부터의 자연적이고 자발적인 것이다. 이러한 내적 동기를 유발시키기 위한 방법으로는 학습목표의 확인, 학습흥미의 환기, 학습결과의 확인, 성공감의 경험 등을 들 수 있다.

(1) 학습목표의 확인

학습의 목표나 방향은 학습자의 자발적인 활동을 촉구하고, 학습동기를 성립시키는 기본적인 요인이다. 따라서 학습활동에서 가장 긴요한 문제는 활동에 들어가기 전에 또 활동과정에서도 항상 목적의식을 갖고 학습계획을 전개해야 한다

도달할 학습목표와 학습의 방향이 학습자에게 자각이나 의식되지 않은 채 학습이 전개되면 그 활동은 목적과 방향이 없는 비효율적인 활동이 될 것이다. 그렇게 되면 학습자는 무엇 때문에 활동하며, 어떠한 방향으로 학습을 전개시켜야 할

것인지 알 수 없게 되어 그 학습활동은 정지되거나 포기하고 말게 될 것이다.

목표가 학생들이 당면한 문제해결에 결부되거나 생활에 필요한 지식을 얻으려는 요구 등과 결부되면 가장 생생하고 효과적인 학습동기가 되는 것이다. 그 목표가 명확해짐에 따라 학습의욕도 높아져 가장 직접적인 동기를 이루게 된다.

(2) 학습흥미의 환기

흥미(interest)란 일반적으로 행동을 결정하는 중요한 역할을 하는 심리학적인 한 요인이다. 흥미의 본질과 구조에 대한 견해는 다양하여 한 마디로 정의하기는 어려우나 흥미가 인간행동의 방향과 강도를 결정하는데 작용하는 중요한 요인이라는 의견에는 동의하고 있다.

흥미는 부모의 역할, 학교의 교육적 환경, 사회적・문화적 환경, 그리고 타고난 소질 등에 영향을 받는다. 학교상황에서 교사가 학생들의 흥미를 키워주고 개발하는 일은 정의(情意)교육의 과제로서도 중요하다.

학습자가 학습과제에 호기심과 흥미를 갖게 되면 학습동기는 높아진다. 학습과제와 관련된 예화나 그 학습과제의 참신성 등에 관해 설명을 한다거나, 학생들이 가지고 있는 여러 분야의 흥미를 학습활동과 직접 결부시키거나 관련시키는 방법으로 가능하다. 학습문제를 해결하기 위한 자료수집이라든가, 문제의 해결이나 학습내용의 표현 또 나아가서는 그 이용 등에 대해서 학습자 자신이 직접 느끼는 흥미이어야 할 것이다.

학습자의 흥미와 학습문제를 결부시킬 때 주의할 점이 있다. 일단 유발된 흥미가 쉽게 소멸되어서는 안 된다는 것이다. 일정한 기간 동안 흥미를 유지해야 한다. 흥미를 유지시키는 방법은 다음과 같다.

첫째, 다양성있는 학습활동을 전개시켜서 학습형태의 단조로움을 없애야 한다 : 변화있는 학습활동을 통하여 학습자의 심리적 상태를 새롭게 하고, 학습의욕의 내적 동기에 기여하는 것이어야 한다.

둘째, 개인차에 적응해야 한다 : 학습활동이 아무리 변화가 많고 다양성있게 전개되어도 일반적인 방법으로 전개되는 학습으로는 불충분하다. 학습자의 흥미를 지속시키기 위해서는 학습을 개별화시켜야 한다.

셋째, 학습문제가 가지고 있는 곤란도를 극복해야 한다 : 학습자의 성숙 정도에 알맞은 학습의 곤란도는 학습자가 그것을 해결하고 극복함으로써 만족감을 갖게 되거나 또는 극복하려는 흥미를 느끼게 된다. 그것은 학습자 자신에 있어서의 어떤 종류의 예감과 자신이 생겨 학습문제를 해결하려는 내적 동기가 일어나게 되는 것이다. 다음에는 성공감을 통하여 흥미를 유지해 간다.

흥미를 측정하는 도구는 일반흥미검사, 직업흥미검사 등이 개발되어 있으며 진학 및 진로지도, 학과선택지도, 특별활동지도, 정신건강 및 자기이해를 위한 지도 등에 이용되고 있다.

(3) 학습결과의 확인

학습의 결과를 알리고 학습자가 자기의 학습이 진보한 것을 알게 된다는 것은 가장 좋은 내적 동기를 유발하는 하나의 방법이다. 왜냐하면, 학습에서 지식 · 기능 등의 결과나 진보의 정도를 알게 되는 것이 다음 학습에 대한 의욕을 일으키는 데 도움이 되기 때문이다.

(4) 성공감의 경험

학습은 그 결과가 성공적으로 끝날 수도 있고 반대로 실패할 수도 있다. 성공을 하게 되면 학습의욕이 더욱 높아지고, 실패하면 학습의욕이 감퇴하는 것이 일반적이다. 학습자가 학습과정에서 성공적인 경험을 하면 학습동기는 더욱 강화된다. 학습자들이 가능한 수업목표를 달성하여 학습자 자신이 내적 강화를 자주 받도록 해야 한다. 일반적으로 학습에 대한 성공감은 학습의욕을 보다 증진시키며, 실패감은 학습의욕의 감퇴, 단념의 단계까지 영향을 미치는 것이다.

한 학습과제의 성공적인 경험은 그 학습과제 뿐만 아니라 다른 학습과제의 학습을 위해서도 자신감을 갖게 하며 그들 학습에 대한 동기가 유발된다. 그러나 성공 또는 실패의 기준은 일정하게 정할 수 없다. 학습자 개인에 있어서의 학습의 기대수준에 따라 다같은 학습결과에 대해서도 성공감을 느끼는 학생이 있는가 하면 실패감을 갖는 학생도 있기 때문이다.

2) 외적 동기유발의 방법

외적 동기유발은 강화, 경쟁, 협동 등을 통하여 동기를 유발하는 방법이 있다. 즉, 외부적인 자극을 통하여 학습의욕을 환기시키는 방법이다. 외부에서 타율적으로 가해지는 동기유발이라고 할 수 있다. 이러한 외적 동기를 유발시키기 위한 대표적인 방법으로는 상과 벌의 사용, 경쟁관계 형성을 들 수 있다.

(1) 상과 벌의 사용

상·벌을 주고, 칭찬하고 질책하는 것이 학습자에 대한 학습활동을 자극하며, 동기유발에도 도움이 된다는 것은 오래전부터 연구되어 왔고 또 많이 이용되고 권장되어 오는 방법이다.

상은 학습자의 동인의 결정인을 충족시키는 것, 즉 유인을 준비한다. 상은 일반적으로 활동을 활발하게 하고, 행동을 목표지향적으로 하게 한다. 또 상을 얻으면 학습자는 자신감을 갖게 되고, 그 과제에 대하여 보다 지속적으로 되며, 그 학습과제나 사람에 대한 매력을 높게 하는 경향이 있다. 이러한 일련의 감정적 효과를 지니고, 덧붙여 이해, 지식을 확실한 것으로 하고 안정성, 변별력 등을 높이는 인지적 효과를 갖는다.

벌은 일반적으로 벌을 가져오는 자극을 회피하려 하고, 장기적으로 보면 부정적 효과를 가져 오는 경우가 많다. 벌은 불안, 공포, 불쾌한 정서적 경험을 가져다 주며, 벌은 주는 사람 또는 그 대상과 관련된 것에 대해서도 부정적 감정을 갖게 되는 수가 종종 있다.

(2) 경쟁관계 형성

경쟁은 학습동기를 유발시키는 데 흔히 사용되고 있는 방법이다. 그러나 일반적으로 경쟁의 방법은 문제점도 있을 수 있다.

그 이유는 다음과 같다.

첫째, 경쟁적인 상태에서는 오직 한 사람의 승리가 있을 뿐, 나머지 대부분의 인간은 실패로 끝나는 경우가 허다하여 결과적으로 많은 학생들이 '잃어 버린 자' 또는 '실패자'로 된다.

둘째, 학생들이 자기 자신에만 집착하는 경향이 있다. 승리, 높은 성적에만 부심한 나머지 집단생활에 문제를 가져온다.

셋째, 경쟁적인 분위기는 내적 동기유발을 저해시킨다. 제시된 상(외적 보상)을 받기 위한 학습이 됨으로 내적 동기를 무시하게 되어 버린다. 나아가서 경쟁적인 학습 상황은 어려운 학과, 엄격한 교사를 회피하게 한다.

그러므로 경쟁을 학습 동기유발의 방법으로 사용할 경우에는 다음과 같은 사항에 유의해야 한다.

첫째, 모든 학습자가 그들의 노력에 합당한 보상을 얻도록 할 것.

둘째, 경쟁에서의 패배가 최종적인 것이 아니라는 사실을 알고 있을 것.

셋째, 모든 학습자들이 각기 자기의 영역에서 성공감을 느낄 수 있도록 경쟁적인 활동이 다양하고 충분할 것(박아청, 1985 : 271～272).

4. 성취동기(achievement motive)

배고픔, 갈증, 또는 자극욕구와 같이 모든 사람에게 보편적인 것도, 생존가치가 있는 것도, 유기체에 내축된 것도 아닌 동기가 있다. 이러한 동기를 학습된 동기(learned motives)라고 한다. 학교학습과 가장 밀접한 관계를 맺고 있는 학습된 동기가 바로 성취동기이다.

어려운 일을 보다 훌륭하게 성취하려는 의욕을 성취욕구라고 하면 그 성취욕구를 가진 사람의 행동은 어떻게 나타나는가? 성취인은 무엇을 목표로 삼으며, 그 꿈을 실현하기 위하여 어떤 활동을 하는가를 살펴보기로 한다.

성취동기가 높은 사람의 행동 특성이 여러 개 있을 것이다. 성취동기가 높은 사람의 행동 특성은 다음 7가지를 들고 있다.

1) 과업지향적 행동

성취인은 어렵고 힘든 일, 성취함으로써 보다 의의을 느낄 수 있는 일, 자신의 능력을 과시할 수 있는 일에 흥미를 가지며, 그 일을 끝냄으로써 얻을 수 있는 보상이나 자립보다는 일 그 자체를 성취해 나가는 과정을 즐기고 만족스럽게 여기는 성향을 가지고 있다.

2) 적절한 모험성

성취인은 어느 정도의 모험성이 포함되는 일에 도전하여 자력으로 성취해내는 과정을 크게 만족해 한다. 그는 아무런 모험성도 곤란도 내포하고 있지 않은 쉬운 일에는 흥미를 갖지 않는다. 그러나 성취인은 과업이 자기 능력에 비해 너무 어렵거나 지나치게 모험적일 때도 역시 흥미를 갖지 않는다.

3) 자신감

성취인은 그렇지 못한 사람에 비해 과업수행에서 보다 높은 자신감을 갖고 있다. 성취동기가 높은 사람은 낮은 사람에 비해 일단 높은 자신감을 갖게 된다.

4) 정력적 · 혁신적 활동성

성취동기를 탁월한 성취를 하려는 의욕이라 한다면 성취동기가 높은 사람은 보다 정열적으로 그리고 열심히 일하는 사람이라고 할 수 있다. 성취인은 성취동기가 낮은 사람에 비해 자기가 하는 일에 보다 열중하고 더 많은 새로운 과업을 찾고 계획하여 이를 성취해 나가기에 온갖 정력과 노력을 총동원하여 집념한다.

5) 자기책임감

성취동기가 높은 사람은 성취하려는 과업이 결과적으로 어떻게 되었건 자기가 계획하고 수행하는 일에 대해서 일체의 책임을 자기 자신이 진다. 과업이 실패했을 때에도 성공했을 때와 같이 자기의 책임으로 여기며 책임을 남에게나 환경여건의 탓으로 돌리지 않는 것이 성취인의 행동성향이다. 성취인은 남에게 의뢰하려 하지 않고 책임을 회피하려 하지 않는다.

6) 결과에 대한 지식 추구(결과를 알고 싶어 하는 성향)

성취인은 그가 수행하는 일의 종류를 불문하고 그 일이 어떻게 진행되고 있으며 예상되는 결과는 어떠한 것인가에 대하여 구체적이고 객관적인 정보를 계속 추구하여 정확한 판단을 하려 한다. 예상되는 결과가 성공적이건, 실패적이건, 결과를 보다 정확히 알고 있을 때 성취인의 성취행동은 더욱 강화된다.

7) 미래지향성

성취인은 새로운 일을 이룩하기 위하여 언제나 장기적인 계획을 세우고 미래에 얻게 될 성취만족을 기대하면서 현재의 작업에 열중한다. 미래에 이루어 놓을 성취과업과 성취만족을 기대하면서 현재에 당하는 고통 및 갈등과 끈기 있게 싸워 나간다.

인간의 가치지향성을 시간이라는 차원에서 분류하면 과거지향성, 현재지향성 그리고 미래지향성의 셋으로 나누게 된다. 과거지향성인 가치관을 가진 사람은 보다 보수적이고 현재의 모든 사태를 판단하는 기준을 과거에다 두어 과거의 모든 것은 좋았던 것으로 판단하는 경향을 갖는다. 좀더 심한 경우는 현재의 모든 문제에 직면하기를 두려워하여 부모가 자기를 감싸주던 그리운 과거로 되돌아가려는 심정

마저 갖게 된다. 이와 반대로 과거도 미래도 아랑곳없이 현재만의 만족에 도취해 있으려는 감각적인 현대파도 있다.

일반적으로 말하면 어린아이들이나 지적 수준이 낮은 사람은 주로 현재지향성에 속한다. 이런 사람은 미래가 무엇인지 인식하기보다 그들에게 중요한 것은 지금 당장이다. 손에 쥔 사탕은 지금 먹어야 하고 지금 배가 고프면 참지를 못한다. 내일에 사탕이 열 개가 생긴다고 해도 지금 손에 쥔 사탕 하나만 못하다. 그런데 인간이 지적으로 성장함에 따라 미래가 더 중요함을 느끼게 된다. 우선 미래를 위해서 공부한다.

그러나 누구나 미래에 이루어 놓을 성취만족을 기대하며 오늘에 당하는 고통과 끈기있게 싸워 나간다고 볼 수는 없다. 따라서 미래를 향하여 오늘의 희생을 감수하는 행동특성이란 성취인의 행동특성이라 할 수 있다.

5. 매슬로우의 동기위계설

Maslow에 의하면 인간에게는 생득적 · 본능적인 기본욕구가 있으며, 그 기본욕구들은 병렬적(竝列的)이 아닌 계층적(階層的) 경향성을 가지고 있다. 즉, 하위단계의 욕구가 만족되어야 상위단계의 욕구가 발동된다. 고차적인 욕구가 중요시되기 위해서는 하위에 있는 욕구들이 어느 정도는 충족되어야 한다.

1) 생리적 욕구(physiological needs)

인간은 당연히 먹을 것, 물 · 공기…… 등이 없으면 살 수 없다. Freud가 말하는 성적 욕구도 여기에 포함된다. 생리적 욕구는 누구도 반론을 제기하지 않을 것이다. Maslow에 의하면 문제는 인간의 욕구로서 이것밖에 고려하지 않거나 또는 지나치게 강조하는 사상이나 심리학설이 적지 않다(예를 들면, 프로이드의 성욕과 마르크스의 물질). 불교는 이것을 단순히 부정하는 경향이 있으며 기독교에서도 "사람이 사는 것은 빵에 의해서가 아니다"라고 한 예수의 말씀이 금욕주의적으로 오해되어 왔다. Maslow는 생리적 욕구가 가장 기본적으로 강한 욕구이며 인간에게 필요불가결하다고 인정하면서도 동시에 필요불가결한 것의 전부는 아니라고 강조한다.

2) 안전의 욕구(safety needs)

안심과 안전, 위험이 없음을 느끼는 것, 생리적 욕구가 적당한 시기에 적당하게(100%일 필요는 없다) 만족되면 안전에의 욕구가 나타난다. 안전 · 의존 · 안정 · 보호 · 공포 · 불안 · 혼란으로부터의 자유 · 질서 등에 관한 욕구가 나타난다. 이러한 것들을 요약해서 안전에의 욕구라고 부른다. 이것도 또한 기본적으로 강한 욕구라는 사실은 상식적으로 이해가 가능하다.

3) 소속감과 사랑에 대한 욕구(love and belonging needs)

인간은 타인과 어울리고 받아들여지고 소속되고자 하는 욕구가 있다. 즉, 소속감과 사랑의 욕구가 있다. 이러한 동기는 생리적 욕구와 안전의 욕구가 어느 정도 충족되어야만 나타난다.

생리적 욕구, 안정의 욕구가 충족되지 않으면 집단(특히 가족) 안에서 사랑받고 인정받는 것에 비현실적으로 집착하고, 만족할 줄 모르는 경향이 있다. 생리나 안정성의 측면에서 특별한 문제가 없으면 생명에 대한 위험은 없다고 하지만 애정 부족은 심각한 심리적 불건강에 빠진다.

생리적 건강을 유지하는 비타민이나 미네랄 등이 필요불가결한 것처럼 정신적 선상에는 사랑이 기본이고 필수적이라는 사실은 임상 심리학적으로는 상식화되어 있다.

4) 자존심의 욕구(esteem needs)

성취하고 능력에 자신을 갖고 승인과 인정을 받고자 하는 것이 자존심의 욕구이다. 적당한 시기에 적당한 인정을 얻지 못하면 성장 후에 신경증적으로 지위나

권력, 명성에 집착하게 된다. 또 자존심을 잃어버렸다고 하기 보다는 지나치게 지독한 상황에서 자랐기 때문에 자존심이 좌절당하고 인정요구가 억압되어서 고정화되어 버리면 병적으로 비굴하게 된다.

5) 인지적 욕구(desire to know and understand)

인지적 욕구는 주위 현상에 대해 알고 이해하고 탐색하려는 욕구이다. 호기심이나 탐구심 또는 더 많은 지식을 얻으려는 욕구 등이 이에 속한다.

6) 심미적 욕구(aesthetic needs)

이는 현상의 조화 질서 및 미의 추구에의 욕구이다. 학자에 따라 이를 인지적 욕구에 포함시키기로 하며, 이러한 심미적 욕구와 인지적 욕구 모두를 자아실현 욕구에 포함시키기도 한다(Chauhan, 1979).

7) 자아실현 욕구(need for self-actualization)

자아실현을 추구하고 자기의 잠재력을 실현시키려는 욕구이다. 모든 욕구가 전부 만족되어도 개인이 자신에게 적합하다고 생각되는 일을 하지 않으면 곧 새로운 불만이나 불안이 일어난다. 인간이 궁극적으로 평정상태로 돌아가고자 한다면 음악가는 음악을 작곡하고 화가는 그림을 그리고 시인은 시를 쓰지 않으면 안 된다. 사람은 누구든지 자기 능력대로 되지 않으면 안 되는 것이다. 이런 욕구를 자기실현의 욕구라고 한다. 인간에게는 자신만이 할 수 있는 뭔가 고유한 삶의 형태를 원하고 자신의 가능성을 최대한으로 실현시키고 싶어하는 욕구가 있다.

Maslow에 의하면, 인간이 욕구만족을 추구하는 것이 반드시 이기주의로 끝나는 것만은 아니다. 인간은 신경증적 욕구가 아닌 기본적 욕구를 적당히 만족시키면서 성장하면 심리적으로 보다 건강하게 되며 성장의 고차원 단계인 자기실현의 단계에 이를 수 있으며 그 곳에서는 이기주의와 이타주의가 통합된다고 주장했다. 신경증적 욕구는 한계가 없으나 인간의 기본욕구는 일정 수준까지는 만족시키는 것이 가능하다. 따라서 저차원의 욕구가 만족되어서 욕구구조가 왜곡되지 않으면 보다 높은 욕구가 자연히 발생한다.

모든 욕구가 어느 수준까지 충족되면 인간은 한층 더 건강하게 되며 성장해 가면서 자기 실현적 인간 수준에 다다르면 이기성과 이타성은 통합된다고 한다. 그리고 자기실현을 이룩한 인간은 자기초월(불교적 깨달음도 포괄하는 개념)을 향해서 나아가게 된다. 이처럼 Maslow는 단순히 욕구를 긍정하는데 그치지 않고 거기에서 계층성을 발견하고 성장가능성의 최고경지를 볼 수 있었던 것이 창조적인 업적이라 하겠다.

만일 그것이 사실이라면 보통 인간의 마음의 심층은 어둡고 교활한 것만이 아니라 보다 훌륭한 가능성으로 채워져 있게 된다. 그렇게 되면 인간의 마음은 백지(白紙)이고 인간의 욕구는 조건부에 의해서 학습된 것이기 때문에 문제가 있다면 조건부를 다시 고치면 될 것이다. 안이한 낙관적 인간론도, 인간의 심층에 잠재되어 있는 본능적 욕망은 본질적으로 나쁜 것이며 간신히 억압하거나 승화할 수 있을 뿐이라는 비관적인 성악설도 금욕주의적인 인간론도 완전히 뒤집어졌다. Maslow 심리학의 모토는 '건강하게 있으라, 그러면 당신은 당신의 충동을 믿어도 좋다'고 하는 것이다.

그러나 인간의 심층에 잠재된 것이 악이 아니고, 기본적인 욕구 추구가 악을 낳는 것이 아니라면 왜 실제로 악이 존재하는가 하는 문제가 나온다. 그 점에 대해서 Maslow는 적당한 시기에 적당히 기본적 욕구가 만족되지 않으면 나중까지도 충족되지 못한 욕구에 병적으로 집착하게 된다고 하며 그렇게 병적으로 왜곡된 욕구를 신경증적 욕구라고 한다. 기본적 욕구의 한계를 초월한 불만은 신경증적 성격을 탄생시킨다. 그것은 때로 회복 불가능한 상태까지도 가능하지만 대부분의 경우는 후에라도 충족되면 어느 정도까지 심리적 건강을 회복할 수 있다고 한다. 이것이 Maslow의 인간성 심리학의 심리요법이다.

Maslow에 의하면 악은 기본적인 욕구가 채워지지 않은 심리적 · 사회적으로 불건강한 상태로부터 나온 것이며 인간이 좀처럼 피하기 어려운 운명이 아니다.

이것은 심리학 이론으로서는 상당히 독특하며 동시에 전통적인 일체중생실유불성(一切衆生悉有佛性)이라고 하는 대승불교의 기본이념과도 일치하며 인간악에 대한 심리요법의 개발이 가능하다는 점에서도 유식 불교의 방향과 일치한다고 말할 수 있다.

자아실현 그 자체는 의도적인 노력의 목표라고 하기 보다는 노력의 부산물이라고 할 수 있다. Maslow는 어떤 사람들은 보통 사람들보다 더 건전하고 적절하게 기능을 발휘하는 수준에 이른다고 믿고 이러한 사람들을 자아실현인이라고 불렀다. 자아실현인의 중요한 두 가지 기준은 다음과 같다.

① 심각한 문제나 정신적 문제에서 비교적 해방되어 있다.

② 자신의 재능과 장점을 가능한 최대한 발휘하고 있어야 한다.

보통 사람들과 비교할 때 자아실현인은 다음과 같은 성격이나 자질을 나타내는 경향이 있다.

- 좀더 적절한 현실감각
- 자신과 타인에 대한 적극적 수용태도
- 보다 적극적인 자발성과 자연스러움
- 자신 이외의 문제에 대한 지대한 관심
- 사생활과 호젓함에 대한 적당한 욕구
- 높은 자율성과 독립성
- 일상생활에서 대하는 기본적인 것들에 대한 새로운 인식
- 기적에 대한 체험(반드시 종교적인 방식이지는 않더라도)
- 타인에 대한 친근감의 증대
- 만족감
- 소수의 친구 또는 사랑하는 이들과의 친밀한 관계
- 민주적인 인간성
- 옳고 그름에 대한 고도로 발달된 판별감각
- 건전하고 비적대적인 유모어 감각의 소유
- 고도의 창조성(예술에 대한 것은 아닐지라도)
- 획일성에 대한 저항

자아실현을 증가시키기 위한 구체적인 방법은 다음과 같은 것을 들 수 있다.

① 현재 자신이 하고 있는 일에 몰두하여 생동감을 가지고 생을 풍요로이 경험할 것

② 결혼이나 직업과 같은 인생의 중요한 선택에 있어서 자신의 판단과 느낌을 신뢰하는 방법을 터득할 것

③ 자신에게 정직하고 하는 일에 대한 책임을 질 것

④ 가능하면 안정과 안전보다는 성장을 택할 것

⑤ 자신의 자기방어와 환상을 깨닫고 그것을 버리도록 노력할 것

⑥ 절정경험(peak experience)이 일시적인 것이긴 하지만 그러한 자아실현의 순간적 영감을 일상적인 행동과 사고를 할 때 생생하게 유지하도록 할 것

⑦ 자아실현은 계속적인 과정으로 보아야 하며, 완전한 달성이란 있을 수 없다는 것을 기억할 것

⑧ 자신 이외의 관심사와 대의명분이 있는 일에 참여할 것

6. 벌의 문제점과 유의할 점

1) 사랑의 매

우리나라 속담에 '귀여운 자식 매 한 대 더 때리고, 미운 자식 떡 하나 더 준다'는 말이 있다. 영국의 속담에도 '매를 아끼면 자식을 버린다(Spare the rod and spoil the child)'는 말이 있다. 이것은 모두 자녀를 교육시키는 네 있어서 달콤한 사랑만으로는 결코 올바르게 성장시킬 수 없고, 필요한 경우에는 아낌없이 재찍을 가해야 된다는 자녀 교육의 교훈을 의미하는 것이다.

옛날 우리 선조들의 교육수단으로 매질하는 초달은 필수적이었다. 서당에서 자기 집 아이가 오랜 동안 매를 맞지 않으면 선생이 교육에 무성의한 것이 아닌가 하고 오히려 부형이 선생님을 찾아가 섭섭하다는 뜻을 표시하였다. 서양에서도 고대 희랍 · 로마시대부터 중세를 통하여 체벌은 교정과 단련을 위하여 필요한 것이라고 해서, 학교에서는 매를 준비하여 학업을 촉구하고 훈육을 위하여 사용하

였다.

그러나, 근대에 와서 많은 나라에서는 교육상의 체벌을 금지하고 있고, 우리나라에서도 해방 후 서구의 자유주의·민주주의 교육사조의 영향을 받아 학생들에 대한 체벌을 금지하여 왔다.

체벌은 학생들에게 직접 신체적 고통을 주고, 그 고통에서 피하려는 노력에 호소하여 학업에 더욱 정진하게 한다든가, 비행(非行)을 교정하려는 교육방법을 말하는데, 이러한 체벌을 통한 교육은 민주교육에 어긋날 뿐만 아니라, 교육을 받는 사람의 자주성과 창의성·적극성을 상실하게 되고, 나아가서는 전근대적인 노예성을 초래하게 된다. 한편, 청소년들의 반항심을 조장하고 스승에 대한 존경심을 상실하는 원인이 되기도 한다.

그러나 아동 개성의 자유로운 신장(伸張)과 발달을 도모한다는 자유주의 교육은 본래의 정신을 망각하고 오히려 자유방임주의로 빗나가 학생들의 탈선행위가 늘어나고, 각종 청소년 범죄의 증가현상을 보여주고 있다. 학생들의 폭력사태 속에서도 교사들은 절대로 학생들에 대한 교육상 체벌을 하여서는 안 된다고 할 수 있을 것인가?

부모가 자식을 키우고 선생님이 학생을 가르치는 일의 바탕은 사랑이다. 진정한 사랑은 포기하지 않는다. 자식이 버릇이 없으면 야단을 치고 크게 잘못하면 매를 들어서라도 옳고 틀림을 승복받아 깨우쳐 주어야 하고, 학생이 잘못하면 선생님이 타이르고 그래도 잘못을 반복하면 회초리를 들어 자극을 주어서라도 그 행동을 선도하려 끊임없이 노력하는 것은 동서고금의 불변의 이치이다.

우리에게도 옛날부터 사찰에는 참선하는 스님들을 채찍질하는 죽비가 있었고 서당에는 회초리가 있었다. 심지어 제자를 가르치는 직업 자체를 '교편(教鞭)잡는다', 즉 '교수용 회초리를 잡는다'라고 하였다.

오늘날에도 흔히 교원생활·교직생활을 교편(教鞭)생활이라고 한다. 그러므로, 교사와 교육과 회초리는 불가분(不可分)의 관계로서 회초리는 교육상 필수적인 것으로 본다는 뜻이 될 것이다. 그렇다면, 교사가 교육상 회초리를 휘두르는 것은 당연한 직무에 속하는 것이고, 교육적인 '사랑의 매'로서 허용되어야 할 것이라는 결론이 나올 수도 있다.

'사람을 만든다'라는 이 성스러운 일은 냉정한 이성만으로 되는 일이 아니고 지성과 감성을 소재로 해서 사랑이란 접착제로 점진적으로 구축해 가는 일이다. 애(愛)·증(憎)이 교차하고 몸과 몸이 부딪치는 끈끈한 정으로 때로는 자애로운 손길로 쓰다듬고 때로는 준엄한 회초리로 단금질을 해야 한다.

구체적인 경우에 어느 정도까지 어떠한 방법에 의한 체벌이 정당행위로서 허용되느냐 하는 것은 구체적·개별적으로 고찰하여야 하고, 일률적으로 말하기 어려운 문제이다. 체벌이 교사의 징계권 발동으로서 정당행위로 평가되기 위하여는 일반적으로 다음과 같은 요건을 필요로 한다.

① 교육상의 목적을 위한 것이어야 한다.

② 교육상의 필요가 있는 경우라야 한다.

③ 다른 교육적 수단으로 교정이 불가능하여 부득이 행하는 것이라야 한다.

④ 체벌은 그 방법과 정도가 사회관념상 비난받지 않을 객관적 타당성이 있어야 한다.

⑤ 학생들의 자존심 등 인격을 침해하지 않는 것이라야 한다.

교사가 체벌을 하는데 있어서도 교육목적 이외에 조금이라도 사적 감정이 개입된다든가, 교육상 불필요한 경우, 체벌 이외에 다른 교육방법이 있는데도 체벌을 가하는 경우, 체벌의 결과 신체를 상하게 하거나 건강을 해치는 경우, 학생들에게 심한 수치심을 가지게 하는 등 인격을 모독하는 행위 등은 모두가 징계권의 범위와 한계를 넘는 것으로서, 사회적 비난을 모면키 어려운 것이다. 요컨대, 체벌은 극히 예외적인 경우에 최소 한도의 필요악이라는 생각을 가지고 모든 교사가 사랑의 매를 드는 경우에도 따뜻한 교육애가 넘쳐 흘러야 할 것이다.

2) 벌이라는 말의 의미

바람직하지 않은 행동이 나타날 때, 그 행동을 중단시키기 위해 가하는 혐오적인 자극을 벌(punishment)이라고 한다. 벌을 사용한다는 것은 아동에게 불쾌한 경험을 제공하거나 산출하는 것을 뜻한다. 이것은 불쾌한 경험이 아동내부의 무엇을 움직여 다시 생각하게 하거나 혹은 행동을 바꾸게 함으로써 그대로 두었다면 기대할 수 없는 변화를 생성시킬 수 있다는 가정에 근거를 두고 있다. 육체적인 고통뿐 아니라 말로 전달되는 꾸중도 자존심을 상하게 하는 중대한 벌이다.

Redl(1988)은 "벌은 아동(혹은 아동집단)의 복지를 증진시키기 위해 아동에게 불유쾌한 경험을 마련해 줌으로써 아동의 행동이나 혹은 장기적인 발달에 영향을 주고자 하는 성인들의 계획적인 시도"라고 정의하고 있다. 이러한 정의 속에 아동의 복지를 증진시키기 위해 성인들의 계획적인 시도(planful attempt)라는 말을 삽입시킨 것은 벌이라는 것이 단순히 성인의 가학적(sadism) 공격성의 분출이나 나쁜 성질, 개인적 보복심리의 표현은 물론 자신의 불안으로부터 도피하기 위한 수단이 되어서는 안 된다는 것을 강조하기 위해서이다.

3) 처벌의 과정과 단계

'말을 물가까지 끌고 갈 수는 있으나 물을 마시게 할 수는 없다.' 벌을 줄 때 중요한 점은 아동에게 어떤 벌을 주는가가 아니라 가해진 벌을 통해 아동이 어떤 행동을 하는가 하는 점이다. 처벌이 효과를 발생할 때는 아동의 내부에서 다음과 같은 변화가 일어난다고 볼 수 있다.

① 아동은 처벌을 통해 불쾌감(displeasure)을 경험한다. 불쾌감이라는 것은 아동이 당연히 누리게 되어 있는 특권이나 즐거움이 박탈되거나, 즐겁지 못하고 고통스러운 경험에 어떤 방식으로든 접하게 됨을 말한다.

② 불쾌감은 좌절이건 고통이건 간에 아동의 내면에 일정한 수준의 분노를 유발한다. 이 분노는 의식되지 않을 수도 있고 강렬하지 않을 수도 있다. 그러나 인간이 좌절이나 고통을 당하게 되면 분노를 느끼기 마련이다.

③ 아동은 자기가 궁지에 빠지게 된 이유(real causes)와 그 원천(sources)을 구분하게 된다. 궁지에 빠지게 한 원천은 자기에게 벌을 가한 성인이나 처벌기관이다. 그러나, 아동이 궁지에 빠지게 된 이유는 자신이 범한 행동임에 틀림없다. 왜냐하면, 아동이 옳지 못한 행동을 범하지 않았더라면 성인은 애초부터 벌을

줄 필요가 없을 것이기 때문이다.

④ 아동은 곤경에 빠짐으로써 느끼게 된 분노를 벌의 원천, 즉 제공자에게 돌리지 않고 자신의 행동, 즉 그 원인에 돌릴 수 있게 된다. 아동은 자기 자신에게 화를 내면서 좀더 충동성을 억제하고 지혜롭게 행동했더라면 이렇게 되지 않았을 것이라고 후회하게 된다.

⑤ 아동은 자신에게 분노를 느끼는 데 그치지 않고 이 분노를 더욱 유익한 활력소로 전환할 수 있게 된다. 여기서 전환이라는 말은 개인적 분노 혹은 자기혐오의 감정을 보다 승화된 목적을 위해 사용할 수 있는 중립적인 에너지로 변화시키는 과정을 말한다.

⑥ 아동은 궁지에 처함으로써 느끼게 된 분노를 다음과 같은 두 가지의 목적을 위해 승화시키게 된다.

첫째, 자신의 소행을 후회하고, 둘째, 앞으로는 결코 이와 같은 바보스러운 짓은 반복하지 않는다는 새로운 결심을 하게 된다.

⑦ 앞으로 이와 유사한 유혹을 받았을 때 이 경험을 되살려서 행동을 개시하기 전에 자기통제력을 발휘할 수 있을 것이다. 벌을 받은 경험은 아동에게 새로운 통찰력을 갖게 할 뿐만 아니라 유혹에 저항할 수 있는 힘도 증가시켜 준다.

벌이 효력을 발생하려면 이상과 같은 과정이나 단계를 거쳐야 할 것이다. 물론 이와 같은 과정을 거친다는 것을 아동이 분명하게 의식하지 않을 수도 있다. 그러나, 벌이 건설적인 효과를 나타내기 위해서는 이러한 과정이 필수적이다.

바람직하지 못한 행동을 수정할 경우에는 벌을 사용한다. 이 때에는 주의할 점이 많다. 벌을 사용하는 것을 반대하는 Skinner의 관점은 벌은 비효과적이라는 것이다. 벌은 단순히 행동을 억압할 뿐이며, 벌의 위험이 제거되면 행동이 일어나는 비율은 원수준으로 환원되는 것같이 보인다.

벌은 일시적인 효과만을 나타내었는데도 성공적인 것처럼 보일 때가 있다. 벌을 사용하는 것을 반대하는 관점은 다음과 같다.

① 벌은 불행한 정서적 부산물을 낳는다 : 벌을 받은 유기체는 공포적이게 되며, 이러한 공포는 벌이 일어날 때 있었던 것과 관련된 여러 가지 자극에 일반화된다.

② 벌은 무엇을 하지 말아야 할지를 지시할 뿐 무엇을 해야 할지의 대안을 지시해 주지 않는다 : 보상에 비해서 벌은 실질적으로 아무런 정보도 제공해 주지 않는다. 벌은 벌받은 반응이 주어진 장면에서 보상을 얻는데 효과가 없다는 것만을 알려줄 뿐이므로 효과가 있는 반응을 적중시키기 위해서는 추가의 학습이 요구된다.

③ 벌은 남에게 고통을 주는 것이 정당하다는 것을 학습하게 한다.

④ 바람직하지 못한 행동에 벌을 주어 중단시킨다고 해서 자동적으로 바람직한 행동을 습득하게 되는 것은 아니다.

⑤ 벌은 주는 사람이나 받는 사람 모두에게 불쾌한 감정을 야기시키기 때문에 가능한 대로 사용하지 않는 것이 좋다.

⑥ 벌은 아동으로 하여금 도피행동을 유발시키게 할 우려가 있다. 벌은 혐오자극이기 때문에 혐오자극을 피하려는 반응은 당연한 것이다. 또 눈치를 보고 행동하는 아동으로 만들 수도 있다.

⑦ 즉시 중단시키지 않으면 위험이 동반되거나 부도덕한 행위에 대해서는 벌의 사용이 가능하다.

이상과 같은 이유로 인하여 벌의 사용은 주의를 요하며, 될수록 잘못한 행동에 대해서는 강화를 주는 방법을 사용하는 것이 좋다.

Skinner의 견해에 의하면 체벌은 행동을 통제하는 가장 비효과적인 방법이다. 그는 이러한 점을 다음과 같이 지적하고 있다.

어린이에게 공부할 수 있게 체벌한다고 말할 때, 체벌이라는 어휘를 잘못 사용하고 있는 셈이다. 어린이가 공부함으로써 체벌을 피할 수 있는 조건을 마련하고 있다. 어린이에게 잘못된 행동을 하지 않도록 체벌한다고 할 때, 당신은 그 행동을 억제하려고 하고 있는 것이다. 나의 초기의 실험에서 체벌은 원래 가정했던 것만큼 행동을 억압하지 못하였다. 단지 체벌은 현재 반응하려는 행동경향성을 감소시켜 줄 뿐이다. 체벌이 철회되자 마자, 다시 그 행동은 복원된다. 이러한 현상은 항상 그러한 것은 아니다. 왜냐하면, 극단적으로 심한 체벌은 영구히 그 행동을 억제하게 만들지 모른다.

그러나 놀라운 일은 행동에 부수적으로 체벌을 빈번히 사용한다면, 그 행동은 체벌이 중단된 후에 곧 회복될 것이고, 어린이는 더 심한 체벌을 받는다고 할지라도 그 행동을 멈추지 않을 것이다. 이러한 부작용 때문에 혐오적 통제 방법을 반대하는 것이다. 부정적 부작용을 일으키는 모든 종류의 감정들이 싹트게 될 것이다.

이처럼 혐오적 통제에 대한 강한 반박은 Skinner에 의해서 제시되었다. 왜냐하면, 그는 사회에서 이 체벌을 너무 과다하게 사용하고 있으며, 특히 교육에서 이 방법은 비효과적이라고 믿었다. Skinner는 이러한 혐오적 체벌을 최소화하고 긍정적 강화에 의해 대치하려고 하였다.

4) 체벌이 교육철학적 분석 · 평기(교육사직 전망에서 본 체벌 시비)

체벌의 역사는 교육의 역사와 더불어 길다. 체벌은 교육적으로 효과가 있다는 절대찬성론자가 있는가 하면, 특수한 경우에만 가해져야 한다는 필요악론자도 있다. 그러나 체벌을 원리적으로 부정하는 절대반대론자는 없다. 교육사적 전망에서 본다면, 체벌은 원리적으로 버릴 수 없는 귀한 교육방법의 하나다(김정환, 1995 : 148~161).

플라톤은 체벌에 대한 절대찬성론자에 가깝다. 그의 논지를 '프로타고라스' 대화편에서 요약하면 다음과 같다.

첫째, 어린이의 윤리적 각성을 촉구하기 위함이다. 인간은 원래 덕을 추구해야만 할 성향을 지니고 있다. 그런데 그 감각이 졸고 있을 때 어떻게 해야 할 것인가? 쇠파리가 졸고 있는 말을 쏘아 대어 잠에서 깨어나게 하듯 교사는 매를 들어 육체적 쾌감 따위의 지상적인 것에만 마음을 쏟는 아이의 영혼을 일깨워주어야 한다. 단 능력이 없는 자에게는 매질해서는 안 된다. 예를 들면, 못생겼거나, 키가 작다거나, 몸이 약하다고 해서 때리는 일은 금물이다. 그러나 능력이 있음에도 불구하고 그것을 키우지 못하고 졸고 있는 자에게는 일깨워줄 매가 필요하다.

둘째, 어린이가 저지른 못된 행동에 대해여 어린이 스스로가 응당한 책임을 지기 위함이다. 불의를 행한 자는 마땅히 그것에 해당하는 보복을 받아야 하며, 그래야만 정의가 실현된다.

셋째, 습성적인 그릇된 행동을 제지하거나 수정하기 위함이다. 플라톤은 기울어져 가는 아테네를 일으킬 길은 스파르타의 군국주의 조직과 군인 양성과정을 모델로 한 교육밖에 없다고 생각했다. 그러기에 강경교육의 방식이 찬양될 수밖에 없다. 그의 강경교육론은 현대의 우리에게 다소 거부감을 주지만, 체벌에 관한 한 우리에게 깊은 시사를 주고 있다.

로마를 대표하는 교육학자 퀸틸리아누스는 플라톤과 정반대로 체벌 절대 반대론자에 가깝다. 그는 고대 사회에 널리 가해지던 체벌을 거부했다. 그의 대표적 저작 「웅변학교」의 제1권 제3장에 그 논리가 이렇게 구체적으로 전개되어 있다.

첫째, 체벌은 원래 노예를 대상으로, 주인의 눈을 피해 게으름피는 노예를 일시켜 먹기 위해서 채택되는 방법이기에 자유인의 자녀들을 위한 자유교육의 방법으로는 맞지 않는 방법이다.

둘째, 그것은 교육방법 중에서도 가장 졸렬한 방법이다. 교사의 기술이 모자라거나 인격적 감화가 미치지 못할 때 쓰는 방법이기 때문이다.

셋째, 매의 습성화다. 매는 처음에는 효과가 있지만 자주 맞으면 그 효과가 감소된다. 그러기에 그것은 좋은 교육방법일 수는 없다.

넷째, 매는 정신적 공포감과 압박감을 주기 때문에 해롭다. 겁에 질려 하기 싫은 공부를 하는 피동적인 아이, 남 앞에 모욕을 당하기 싫어 일을 얼버무리는 아이를 만들기 쉽다.

다섯째, 매는 당사자가 아닌 다른 아이들에게 공포감 조성 등 나쁜 영향을 주기 때문에 나쁘다. 친구가 매맞는 광경을 보고 떠는 아이들이 많기 때문이다.

이런 논리로 퀸틸리아누스는 체벌 절대반대론에 가까운 이론을 폈다. 그러나 그의 이런 생각은 일반적으로 고대 사회에 만연된 가혹한 처벌을 두고 비판한 말, 즉 체벌위주의 교육을 비판하면서 한 말이지 교육적으로 의의있는 '사랑의 매'에 대해서 한 말은 아니다.

체벌이 보편화되고 비교육적으로 남용되었기에 이에 대한 반발이나 비판도 일찍부터 있어 왔다. 그러나 비교육적이고 가혹한 체벌을 금해야 한다는 의견이 지배적이지, 체벌 자체를 일체 금하자는 것은 아니었다. 그러기에 거의 모든 체벌비판론자들이, 실은 조건부로 체벌을 찬성하는 입장을 결과적으로 취하게 된 셈이다. 대표적인 예는 다음과 같다.

① 이스라엘 민족의 역사적 체험과 지혜를 집대성하고 있는 「탈무드」에서는 '어린이는 한 손으로는 매맞고 한 손으로는 애무되어야 한다'고 기록되어 있으며, 이런 체벌은 '11살이 넘은 아이에게만 가해져야 한다'고 진술하고 있다.

② 로마의 철학자 시세로(Cicero, 106-43 B.C)는 '체벌은 최후의 수단으로만 행사되어야 할 것이요, 아이의 인격이 모독 안 되게, 공포심이 일어나지 않게, 교사와 학생이 일정 기간 서로 반성한 연후에, 학생이 그 체벌의 정당성을 인식한 후에만 행사되어야 한다'고 말하고 있다.

③ 중세 수도원 생활의 모델을 제시하고 실천한 위대한 교부 바실은 '체벌을 독방에 가두고 금식시키는 것'으로 한정했다. 단 그가 이런 체벌로 다스려야 할 비행으로 본 것은 거짓말, 하나님에 대한 모독적 언사, 호전적 태도의 셋이다.

④ 루이 14세 손자의 가정교사로 임명된 위대한 교사 페네론은 '체벌은 너무 자주, 너무 가혹하게 주어서는 안 되며, 꼭 체벌이 가해져야 할 경우 비공개적으로 해야 하며, 부득이한 경우에 한해서 공개적으로 집행되어야 한다'고 논했다.

⑤ 영국의 신사도 교육의 이론을 다진 로크(Locke)는 '아이들의 명예를 위해 체벌은 바람직하지 못한 것이나 단 거짓말을 했을 경우, 그리고 아버지나 조상 등 직계존속에게 욕을 했을 경우는 자기 인격과 명예를 더럽힌 것이기에 매로 다스려져야 한다'고 주장하고 있다.

<처벌의 요령>

1. 처벌하는 이유를 분명히 말한다. : 많은 경우 자기 기분 때문에 상대방을 꾸짖는다. 꾸중을 효과적으로 하기 위해서는 꾸중하는 이유를 분명하게, 그리고 납득할 수 있도록 제시하는 것이 중요하다.
2. 잘못을 인정하거나 뉘우쳤을 때는 온화한 태도로 바꾼다. : 이미 잘못을 인정하고 후회하고 있을 때에는 즉시 애정이나 관심을 보여준다. 꾸중에 대한 미안함을 표현하거나 상대방이 가지고 있는 장점을 인정하여 방향전환을 모색하는 것이 처벌의 후유증을 줄일 수 있다.

3. 준비가 되어 있는지를 확인한다. : 꾸중에도 적절한 시기가 있다. 오래 전의 과거를 들춰서 꾸중하는 것보다 잘못을 한 직후에 훈계하는 것이 효과적이다. 벌을 받을 준비가 미쳐 안 된 상황에서 처벌을 받으면 반감부터 생긴다. 또 즉흥적이고 충동적인 처벌은 처벌자에게도 후회를 남긴다.
4. 개인적으로 나무란다. : 칭찬은 남앞에서 하고 꾸중은 은밀하게 하는 것이 낫다. 잘못한 점을 인정하고 있는 사람이라도 많은 사람 앞에서 꾸중을 듣게 되면 반감을 갖는다. 공개적으로 비난을 받게 되면 자존심을 회복하기 위해 더욱 반발하게 된다.
5. 기분에 좌우되지 않고, 일관성을 유지한다. : 꾸중을 듣게 되면 그의 심리상태부터 살피는 것이 사람이다. 자기 기분에 따라 야단을 치는 것인지 아니면 내가 더 잘 되도록 꾸짖는 것인지를 판단한다. 처벌자의 기분풀이로 혼을 내거나 일관성이 없이 꾸짖는 것은 신뢰감을 주지 못할 뿐 아니라 처벌자를 얕잡아보게 한다.
6. 상대에 따라 꾸짖는 방법을 달리한다 : 사람에 따라 처벌에 대한 참을성과 해석이 다르다. 상대에 따라서 행동변화를 효과적으로 유도할 수 있는 처벌 방법을 찾아본 다음에 꾸짖는 것이 효과적이다.
7. 단호하되 가혹하지 않게 한다. : 야단을 맞더라도 분명하고 단호한 방식으로 야단을 맞게 되면 약이 오르지 않는다. 꾸중은 단호하게 하고 단기간에 끝내는 것이 효과적이다. 아이들이 어머니를 무서워하지 않는 것은 반복되는 잔소리와 같이 불분명하고 단호하지 않은 꾸중을 하기 때문이다.
8. 일단 경고를 한 후 그래도 문제가 되면 꾸짖는다. : 느닷없이 처벌하는 것보다 처음에는 일단 경고로 끝내 상대에게 마음의 준비를 시키는 것이 좋다.
9. 문제행동은 벌하되, 대안을 제시한다. : 처벌의 가장 큰 문제점 중 하나는 뭔가 하지 말라는 것은 알려주지만 어떻게 해야 하는 지를 알려 주지 않는다는 것이다. 숙제를 안했으니 맞아야지 보다는 숙제는 이렇게 해야 지겹지 않을거야라고 대안을 제시하는 것이 처벌의 부작용을 줄인다.
10. 처벌받는 행동을 구체적으로 제시한다. : 상대방의 인품이나 성향을 통째로 비난하거나 모욕을 주는 모호한 처벌은 차라리 안 하느니만 못하다. 한 개인의 성품을 비난하는 것보다 그 사람이 저지른 문제가 되는 행동을 구체적으로 제시하여 훈계하는 것이 행동변화를 효과적으로 일으킨다.

⑥ 루소(Rousseau)는 '벌은 인위적으로 주어지지 말고 자연적으로 주어져야 한다'고 주장했다. 예를 들면, 아이들이 장난치다 유리를 깨었을 때 설교를 하거나 때리지 말고, 유리가 깨져 찬 바람이 부는 그 방에서 기거하게 함으로써 자기 행위의 결과가 어떤 것인가를 알게 해야 한다는 것이다. 아이에게 자기가 저지른

행동에 따른 신체적 고통을 맛보게 한다는 뜻에서 이것도 체벌의 한 종류가 된다. 이것은 간접적 체벌이라 말할 수 있다.

⑦ 페스탈로치(Pestalozzi) 역시 조건부 체벌찬성론자였다. 학생과 교사의 관계가 서로 신뢰와 애경의 감정으로 이어져 있을 때, 그리고 강한 정신적 훈련이나 신체적 훈련에는 체벌이 아주 유효하다고 말하고 있다. 흔히 그는 '사랑의 교사'이기에 체벌을 반대했을 것으로 상상하는 데 이것은 오해다.

위에서 밝힌 바와 같이 체벌은 교육의 귀한 방법의 하나로 일찍부터 인식되어 왔다. 다만 그 대상과 방법에 대하여 의견차가 있다.

참고 문헌

김인회(1985). 교육사 교육철학 강의. 문음사.

김정환(1995). 인간화 교육 어떻게 할 것인가. 내일을 여는 책.

김창수(1989). 교사의 징계권의 범위와 한계. 교육진흥, 1989. 봄호 Vol. 1, No. 3.중앙교육진흥연구소.

박용헌(1988). 성취동기 육성의 교수방안. 교육출판사.

박아청(1985). 현대의 교육심리학. 학문사.

변영계 · 김영환(1996). 교육방법 및 교육공학. 학지사.

서광 편역(1993). 불교 상담심리학 입문. 불광출판사.

이덕호(1994). 학교 혁신과 학부모의 경영 참여 방향. 교육월보, 1994. 4(통권 148호). 교육부.

이민규(1996). 생각을 바꾸면 세상이 달라진다. -처벌의 요령- pp. 71～73. 양서원.

이성진(1996). 교육심리학 서설. 교육과학사.

이종각(1994). 교육 경쟁력 향상을 위한 학교 혁신. 교육월보, 1994. 4(통권 148호). 교육부.

일진 옮김(1992). 불교 임상심리학(오까노 모리야 지음). 불광출판사. Maslow의 욕구계층설(pp. 109～112).

함종규(1992). 학습지도 -이론과 실제-. 문음사.

허성영(1997). 체벌은 필요하다. 교육진흥 1997년 봄호(통권 35호). 중앙교육진흥연구소.

Swann, W. B., & Pittman, T. S.(1977). Initiating play activity of children : The moderating influence of verval cues intrinsic motivation. Child Development, 8, 1128-1132.

제 4 장

지적 능력의 향상을 위한 교육방법

1. 지적 능력의 개념

'아는 것이 힘이다' 라고 말할 때 이것은 곧 지력(知力)이 살아가는데 없어서는 아니되는 근본적 능력임을 뜻한다. 인간이 인간답게 살아갈 수 있는 것도, 만물의 영장이라고 자처할 수 있는 것도, 인간이 지력을 갖고 있다는 사실, 나아가서 지식을 축적해 갈 수 있다는 능력에 의한 것이다.

교육과 밀접한 관계를 맺고 있는 학습자의 특성은 그의 지적 능력이다. 지적 능력, 즉 지능이란 개인이 자신의 환경 속의 여러 사상(事象)을 지각하고 인지하고 거기에 내포된 문제를 해결하는 일반적 능력을 말한다. 명석함, 사물을 이해하는 능력, 문제를 해결하는 능력, 경험을 통하여 학습하는 능력 등을 모두 뜻한다. 지능(intelligence)이란 개념은 개념 자체가 가설적인 것이어서 보는 입장이나 강조점에 따라서 여러 가지로 정의를 내릴 수 있다.

지능은 다양한 의미로 정의되고 있으나, 지능을 정의하는 입장은 몇 개의 유목으로 분류할 수 있다.

첫째, 지능의 적응기능을 강조하는 입장이다. 이들의 정의에 따르면 지능이란 한 개인의 전체환경에 대한 적응이며, 생활의 새로운 문제사태에 대한 일반적인 정신적 적응력이라고 한다. 따라서 지능이 높은 사람은 새로운 문제 상황에 직면했을 때 보다 효과적이고 적절하게 적응해 나가게 되고, 지능이 낮으면 적응력도 낮아진다고 본다.

둘째, 지능을 학습하는 능력으로 보는 입장이다. 지능이란 개인이 교육받을 수 있는, 혹은 학습할 수 있는 능력의 수준으로 정의된다. 지능이 높은 사람은 보다 잘 학습할 수 있고 지능이 낮은 사람은 학습능력이 낮다고 보는 것이다.

셋째, 포괄적인 관점에서 지능을 정의하는 방법이다. Wechsler는 지능이란 목적을 향해 행동하고, 합리적으로 사고하며, 환경을 효과 있게 다루는 개인의 특성의 집합적 능력이다라고 정의하고 있다. 이 정의는 개인의 지능을 행동의 집합으로 보고 있다는 점과 행동의 목적성을 포함하고 있다는 점이 특이하다.

이처럼 지능의 정의와 의미는 다양하다. 그러나 지능을 어떻게 정의하든 한 가지 명백한 것은 지능이란 단일한 능력이 아니라 몇 개의 구별되는 하위능력을 포함하고 있는 복합적인 능력이라는 것이다. 다시 말해서 지능에는 어떤 구조가 있다. 지적 능력은 결국 지능구조를 지시하는 하나의 근거가 된다.

지능의 측정과 더불어 관심의 대상이 되는 것은 IQ(Intelligence Quotient)의 개념이다. IQ는 지능지수로서 물가지수 등과 비교될 수 있다. 물가지수를 산출할 때 생활에 중요한 품목들을 선정해서 그 값의 변동을 하나의 지수로 산출한다. 이 때 어떤 품목을 선정하느냐에 따라 물가지수가 달라질 수 있으며, 우리가 흔히 느끼는 물가와는 일치하지 않는 경우가 있다. 마찬가지로 IQ를 산출할 때 어떤 능력을 포함시키느냐에 따라서 IQ가 달라질 수 있으며 IQ가 곧 지능의 전부를 나타내 주는 것은 아니다. 한 시간 남짓 걸리는 지능검사가 학생에 관한 모든 것을 알려 주리라는 생각은 비현실적이며 경직된 사고방식이다. 여러 심리검사들처럼 지능검사도 완벽한 신뢰성과 타당성을 기대하기는 어렵다. 지능검사는 여러 가지 이유로 부정확할 수 있다는 건전한 회의론이 제기되고 있다(별첨 4 참조).

2. 지능에 대한 접근방법

오래 전부터 사람들은 인간의 지적 능력을 높이 평가하고 그에 따른 많은 관심을 가져왔다. 그 당시에 지능은 마음, 판단, 영혼, 지식, 정신과 구별되지 않았다. 그러나 18세기부터 과학의 관심영역이 되면서 지능의 개념이 18세기(재능), 19세기(일종의 학습능력), 1920년대(세상에 대한 이해 능력), 1960년대(정보처리과정)를 기점으로 선환기를 맞이하게 되었다. 그러나 1960년대 정보과정 심리학의 지능 역시 인간의 독창성을 무시하고 종합적인 틀에서 해석하지 못하고 논리 수학적 과제만을 중시하였다(최유현, 1999).

가드너(Gardner, 1983, 1993)는 과거의 여러 지능연구들이 모두 일차원적 관점에서 이루어졌기 때문에 인간의 지적 능력을 제대로 설명하는데 한계가 있다고 주장하고, 보다 다원적 측면에서 지능을 파악하여 내세운 지능이론이 다중지능(multiple intelligence)이론이다. 이 이론은 자연히 지능개념을 협소한 학업적성에서 벗어나 개인이 처한 상황 속에서 발휘되는 정신의 개념으로 이해함으로써 그 개념이 확대되었다. 이런 경향은 종래의 지능개념이 주로 학교 상황에서 요구되는 논리력, 기억력, 언어력 등의 인지 능력만을 강조하고, 학교 밖의 현실 세계에서 가치있게 여겨지는 다른 능력들을 무시한 것에 대한 반성에서 비롯되었다고 볼 수 있다.

즉, 다중지능이론은 인간의 지능을 다차원적 능력으로 규정하게 되었고 IQ중심의 지능이론을 탈피하려는 새로운 지능이론인 스턴버그(Sternberg, 1985)의 실제적 지능 또는 성공지능 이론, 살로베이와 메이어(Salovey & Mayer, 1997)의 정서지능 이론들이 출현하는데 기여하였다. 또한 다중지능이론은 학교교육에 있어서도 개인의 장점과 잠재력을 극대화시키는 논리적 근거를 제시하여 기존 교육에서 다소 소외되었던 예술적 능력, 신체적 능력, 사회적 능력 등이 동등하게 그 가치를 인정받게 된 사실은 대단히 큰 교육적인 시사를 주고 있다.

인간의 지적 능력이 어떠한 경로를 통하여 발달해 나가며, 또한 이러한 발달에 영향을 미치는 요인은 무엇인가에 대한 여러 연구를 종합해 볼 때 크게 두 가지 접근방법으로 구분할 수 있다.

1) 심리측정론 접근

심리측정론자들의 주된 관심은 지능의 구조와 그것을 정확하게 측정하는 문제,

그리고 측정된 인간의 지적 능력이 어떠한 과정을 거치면서 발달해 나가느냐는 문제를 밝히려는데 있다.

첫째, 지능분화가설론(differentiation hypothesis)이 있다. 이 가설의 요지는 인간의 지능은 초기에 있어서는 통합된 일반 지능만으로 구성되어 있으나, 연령이 많아짐에 따라 비교적 서로 독립된 여러 가지 지적 요인으로 분화된다는 것이다.

둘째, 지능이 각 연령단계를 거치는 동안 어떻게 발달되어 가느냐 하는 성장곡선(growth curve)에 관한 연구가 있다. 지능성장곡선의 연구를 종합하면 다음과 같다.

① 성장곡선에서 두드러지게 나타나는 것은 역가 속의 경향이다. 즉, 지능의 발달은 생후 1세에서 약 10세까지 거의 직선적으로 급격하게 발달하거나 그 이후에는 발달의 속도가 완만해져서 약 20세 전후에는 정체현상을 나타낸다.

② 각 연령단계에서의 지능의 변산도가 연령의 증가에 따라서 점차로 커진다.

2) 인지발달론 접근

Piaget는 인지작용 속에 숨은 지적 과정과 그 발달에 따른 지능 구조의 질적인 변화에 역점을 두고 있다. Piaget는 지능을 밖으로는 환경의 여러 가지 변화하는 조건과 대응하고 안으로는 사고와 행위를 구성해 나가는 보편적인 적응행동의 한 특수한 형태로 규정짓고 있다.

Piaget 이론에 의하면 인간의 신체적 성장이나 지각의 발달은 연속적이며 점진적이지만, 지능의 발달은 서로 명확히 질적으로 구분될 수 있는 몇 개의 단계를 거치는 비연속적인 과정을 밟아 나간다. 또한 각 단계에 도달하는 연령은 아동의 연습, 동기, 문화적 환경조건에 따라 약간의 차이가 나타나지만, 여러 단계를 거쳐 나가는 순서에 있어서는 누구나 같다고 주장하고 있다. 아동이 한 단계에서 다음 단계로 옮겨 갈 때에는 기존의 지능의 구조가 새로이 형성된 구조 속에 흡수 통합된다고 한다. 따라서 아동이 거치게 되는 수 개의 발달 단계는 서로 하나의 계층적 체제를 이루며, 어떤 한 단계를 특징짓는 구조적 특성들이 형성되면 이 특성들은 상호 의존하는 하나의 강력한 전체 체제를 이루어 안정된 균형상태

(equilibrium state)를 형성하게 된다.

3. 다중지능이론

Gardner(1983)는 지능이 높은 아동은 모든 영역에서 우수하다는 종래의 획일적 지능관을 비난하고, 인간의 지적 능력은 서로 독립적이며 상이한 여러 상징체계로 구성된다는 다중지능이론(multiple intelligences)을 제시하였다. Gardner는 각종 검사 사이의 상관관계의 연구를 토대로 하여 지능을 개념화하는 심리측정 지능이론을 보충하는 다중지능이론을 제시하였다.

기존의 지능이론이 언어·수학적 지능만으로 개인의 지적 능력을 평가하는 것은 한계가 있다는 문제의식에서 출발한다. 즉, 인간은 언어와 논리-수리 지능 외에도 음악·공간·운동감각·대인관계·개인지각·자연관찰·실존 지능 등 9가지의 각각 독립적이고 동등한 지능을 소유하고 있다는 이론이다. 모든 사람이 조금씩 그 발달 정도는 다르지만 9가지 지능을 모두 갖고 있으며, 이 지능들은 적절한 격려와 다양한 학습을 통해 높은 수준까지 개발될 수 있다.[1)]

이 다중지능이론을 구성하는 9가지 지능은 다음과 같다.

1) 언어학적 지능(linguistic intelligence)

언어분서력, 복잡한 이문 자료를 이해하는 능력, 은유를 이해하는 능력을 포함한다.

2) 음악적 지능(musical intelligence)

가락·리듬·소리 등의 음악적 상징체계에 민감하고, 그러한 상징 등을 창조할 수 있으며, 그에 관련된 문제를 해결하는 능력이다.

---

1) 김명희 외(2001). 다중지능수업 왜 필요한가. 한국교육신문 제2028호. 2001-03-05.

3) 논리 · 수학적 지능(logical-mathematical intelligence)

숫자나 규칙, 명제 등의 상징체계를 숙달하고, 그에 관련된 문제를 해결하는 능력이다.

4) 공간적 지능(spatial intelligence)

도형 · 그림 · 지도 · 입체설계 등의 공간적 상징체계를 숙달하고, 창조하고, 그에 관련된 문제를 해결하는 능력이다.

5) 신체운동 지능(bodily kinesthetic intelligence)

춤 · 운동 · 표정연기 · 악기연주 등의 상징체계를 쉽게 익히고 창조하는 능력으로 자신의 몸을 잘 가누고, 신체나 운동상의 문제를 잘 해결하는 능력이다.

6) 개인 내 지능(intrapersonal intelligence)

자기 자신을 느끼고, 자신의 감정과 종류와 범위를 구별해 내고, 그런 감정에 이름을 붙이고, 자신과 관련된 문제를 잘 풀어내는 능력이다. 훌륭한 개인 내 지능을 가진 사람은 실행 가능하고 효과적인 모범으로서 자기 자신을 선택하여 자기 자신을 위해 진지한 삶의 목표를 세우고, 그 목표가 자신의 삶에서 효과적으로 작용하도록 한다.

7) 대인관계 지능(interpersonal intelligence)

사회지능(social intelligence)이라고 일컫는 이 지능은 복잡한 사회환경 속(가정, 친구 사이, 학교, 이웃, 클럽 등)에서 미묘한 단서를 활용할 줄 아는 능력이다. 다른 사람을 이해하고, 무엇이 사람을 동기화시키는지 알며, 사람이 어떻게 서로

협동하는가를 아는 능력이다.

8) 자연주의적 지능(naturalistic intelligence)

자연주의적 지능은 사물을 구별하고 분류하는 능력과 환경의 특징을 사용하는 능력을 말한다. 즉, 동식물이나 주변에 있는 사물을 자세히 관찰하여 차이점이나 공통점을 찾고 분석하는 생물학자, 과학자, 소설가 등에게서 발견되는 지능이다.

9) 실존 지능(existentialist intelligence)

실존 지능은 처음에는 영적인 지능으로 불렸던 지능으로 인간의 존재 이유, 삶과 죽음의 문제, 희로애락, 인간의 본성, 가치 등 철학적이고 종교적인 사고를 할 수 있는 능력이다. 이 지능은 두뇌에 특정 해당부위가 없으며 아동기에는 거의 나타나지 않으며 철학자, 종교가에게서만 발견되는 능력이다. 이 지능에 대해 Gardner는 자신이 제시한 8가지 준거가 모두 충족되지 못한다고 보고 있으며 따라서 이 지능을 반쪽 지능으로 간주한다.

이상에서 살펴본 아홉가지 지능은 모든 사람에게 어느 정도는 다 있으나 가지고 태어나는 지능의 구성(profile) 정도는 사람마다 다르기 때문에 특히 아동기의 환경 조성과 훈련을 통해 지능발달을 촉진시킬 수 있으며 이러한 여러 가지 지능이 복합적으로 조화되어 문제를 해결해 나갈 수 있다고 본다(Gardner, 1993).

우리 주변에는 말은 잃어버렸으나 음악적 재질은 가지고 있는 사람, 일곱 자리수와 여덟 자리수를 곱하여 순식간에 답을 아는 사람, 그림은 잘 그리지만 다른 것은 아무것도 못하는 사람을 얼마든지 볼 수 있다. 머리 속에 각각 다른 음악, 수학, 미술 등의 정보처리체계가 있다는 것을 반증하는 것이다.

다중지능이론에 따르면, 지능의 측정치인 IQ라는 한 점수는 사람의 능력을 진단하는 데는 적절하지 않다는 것을 알 수 있다. 현재의 학교교육은 언어, 논리-수학적 지능만을 중요시하고 음악지능이나 공간지각과 같은 지능을 경시하는 경향이 있다. 그러므로 지능의 측정을 객관화된 지필검사와 같은 한 가지 방법으로 측정하는 것이 아니라 말하기, 그림 그리기, 춤추기, 타인의 활동 관찰하기 등 실제 활동을 보고 다양한 방법으로 알아내는 것이다. 공간지능을 측정하려면 그림을 그려보게 하고 운동감각 지능을 측정하려면 직접 몸을 움직여 보는 활동을 시키는 것이다. 대표적인 방법은 교실에 그리고 말하고 관찰하고 조작하는 다양한 활동 코너를 설치하고 교사가 하나의 과제를 부여한 후, 각 코너에서 아동들의 활동을 관찰하는 것이다. 가령 '전래동화를 읽고 줄거리 파악하기'를 과제로 내주고 교실에 '그림으로 표현해 보기', '역할극 해보기', '줄거리 바꿔 이야기하기', '줄거리로 가사 붙여 작곡하기' 등의 코너를 설치한 후, 아이들을 관찰한다. 하루 동안 각 코너에서 충분한 활동이 이뤄진다면 교사는 각각의 아이들이 어떤 코너에서 제대로, 그리고 적극적으로 활동하는지, 어떤 지능이 발달했는지 알 수 있다.

다중지능이론에 따른 수업은 모든 학생이 최소한 하나의 우수한 지능을 갖고 있다는 가정에서 출발하기 때문에 교사가 가르칠 내용을 학생의 지능에 맞추어 창의적으로 개발해야 한다. 이것은 국어를 잘 가르쳐 언어 지능을 개발하고 수학을 잘 가르쳐 논리-수리적 지능을 개발한다는 의미가 아니라, 각 교과를 모두 가르치되 각 교과의 내용을 다양한 지능을 활용해 익힐 수 있도록 재구성한다. 가령 영어 시간에는 영어를 어떻게 그림, 신체 동작, 음악적 방법을 이용해 가르칠 수 있는가, 또 국어시간일지라도 음악적 방법을 활용하고 음악시간에도 공간 지능을 활용해 학습을 하도록 연구해야 한다는 것이다.[2)]

---

2) 한양초등교는 현재 1, 3, 5학년을 대상으로 각 학년 교사들이 팀티칭 방식으로 다중지능 교육과정을 운영하고 있다. 교사들은 각자의 관심과 우수한 분야의 지능을 파악해 자신의 교실에 그 지능을 활용하는 2~3개의 코너를 설치하고 교수 학습지도안을 짠 후, 학생들이 반을 옮겨가며 활동하는 통합교육 과정을 수행했다.
예를 들면, 1학년의 경우 '이야기로 할 수 있는 다양한 표현'을 주제로 '전래동화를 현대적으로 바꾸어 역할극 해보기', '이야기로 작사 · 작곡하기', '간단한 소재를 선택해 같이 이야기 구성하기', '이야기의 느낌을 살려 협동그림 그리기' 등을 각 교실로 분산시켜 해 봤다. 한 교사가 다양한 영역을 지도하는 데서 오는 부담을 줄였다. 교사들은 아홉 가지 지능 영역에 걸쳐 철저하게 활동을 넣어 보는 수업안을 계획하고 실천함으로써 아이들이 어떤 지능이 발달했는지 파악할 수 있었고 진로지도상 의미 있는 자료를 얻게 됐다. 학습에 대한 평가는 수업 과정에서 지속적으로 했다. 피드백, 학생반응 체크리스트, 발표 · 관찰, 교사 · 동료 · 자기평가, 표현 결과물, 수업 태도 등을 관찰해 준거를 설정해 평가하는 것이

교과서를 읽고 그것으로 역할극을 해보고 줄거리로 노래를 지어 보고 그림으로 그려 보고 꾸며서 말하거나 신문을 만들고 하는 다양한 활동을 한다면, 단지 학습내용을 말로 표현하지 못한다는 이유로 자신감을 잃고, '공부 못하는 아이'로 낙인찍혀 수업에 흥미를 잃어 가는 아이는 생기지 않을 것이다. 어떤 아이는 말하기는 잘 못해도 그 이야기를 그림으로 잘 표현한다든지, 노래를 잘 한다든지, 몸 동작으로 잘 표현하는 능력 등을 분명히 하나 이상씩 갖고 있기 때문이다. 그래서 다중지능이론에 입각한 수업을 해야 한다. 다중지능이론을 적용해 수업을 하면 아이들이 자신을 갖고 수업에 흥미를 느끼게 되고 자신이 어떤 지능이 뛰어난지 알게 됨으로써 진로를 판단하는데 도움을 줄 수 있다.

주어진 교육과정의 획일적인 이수와 단순한 지식교육 위주의 수업은 특정 지능이 우수한 아이만을 위한 것이며 특정 분야의 인재만을 키워낼 뿐이다. 이것은 개인적으로는 다른 지능이 잠재된 많은 아동들을 수업에서 좌절시키고, 국가적으로는 다양한 분야의 인재를 키울 수 없다는 것을 의미한다. 그러나 다중지능에 따른 수업방식은 아동들의 재능을 발견하고 강화시켜 다양한 인재를 키울 수 있다.[3)]

다. 그리고 다중지능 교육과정에서의 평가로 포트폴리오를 만든다. 현재는 교사가 학생을 평가하기 위한 준거(rubric)를 개발하고 있으며 1, 2학년을 위한 수업 시나리오가 개발돼 있다. 수업의 효과는 탁월하게 나타났다. 아이들은 우선 재미있다고 말한다. 그리고 코너에 따라 자신이 잘 하는 부분이 분명히 있기 때문에 자신감을 갖게 되고 수업에도 적극적으로 참여하게 된다. 또 서로 부족한 부분을 도우며 활동하기 때문에 서로의 재능을 존중하는 마음도 갖게 된다. 학습내용에 대한 이해 수준이 높아지는 건 당연한 결과이다. -김명희, 한영희(2001). 다중지능수업 왜 필요한가. 한국교육신문 제2028호. 2001-03-05.

3) 지능별 수업전략

다중지능 수업은 교사와 학교에 따라 다양한 형태로 나타난다. 각 지능을 활용하는 수업전략을 살펴보면 다음과 같다.

언어지능 : 얘기 꾸며 말하기, 브레인스토밍, 테이프 레코딩, 시 · 일기 쓰기 · 글짓기, 문집 · 신문 만들기 등 교사가 언어의 모델이 돼 동화 구현, 소리내어 읽기 등을 지도해야 한다.

논리 수리 지능 : 학습 내용에 나오는 숫자 계산하기, 분류하기, 소크라테스식 문답법 활용하기, 문제의 해법 추정하기, 체계적으로 생각하기 등.

공간지능 : 학습 내용을 그림, 그래프 또는 심상으로 그려 보기, 학습자료에 색칠하여 요소 구분하기, 아이디어 그려 보기 등.

신체 운동지능 : 신체 동작으로 답 말하기(손들기), 학습 내용을 연극 · 동작으로 표현하기, 학습 자료 직접 조작하기, 손가락 등 신체를 활용하여 학습 활동하기(계산 등) 등.

음악지능 : 학습 내용과 관련된 노래하기 · 리듬 치기, 학습 주제와 맞는 음악으로 분위기 조성하기 등 음악은 학습에 정서적 효과가 있다. 17개국에서 9학년(우리의 중 3)의 과학성적

교사는 각 지능이 '독립적'이면서 '동등'하다는 것을 인식하고 교실에서부터 변화의 바람이 있어야 한다. 내 교실에 자신의 숨겨진 지능을 일깨워 주고 키워 주길 바라는 순수한 아동들이 있다는 사실을 잊지 말아야 한다. 조금만 노력하고 수업방법을 달리 하면 많은 아동들이 수업시간에 좌절감 대신 자신감을, 각자의 재능을 키울 수 있다.

위에 언급한 Gardner의 지능이론은 몇 가지 점에서 비판을 받고 있는데 다음과 같은 것들이다(Scarr, 1985 ; Eisner, 1994).

첫째, 지능을 여러 가지로 분류하여 명명하는 것은 지능과 다양한 인성특성이나 재능과의 구별을 흐리게 할 뿐이며, 지능의 이해에 별로 도움이 되지 않는다는 비판이다. 또한 학업이나 직업에서 유용한 방향으로 지능을 분류하지만 어떤 종류의 지능도 측정해 보면 서로 독립적이지 못하다는 비판이다. 지능이 서로 독립적이지 못한 이유에 대해서 Gardner는 지능을 다양한 방법으로 측정하지 않고 한 가지 검사 형태, 즉 지필검사로만 측정한 결과라고 반박한다. 즉, 한 가지 측정방법으로만 측정하면 측정방법의 영향을 받아서 각 지능이 서로 연관되는 것처럼 나타난다는 것이다(Gardner, 1999).

둘째, 지능측정 방법으로 심리측정적 관점이나 인지발달론적 관점에서와 같은 객관화된 검사가 없다는 점이다. Gardner는 다중지능을 그러한 손쉬운 객관화된 검사에 의해 측정하는 것은 불완전하며 자연 사태에서의 관찰, 검사, 포트폴리오 사용 등 다양한 방법으로 측정할 것을 주장한다(Gardner, 1999).

셋째, 학교 교육에서 학생들의 다양한 지능을 발견하고 개발하여 활용하기가 쉽지 않다는 점이다. 이 문제는 지능의 측정, 발견과 관련된 문제일 뿐만 아니라 교사의 창의성과도 연관된 것으로 계속 탐구해야 할 숙제이다.

이러한 비판에도 불구하고 Gardner의 다중지능이론 및 그 측정방법은 지능의

을 조사한 최근 보고서에 의하면 성적이 우수한 헝가리, 일본, 네덜란드는 학교에서 음악·미술을 심도 있게 가르치고 있다. 특히 헝가리는 날마다 음악 수업을 한다. 음악은 과학 및 수학적 사고와 관련성이 있는 것으로 알려지고 있다.

대인관계 지능 : 동료와 공유하기, 학습 내용을 사람 조각으로 만들기, 집단학습·협동학습, 판자게임, 시뮬레이션 등.

자기이해 지능 : 수업 도중 잠깐(1분) 명상하기, 수업 내용을 자신에게 유의미하게 제시하고 수업에서 자신의 목표 설정하기 등.

- 김명희 외(2001). '다중지능수업' 왜 필요한가-. 한국교육신문 제2028호. 2001-03-05.

실체에 밝히는데 한발 더 다가섰다고 생각된다.

4. 지능의 발달과 환경과의 관계

1) 유전과 환경

개인적인 지적 능력의 발생이나 발달은 타고난 기본 능력을 바탕으로 하여 어떠한 환경상황에서 어떠한 경험을 하느냐에 따라 달라진다. 즉, 지능이란 유전과 환경의 상호작용 과정에서 발달한다. 환경 요인의 영향의 성질이나 범위는 유전 요인의 작용의 정도에 달려 있고, 또 반대로 유전 요인이 작용하는 성질이나 범위는 환경 요인이 어느 정도 작용하느냐에 따라서 각각 다를 수 있다.

2) 유전이 지적 발달에 미치는 영향

유전과 환경 중 어느 한편의 작용에 결함이 있을 때 원만한 발달이 이룩될 수 없다. 그러나 그 중에서도 보다 유전적인 요인에 의해 지장을 가져오는 경우가 있다. 그 중 유전적인 요인에 대해 고찰해 보면, 유전요인들이 모두 직접적으로 어떤 심리적 특성을 형성시키거나 발달시키는데 작용하기 보다는 보다 직접적인 영향을 미치는 것에서부터 보다 간접적인 영향을 미치는 것으로의 연속성을 가지고 있다. 따라서 이들 요인이 미치는 영향의 정도에 따라 배열할 수 있다. 즉, 어떤 유전적인 요인은 보다 직접적인 작용을 하며, 다른 요인은 보다 간접적인 작용을 통해서 인간발달에 작용한다. 보다 직접적인 작용을 하는 요인으로는 지능을 결정하는 유전인자 자체에 어떤 결함이 있거나 또는 유전과정에서 일어나는 신진대사 질환 같은 것을 들 수 있다.

이것은 유전인자 자체에 어떤 결함이 있는 것으로 결코 어떠한 환경작용으로도 그것을 회복할 수 없다. 이와 같은 유전인자는 한 인간의 지적인 능력을 결정지어 주는 것이고 그와 같은 정도가 심하면 정신박약의 상태를 초래한다. 반면 비교적 간접적인 영향을 주는 예로서는 유전적으로 허약한 체질을 타고났을 경우이다. 그 때는 병에 걸리기 쉽고 그럼으로써 지적인 발달이 왕성하게 이룩되어야 할 학교시절에 정상적으로 수업을 받지 못하게 된다든가, 또는 병약으로 인해 주위환경으로부터 사회적인 고립상태에 빠지게 된다든가 함으로써 지적 발달에 장애나 성격적인 왜곡상태를 일으키는 경우이다.

3) 환경이 지적 발달에 미치는 영향

연구 결과에 의하면 지능발달의 상당한 부분이 환경 조건에 의해 변화될 수 있다는 점에는 의견이 일치되고 있다. 또한 최근의 여러 실험적 연구는 환경의 영향에 의해 상당한 정도의 지적 발달과 변화가 일어날 수 있다는 점을 지적하고 있다.

인간의 발달 초기의 경험이 지능의 발달에 중요한 영향을 미친다는 연구는 많이 있으나 그 중에서도 종합적이고 대표적인 실험연구는 동물을 대상으로 한 연구를 들 수 있다. 흰쥐를 세 집단으로 구분하여 제1의 집단은 흰쥐가 자라는 동안에 여러 가지 탐색적인 경험을 할 수 있는 장치가 되어 있는 자유환경 속에, 제2의 집단은 이와 대조되는 비교집단으로 비교적 그 활동을 제한하는 환경 속에, 이 두 개의 집단과 비교하기 위한 제3의 집단은 자유환경 속에 있으나, 비교적 그 양육 장소의 크기가 조그마한, 쥐들이 마음대로 활동할 수 없도록 된 환경 속에 각각 넣어 양육하였다. 그 결과 자유환경 속에서 양육된 제1집단의 쥐가 제2집단의 쥐에 비해 월등하게 학습능력이 높았으며, 제3의 집단도 제1집단과 비등한 정도의 학습능력을 발휘함으로써 결국 활동적인 점에 있어서는 제한을 받았지만, 지각적인 경험을 동등하게 받았을 때에 학습능력의 차이가 나타나지 않는다는 점을 입증해 주었다. 이것은 발달 초기의 환경에 따라 여러 가지 활동에 제한을 받는 것도 지적인 발달에 영향을 주지만, 그 중에서도 지각적인 경험과 탐색적인 활동이 중요한 역할을 한다는 점을 짐작하게 한다.

환경을 구조적(structural) 요인과 기능적(functional) 요인으로 나누어 지적 발달에 미치는 영향을 살펴볼 수 있다. 구조적 요인이란 영양상태나 두뇌의 상해 등으로 인하여 나타나는 구조적 변화로 말미암아 장애를 초래하는 것을 의미한다. 한편 기능적인 환경요인이란 부모의 자녀 양육방법, 부모가 자녀를 대하는 태도, 그리고 아동에게 주어지는 환경의 제한성 또는 환경의 문화적 요소 등으로 이들은 모두 심리적 특성의 형성에 간접적으로 작용한다. 연구 결과에 의하면 어머니가 어느 정도 아동의 성취동기를 높여 줄 수 있는 작용을 하는지에 따라 아동의 지적인 성장이 상당한 영향을 받는다. 또한 문화적인 환경과 변화에 관한 연구들은 문화적인 환경을 잘 조성해 줄 경우 10-15의 IQ변화를 가져 올 수 있다.

Bloom은 과거의 여러 연구 결과를 종합하여 지능발달에 도움이 되는 환경을 풍요한 환경(abundant environment)이라 규정짓고, 풍요한 환경의 조건으로서 다음의 4가지를 들고 있다.

첫째, 언어의 효율적인 사용과 언어능력의 신장을 자극하는 환경

둘째, 개인을 둘러싸고 있는 주위환경의 여러 문화적 요소에 대한 경험과 특히 독서 등을 통한 간접적인 경험

셋째, 일상생활에서 논리적 사고와 문제해결을 자극하는 분위기

넷째, 부모와 자녀와의 상호작용의 본질

5. 지적인 능력의 향상을 위한 지도방법

지능의 발달은 환경에 따라 영향을 미칠 수 있다. 문제는 어떻게 지적인 능력을 향상시키느냐 하는 것이다.

1) 지적 발달에 관한 지식

아동의 발달과정에서는 무시할 수 없는 계열이 있듯이, 발달수준에 맞는 아동의 요구가 있다. 또 아동들은 흥미, 관심, 능력에서 개인차가 있다. 따라서 아동의 지적 발달에 관한 지식이란 아동의 지력이 발달해 가는 과정을 알고 있는 것, 지적 약점과 강점을 알고 있는 것을 의미한다. 부모가 아동의 지력의 발달수준을

알고 있고, 그의 지력의 강약점을 알고 있을 때 그의 수준에 맞고 약점을 보완하는 방향으로 환경을 조성해 주게 될 것이고, 이로써 지능개발은 효과적일 수 있다.

2) 풍부하고 다양한 자극과 경험

지능개발에 있어서 지각적인 경험이 중요하다. 따라서 이런 경험을 많이 갖도록 하기 위해서는 경험의 기회나 소재, 즉 풍부하고 다양한 자극을 제공해 주는 것이 좋다.

3) 논리적 사고와 문제해결 행동의 자극

논리적 사고력과 문제해결력은 지능의 하위능력인 유추능력과 밀접한 관련이 있다. 즉, 논리적 사고력과 문제해결력의 육성을 통해 유추능력이 길러질 수 있다. Bloom(1964)은 지능검사에서 논리적 사고력 및 문제해결력과 같은 지적 능력을 다루는 문항이 많이 포함되어 있는 사실로 보아 일상 생활에서 명확한 사고를 요구하고 여러 가지 문제를 자기 나름대로 해결해 나가도록 자극하는 분위기가 지적 발달을 위한 풍요한 환경조건이 된다. 황정규(1968)도 논리적 사고의 발달을 위한 압력은 아동의 지능발달에 중요한 심리적 환경요인으로 들고 있다. 따라서 유추능력과 밀접한 관련이 있는 논리적 사고력과 문제해결력을 육성하기 위한 방법으로 다음과 같은 것들이 있을 수 있다.

(1) 호기심을 키워 준다.

지능은 생각하는 힘이고 지능개발이란 생각하는 힘을 길러 주는 것이라고 풀이될 수 있다. 생각하는 힘은 생각하는 훈련에 의해 길러 질 수 있다. 따라서 지능발달을 도와 준다는 것은 곧 가장 효과적으로 생각하는 훈련을 하도록 도와 준다는 의미가 된다. 호기심은 자연발생적인 것이며 이런 호기심에 의해 세상 만물에 의문을 갖게 되고 이러한 의문을 해결하려고 노력하는 동안 문제해결력과 사고력이 발달된다. 이처럼 호기심이란 자연발생적인 것이나 주위에서 이와 같은 호기심의 발로를 어떻게 처리했느냐에 따라 호기심이 조장될 수도 있고 위축될 수도 있다.

단순하고 제한된 공간에서 자란 쥐들보다 여러 가지 다양한 경험과 자유스러운 탐색활동을 즐기며 자란 쥐들이 학습능력도 높고 자신 있게 행동한다는 동물실험의 연구결과에서 사람의 경우도 유사한 결과를 초래할 것이라는 점을 짐작할 수 있다. 지적 호기심을 키워 준다는 것은 없던 특성을 새로이 만들어 주는 것이 아니며, 아동이 갖고 있는 특성을 잘 보호해 주고 격려해 주는 것이다. 우선은 아동들이 나타내는 호기심이나 탐색활동을 받아주고, 아동들의 지적 호기심에 의한 질문을 진지하게 받아주는 것이 좋다. 의문을 갖거나 질문을 하는 그 행동 자체를 소중한 것으로 인정해 주어야 한다.

질문에 응답을 줄 때에는 즉각적인 대답보다는 자신의 능력으로 스스로 답을 얻을 수 있도록 단서를 주어 가며 생각할 기회를 주는 것이 지능개발에 효과적이다. 또한 한 가지 질문에 한 가지 대답으로 끝내지 말고, 이에 관련시켜 또다른 질문을 주어 지식을 체계화시키는 것이 좋다. 지적 호기심이 우수아도 만들고 대과학자도 만든다.

(2) 질문을 많이 한다.

생각하는 훈련은 일상생활에서 자주 문제의식을 느끼고, 이 문제를 해결하려는 계속적인 노력에 의해서 가능해진다. 아동들은 자연스런 호기심에 의해서 세상만물에 의문을 갖게 되고 이 의문을 해결하려고 질문을 한다. 질문에 의해서 대화가 이루어지고 이런 대화의 기회를 통해 많은 것을 학습하며 지적으로 성장하게 된다. 그러나 자발적인 질문에 의해 이루어지는 대화와 마찬가지로 의도적인 질문에 따른 대화도 지능을 발달시킬 수 있는 좋은 기회가 된다. 다시 말하면, 문제의식을 갖도록 해 주는 일이며, 또한 스스로 그 문제를 해결하려는 계속적인 노력이 이루어지도록 격려해 주고 필요한 도움을 주는 일이다. 그렇게 함으로써 아동은 사고력과 문제해결력을 기를 수 있다.

문제의식은 아동 자신의 자연스러운 내적 요구에 의해서도 생기지만 보다 적극적인 방법은 적절한 기회에 질문을 하는 일이다. 물론 아동의 마음으로부터 스스로 우러나오는 자연스러운 의문은 의도적인 질문보다 귀중하게 취급되어야 할 것이다. 또한 의도적인 질문이 아동의 자연스러운 의문을 방해하거나 간섭해서도 안될 것이다.

의도적으로 질문을 줄 때 가장 중요한 문제는 어떤 기회에 어떤 방법으로 질문하느냐 하는 것이다. 질문의 가장 좋은 기회는 자기 자신이 어떤 사태에 깊은 관심과 흥미를 나타낼 때이다.

질문을 할 때 또 한 가지 고려할 것은 질문의 쉽고 어려운 정도이다. 가장 훌륭한 질문은 현재 아동의 능력보다 조금 어려운 것이나 아동 스스로 생각해서 해결할 수 있는 것이어야 한다. 너무 쉬운 것은 크게 흥미를 느끼지 못하고 사고를 자극하지도 못한다. 반면 너무 어려우면 흥미도, 생각할 동기도 유발하지 못하고 좌절만을 느끼게 한다. 적당한 곤란도를 가진 질문이 어느 것인가를 판단하기 쉬운 일이 아니지만, 아동에 대한 깊은 관찰과 이해를 게을리하지 않는다면 가능할 것이다. 또한 반응을 보아 조금 어렵다고 느껴지면 그 문제를 푸는데 관련한 단서나 도움이 되는 유사한 쉬운 문제를 상기시키는 것도 좋은 방법이 될 것이다. 또한 질문에 대해서 귀찮아하거나 싫은 반응을 보일 때에는 적당히 철회하는 아량과 여유도 필요하다. 야단을 쳐서라도 그 질문에 답을 하도록 강요하는 것은 오히려 역효과를 초래한다.

흥미를 갖고 또 스스로 생각해서 해결할 수 있는 좋은 질문은 결국 질문하는 교사가 그만큼 더 생각하고, 관찰하고, 이해하는 데서 생길 수 있다.

(3) 과학에 관심을 갖게 한다.

과학은 인간이 소유한 지력의 산물이기도 하지만 또한 과학은 인간의 지능을 발달시키는 중요한 수단이다. 따라서 과학에 대한 관심을 높여 주고 과학적으로 생각하는 태도를 길러 주는 것이 지능개발에 도움이 된다.

과학에 대한 관심을 갖도록 하기 위해서는 우선 과학적 사실의 세계에 친숙하도록 도와줄 필요가 있다. 친숙은 관심을 불러 일으키기 때문이다. 아동들은 어른과 비교할 수 없을 정도의 강한 호기심을 지니고 있기 때문에 과학적 사실의 세계와 풍부한 접촉을 갖도록 해 주면 자연스럽게 거기에 친숙해지고 관심을 갖게 된다.

여기서 과학적 사실의 세계란 커다란 공장이나 인간이 만들어 낸 문명의 이기 같은 것만을 의미하는 것이 아니다. 자연의 세계가 그대로 과학적 사실의 세계와 관련된 것들이다. 과학적 사실의 세계가 지능개발에 갖는 중요한 의의는 그런 것들이 왜? 어떻게? 라는 의문을 만들어 주기 때문이다. 의문은 생각을 만들어 내는 곧 지능을 발달시키는 계기가 된다.

4) 성취동기의 발달을 위한 압력

Wolf(1964)는 부모와 자녀와의 상호작용 속에서 나타나는 성취동기에 대한 압력이 지능발달과 밀접한 관련을 갖고 있다고 보고, 이를 위해 아동에게 지적 기대를 높이 가질 것, 지적 성취에 대한 보상을 줄 것 등을 제시하고 있다.

성취동기를 높이기 위한 지도방법은 다음과 같다.

① 성취경험을 많이 갖도록 한다. 아동들이 나타내는 중요한 행동 특징의 하나는 조그만 일이라도 자기 스스로 완수하려는 태도이다. 스스로 무엇인가를 성취하려는 행동이 많이 나타난다.

이러한 행동들은 순수한 성취욕구의 표현이며, 이런 기회를 통해서 나도 무엇인가를 할 수 있다는 성공감을 얻게 된다. 성취의 경험을 토대로 해서 자기의 행동, 능력, 태도에 자신을 갖게 되고, 앞으로의 생활에서 직면하게 될 새로운 경험과 여러 가지 문제 사태에 보다 적극적으로 대처할 수 있는 활력을 지니게 된다 특히 지적 활동을 통해서 기르게 되는 지적 성취감은 지능의 발달을 위한 중요한 기반이 된다. 따라서 지능을 개발하기 위한 기본조건의 하나는 바로 다양한 지적 활동을 통해서 지적 성취의 경험을 갖게 하는 일이다.

② 사소한 일에서도 성취감을 맛보게 한다.

지적 성취의 경험은 어른들의 입장에서는 사소한 것이라도 아동들은 큰 성취의 경험일 수 있다.

단순한 물음에 대한 대답 등이 모두 좋은 성취의 경험이 된다. 성공적인 경험을 맛보게 하고 자신감을 갖도록 하려면 먼저 쉬운 일을 하여 보도록 지도하는 것이 좋다. 혼자 힘으로 능히 해낼 수 있는 일을 시키면 별다른 부담을 느끼지 않고 그것을 잘 해낼 것이다. 이와 같은 일이 여러 번 되풀이되는 중에 차츰 자기의 능력을 스스로 믿게 되고 자기도 무언가 해낼 수 있다는 자신감이 생기게 된다.

③ 지적 성취에 대한 보상을 아끼지 않는다.

성취하고 난 직후, 그 성취에 대해 스스로 만족하고 기쁨을 얻기도 하지만, 주위의 성인들로부터 주어지는 반응이나 보상은 성취감의 형성을 촉진시킨다. 지능개발을 위해서는 지적 행동을 하기 좋아하고 또 그런 행동을 계속하도록 유도하는 것이 필요한 바, 지적 행동을 할 때마다 보상을 주게 되면 점점 더 그와 같은 지적 행동을 많이 하게 되어 결과적으로 지능개발에 도움이 된다.

아동에게 보상을 줄 때에는 다음의 두 가지 점에 유의해야 한다.

첫째는 일관성 있게 보상을 준다. 똑같이 바람직한 지적 행동을 하는데도 어떤 때는 아무런 관심을 보이지 않거나 심지어 꾸중을 한다면 어떻게 해야 할지 모른다. 따라서 보상을 주되 일관성 있게 주어야 한다.

둘째는 바람직한 행동을 할 때 즉각적으로 보상을 주어야 한다. 보상을 가장 효과적으로 사용하려면 바람직한 행동을 보인 후 즉시 보상을 주어야 한다.

④ 결과보다는 과정을 중요시한다.

어른의 기준에서 아동들의 성취를 평가하기 쉽다. 그러나 성취감을 길러 주기 위해서는 이룬 성취가 얼마나 잘 됐느냐, 또는 틀렸나 맞았나 하는 결과만을 가지고 이야기해서는 안 된다. 결과도 중요하지만 우선 성취하려고 하는 마음과 행동, 또 성취하는 과정 자체를 고귀하게 받아주어야 한다.

⑤ 아동에 대한 지적 기대를 적절히 높이 가진다.

아동에 대한 지적 기대를 높이 갖는 것이 아동의 성취동기를 자극하고 결과적으로 지적 발달에 도움을 줄 수 있다. 아동에게 어떤 가능성의 소유자로 보고, 그에게 어떠한 기대를 하느냐, 어떻게 기대해 주느냐 하는 것이 아동의 성취의욕에 영향을 미치고 지능발달을 좌우하게 된다. 그러나 기대감이나 요구는 능력에 맞게 적절해야 하며, 정도가 지나치면 오히려 정서불안을 일으켜 발달을 저해하게 되는 경우도 있다.

5) 정서적 안정

정서적 불안 여부가 지능 발달에 영향을 미칠 수 있다. 즉, 가정 안에 문제가 생겨 정서가 불안정하면 지능지수가 현저하게 떨어진다. 정서상의 문제로 조성되는 지나친 불안은 곧 자기존재에 대한 위협이기 때문에 모든 정신 에너지를 이 불안을 극복하거나 회피하기 위한 노력에 동원하게 되어 다른 측면의 발달이 장애를 받게 된다. 우리는 흔히 가정적 불화가 학생들의 학업성취를 떨어뜨리는 경우를 보아 왔다. 마찬가지로 정서적 불안정은 지적 발달을 저해하는 요소가 된다. 지능발달에 장애가 될 정도로 심한 정서적 불안을 조성시킬 수 있는 경우를 살펴보면 다음과 같다.

(1) 적절한 요구와 기대를 갖지 못할 때

도저히 감당할 수 없는 수준의 성취를 이루도록 강요하면서 이를 이루지 못할 때 꾸중, 짜증, 벌 등을 주어서 심한 불안을 갖게 하는 경우이다. 타고난 능력, 발달수준, 관심 등을 고려하여 요구와 기대가 적절해야지 그 정도가 지나치면 오히려 발달을 저해하게 된다. 특히, 다른 아동과 비교하여 그 아이만큼 또는 그 이상의 것을 강요하는 태도는 아동을 불안하게 만들고 불필요한 적개심을 심어 주는 결과 이외에는 별다른 소득이 없다. 어떤 상황에 있는 아동이든 그 아동은 나름으로 존중되어야 하며, 그 나름의 능력과 생활을 펴 나가도록 해 주어야 한다.

(2) 지나친 간섭과 통제를 할 때

생활에 대한 지나친 간섭이나 통제도 아동을 불안하게 만든다. 좋아하는 것을 못하게 하고 다른 것을 하도록 강요하는 태도도 아동을 불안하게 만들고 불만을 심어 주는 이외의 이득은 없다. 관심과 흥미는 자발적이어야지 강요될 수는 없다.

(3) 화목하지 못한 가정분위기

부모 자신이 정서적으로 안정되는 일이다. 부모의 정서상태는 아동의 정서상태와 직결된다. 특히 어머니의 정서상태는 더욱 큰 영향을 미치며 아동의 연령이 낮을수록 더 큰 영향을 받는다. 따라서 아동이 정서적으로 안정하여 높은 지적 발달을 이루게 하는 첩경은 우선 부모가 정서적으로 안정되는 일이다. 아동을 불안하게 만드는 최대의 악조건 중 또다른 하나는 부부간의 불화이다.

지적 발달은 왕성한 지적 탐색활동에 의하여 촉진된다. 아동의 지적 탐색활동은 아동의 정서적 특징과 밀접한 관계를 맺고 있다. 예를 들어, 어떤 장애물을 극복하고 높은 수준에 도달하려고 한다든지, 다른 사람보다 나아지려고 하는 성취동기가 높은 사람은 낮은 사람보다 많은 지적 탐색활동을 나타낸다. 또한 자기 자신을 높이 평가하고 자신감에 차 있을 때, 그리고 무엇인가 알아내고자 하는 지적 호기심에 가득차 있을 때 지적 활동이 높아진다. 원만한 대인관계도 지적인 상호작용을 확립하는데 공헌할 수 있다.

이러한 의미에서 볼 때 아동의 지적 발달을 촉진시키기 위해서는 건전한 정서적 · 사회적 발달이 수반되어야 한다.

참고 문헌

김명희 외(2001). '다중지능수업' 왜 필요한가. 한국교육신문 제2028호. 2001-03-05.

김성수 · 이영훈(2002). 지능에 대한 새로운 접근 : 다중지능의 측정. www.edu-click.co.kr.

권석만 등(1996). 심리학 개론. 박영사.

문용린(1997). 도덕지수 -옳고 바른 행동지향 '양심'. 경향신문, 1997-02-13.

______(1997). 학습과의 관계. 경향신문, 1997-02-27.

______(1997). 심리적 충격. 경향신문, 1997-03-06.

______(1997). 스트레스와 관계. 경향신문, 1997-03-13.

______(1997). 감정과 정서. 경향신문, 1997-03-27.

______(1997). 뇌물과 저항력. 경향신문, 1997-04-03.

______(1997). 다양한 삶의 체험통해 감정교류 유도. 경향신문, 1997-05-28.

______(1997). EQ 길러주는 3가지 교육전략 -연령 · 상황 따라 융통성 있게 활용-. 1997-6-12.

박아청(1985). 현대의 교육심리학. 학문사. pp. 206-218(지적능력의 의의).

이군현(1990). 교육심리학. 박영사.

이규태(1995). 심정지수. 조선일보, 1995-10-26.

이성진(1996). 교육심리학 서설. 교육과학사.

이옥형(1997). 아동발달. 집문당

이해성(1990). 한국사회와 교육갈등. -지능검사의 문화적 편파성-. 양서원.

임규혁(1996). 교육심리학. 학지사.

서혜성(1997). EQ는 만능지수가 아니다. 한국교육신문, 1997-3-19.

장현갑 · 강성군(1996). 스트레스와 정신건강. pp. 13-58(정서지능 : 인간이해의 새로운 관점). 학지사.

정종진(1996). 감성지능(EQ)이란 무엇인가. -인간이해의 새로운 도전-. 교육개발, 1996, 11(통권 104호). 한국교육개발원.

중앙일보(1995). 말의 지능 I.Q 70-80. 1995-7-19.

________(1996). 아이디어로 산다. IQ에 도전하는 셀로비의 EQ. 1996-11-27. -황세희 · 홍혜걸 전문기자-.

________(1997). 애견 지능테스트(임용진 기자). 1997-2-27.

최유현(1999). 다중지능의 탐색과 교육적 적용. 교육개발 17. 한국교육개발원.

한국경제신문(1996). 감성지수시대. 1996, 1, 10. 한국경제신문.

Gagné, R. R.(1977). The Conditions of Learning. 3rd ed. New York : Holt, Rinehart and Winston.

Gardner, H.(1983). Frames of Mind : The Theory of Multiple Intelligence. New York : Basic Books.

Goleman, D.(1995). Emotional Intelligence. NY : Scientific American Inc.

Sternberg, R. J.(1985). Beyond IQ : A Triarchic Theory of Human Intelligence. NY : Cambridge University Press.

별첨 2 지능검사의 문제점

지능지수는 한 개인이 한 가지 형태의 사고를 어느 정도까지 지닐 수 있는가만을 측정하는 것이다. 이 사고유형은 논리적 정확성을 강조하고 문제의 가장 적당한 해결을 찾는 데 있다. 기존의 지능검사가 한 아이의 모든 지적인 능력과 정신적 기능을 파악한다는 것에 대한 비판이 커지고 있다. 기존의 지능검사는 중요한 지적 요소들을 전혀 고려하지 않는다는 지적이 계속되고 있다. 기존의 지능개념은 일차적으로 수렴적 사고만을 요구하는 교육체계에 적합하였다. 시험이 배운 것을 암기를 통하여 능력을 나타나게 하는 것이라면, 기존의 테스트들은 알맞은 예측을 할 수 있다. 이와는 반대로 오늘날의 교육추세는 암기위주의 교육은 효과가 없다. 왜냐하면 암기는 너무 특정한 것이고 시간과 에너지를 낭비하기 때문이다. 오늘날에는 학생들이 일반적인 학습전략, 즉 학습에 대한 학습을 습득할 수 있는 수업이 요구되고 있다. 현대의 교육은 주입식 위주가 되어서는 안 되며 학생에게 새로운 생각들을 산출해낼 수 있는 능력을 키워줌으로써 그들의 사고기능이 가능한 넓은 기초 위에 발달할 수 있도록 하여야 한다.

지능검사는 그 제작과 표준에 있어서 괄목할 만한 발전을 이루어 왔으며 학교나 산업체 장면에서 효과적으로 사용되어 왔다. 그러나 아직 여러 가지 문제점을 지니고 있으며 학문적으로 많은 논란의 대상이 되고 있다.

첫째, 지능검사의 결과에 개인의 경험이나 사회 문화적 요인이 커다란 영향을 미친다는 점이다. 따라서 경험과 문화적 배경이 서로 다른 집단들의 지능을 비교하기는 어렵다. 본래 심리학자들은 문화적으로 이탈된 집단을 차별하지 않는 소위 문화적 요인을 배제한 검사(culture-free test)를 만들려고 노력해 왔지만 문화적 경험을 분리시키는 것은 불가능하다는 결론에 도달하였다. 따라서 최근의 경향은 문화적 영향을 되도록 줄이면서도 유용한 검사, 즉 문화적으로 공평한 검사(culture-fair test)를 만드는 쪽으로 기울어졌다. 이러한 문화적 편파의 문제는 경제 및 교육수준에서의 격차가 심한 나라일수록 심각하다. 미국의 경우 백인과 흑인 사이에, 그리고 우리나라에서는 도시아동과 농촌아동 사이에 지능의 차이가 확대되어 나타난다. 따라서 문화적 편파를 고려하지 않고 검사점수를 해석하면 불공평한 잘못된 판단을 내릴 수 있다.

둘째, 지능 외의 다른 요인이 지능검사의 결과에 영향을 준다는 것이다. 동기나 정서, 성격요인, 심리적 부적응 상태 등이 검사수행에 영향을 미친다. 예를 들어, 충동적이거나 불안수준이 높은 아동은 그렇지 않은 아동보다 검사수행이 떨어진다. 따라서 지능검사의 결과에 대한 해석은 피검사자의 개인적인 심리상태를 잘 고려하여 주의 깊게 이루어져야 한다. Wechsler는 오히려 이런 지능검사의 한계를 이용하여 임상용 지능검사를 개발하게 되었다. 즉, 지능검사의 결과는 지적인 능력 이외에 정서나 동기면에서의 심리적 부적응 상태가 영향을 미치므로 지능검사를 통해 이러한 측면을 평가함으로써 임상적 진단평가를 할 수 있다고 본 것이다. 그러나 지능만을 평가하고자 할 때, 지능검사가 지능 이외의 요인에 의해서 영향받는다는 것은 단점으로 지적될 수 있다.

셋째, 지능검사가 학습능력으로서의 지적 능력을 평가하는 것인지, 아니면 이미 학습한 결과를 평가하는 것인지의 문제이다. 지능검사 문항을 만들 때 학습이나 경험을 배제한 문항을 만든다는 것이 전혀 불가능한 것은 아니더라도 현실적으로 매우 어렵다. 많은 지능검사 문항이 지적 성취능력을 평가한다고 하기보다는 단순한 지식 또는 성취도를 평가하고 있는 것이 사실이다. 이렇게 볼 때 지능검사는 순수한 지적 능력 또는 학습능력을 측정하는 것이 아니라 지적 능력과 성취도를 함께 측정하는 것이라고 보아야 한다.

넷째, 지능검사의 결과에 대한 해석과 활용은 사려 깊게 이루어져야 한다. 왜냐하면 'IQ가 낮다'는 것이 많은 아동들에게 매우 극복하기 힘든 치명적인 낙인이 될 수 있기 때문이다. 지능검사는 개인의 일반적인 능력수준에 대한 검사 당시의 정보를 제공할 뿐이다. IQ는 고정 불변하는 것이 아니라 교육이나 환경에 따라 변화하므로 어떤 개인의 미래의 IQ를 아동기 초기에 정확히 예측하는 것은 어렵다. 뿐만 아니라 IQ점수는 검사 당시의 정서상태, 동기수준 등의 여러 가지 비지적인 심리적 요인에 영향을 받을 수 있다. 특히 이러한 개인적 상태를 고려할 수 없는 집단 지능검사의 결과는 매우 조심스럽게 해석되고 활용되어야 한다(권석만, 1996).

별첨 3 말의 지능 : IQ 70~80

노마지지(老馬之智)라는 고사성어가 있다. 글자 그대로 해석하면 늙은 말의 지혜라는 말로 아무리 하찮은 사람이라도 그 나름의 장점과 특징을 지니고 있다는 뜻이다. 또 경험이 풍부하고 숙달된 지혜라는 뜻으로 사용되기도 한다. 춘추시대 제(齊)나라의 환공(桓公)이 고죽(孤竹)이라는 작은 나라를 정벌하려고 군사를 일으켰는 데 전쟁 초기에는 봄이었으나 전쟁이 끝난 것은 엄동설한이었다. 천지가 눈으로 덮여 길을 제대로 알 수 없게 되자 부하인 관중(管仲)이 '이런 때는 늙은 말이 본능적으로 길을 찾아낸다'면서 수레를 끄는 늙은 말 한 마리를 풀어 놓았다. 말은 잠시 두리번거리다 신기하게도 길을 찾아내 일행이 무사히 돌아왔다는 내용이다. '기린이 늙으면 노마만 못하다'는 우리 속담도 이 고사성어에서 연유한 것이다.

노마지지(老馬之智) 이야기는 말의 귀소본능을 강조할 때 자주 이용된다. 일부러 꼬불꼬불한 길을 골라 30km나 떨어진 외딴 곳에다 갖다 놓아도 말은 본능적으로 자기 집을 찾아간다는 실험결과도 있다. 그러면 말의 지능은 어느 정도인가. 사람의 지능지수로 따져서 70~80 정도로 서너살짜리 어린이의 지능과 비슷한 수준이다. 그래서 말은 자기를 돌봐주는 사람을 기억한다. 자기를 해치는 사람도 잊지 않아 언젠가 복수를 하려고 한다. 한 번 배운 것은 6개월은 잊어버리지 않는다.

경주에 출전한 말은 기수가 낙마(落馬)해도 혼자 달린다. 경주에 나서면 한 바퀴 돌아서 결승선까지 가야 한다는 것을 교육을 통해 알고 있기 때문이다. 경주마를 훈련시킨다는 것은 육체적으로 강한 말을 만드는 것이기도 하지만 지능, 기억력을 좋게해 경마의 규칙에 알맞도록 만드는 과정이기도 하다.

별첨 4 Q란 무엇인가?

IQ(Intelligence Quotient) : 1905년 프랑스의 비네가 창안한 지능지수 검사로 20세기 초반부터 사용하여 100년 가까운 역사를 지니고 있다.

EQ(Emotional Intelligence Quotient) : IQ에 대응하는 것으로 미국의 심리학자 셀로비(Salovey)가 1991년 만들어낸 개념이다. 그는 '자신의 감정을 이해하고 남의 감정을 공감하고 그 감정을 통제하는 능력'을 지칭하는 EI(Emotional Intelligence)를 개발했다. 1995년 골먼(Goleman)이 이것을 수치화가 가능한 지수로 만든 EQ로 소개되면서 일반의 관심을 끌고 있다.

MQ(Moral Intelligence Quotient) : 도덕지수는 다른 사람과 잘 지내고 올바르게 처신하는 법을 배우는 도덕성 개발을 위한 수치이다. '옳고 바르고 착하게 살고자 애쓰면서 좋은 마음과 바른 행동을 지향하는 내면의 힘인 양심의 강·약 상태가 바로 도덕지능이다.' EQ가 적응을 위한 능력·기술·에너지로서 중립적인 힘이라고 하면 MQ는 그런 능력과 힘을 옳고 바른쪽으로 활용하도록 이끄는 도적적 안내자이자 견인력이다. 두 개념은 모두 사회지능의 매우 중요한 하위요소들이다. EQ와 MQ를 동시에 갖춘 사람이 바로 전인(全人)이다.

SQ(Social Intelligence Quotient) : 사회성 지수를 말하며, 성공지수(Success Quotient)로도 사용된다.

CQ(Charisma Intelligence Quotient) : 리더십을 발휘하는 카리스마지수(Charisma Intelligence Quotient)와 사회의 변화에 능동적으로 적응하는 변화지수(Change Quotient)등으로 쓰이지만 아직 학문적으로 정립되지는 않았다.

제 5 장

정서능력의 향상을 위한 교육방법

1. 정서와 이성

정서가 무엇인가 하는 물음은 오랜 역사를 가지고 있다. 고대시대부터 인간의 정신기능에 관심을 가진 사람들은 이 문제에 대해 탐구하기 시작하였고, 고대 그리스 시대의 Socrates, Platon, Aristoteles와 같은 철학자들은 감정과 이성, 느낌과 생각, 감성과 인식을 구분하여 왔다. 그들은 정서를 이성 아래 두었으며 정서와 감정의 영향에서 벗어나도록 사람들에게 권고하였다. Platon은 감성을 길들여지지 않은 말로 지성은 말의 고삐를 붙들고 있는 마부로 비유하면서 지성을 통해 감성을 길들여야 한다고 하였다. 스토아(Stoa)학파 사람들도 끊임없이 정서로부터 해방되려고 하였다. 정서의 극복이 행복의 길이라고 생각하고 이성을 통해 정서를 통제해야 한다고 생각했다. 그들에게 있어서 부정적인 정서는 마음의 질병으로 간주되었다. 정서는 이성보다 열등한 것이며 이성의 지배를 받아야 행복한 삶을 살 수 있다고 생각했다. Descartes도 정서란 동물 정신의 흐름과 같은 것으로 이성적 개입과는 판이한 본능적, 선천적인 것이라고 하였다. 이와 같이 오랜 역사 속에서 인간의 감성은 억제되어야 할 골칫거리인 것처럼 여겨져 왔다. 이성과 감정에 대한 가장 고전적이고도 지속적인 비유는 '주인과 노예'의 비유이다. '주인과 노예'의 비유가 주는 의미는, 인간은 이성의 통제 아래 감정의 위험한 충동을 억제하거나 또는 일정한 방향으로 이끌 수 있고, 이성과 감정이 원만한 조화를 이룰 때 비로소 인간은 자신의 주인이 된다는 것이다.

그러나 현대 철학자들은 이성 중심주의적 비유인 '주인과 노예'의 입장에 이의를 제기하기 시작하였다. 감성을 인식하는데 있어서 '주인과 노예'라는 비유적 관점에서 벗어나 감성을 이성과 대등한 위치에 놓고 보아야 한다는 것이다. 인지과학, 생체학, 심리학, 의학, 특히 두뇌과학의 발달은 인간의 두뇌와 육체, 두뇌와 감성과의 역학적 상관관계에 대한 신비를 벗겨냄으로써 우리는 감성의 본질과 역할, 그리고 감성과 이성과의 관계를 새롭게 인식하게 되었다. Darwin은 1872년에 「인간과 동물의 정서표현」이란 책에서 감정과 정서[1]가 적자생존이라는 생존경쟁을 이겨내고 성공할 수 있는 가장 지능적인 능력이라고 적고 있다. 다시 말하면 감정과 정서는 인간과 동물 모두에게 가장 중요한 생존지혜라는 것이다. 이와 같이 이성과 감성은 서로 배타적인 관계도 아니며 '주인과 노예'의 관계처럼 종속적인 관계는 더 더욱 아니라는 것이다. 오히려 지성보다 감성을 강조하는 흐름으로 돌아서고 있다. 최근에 이르러 정서능력에 대한 관심이 급증되고 정서능력을 정서지능(Emotional Intelligence)라고 부르며 이에 대한 측정과 계발이 진행되고 있다.

2. 정서지능의 개념

정서지능은 일반지능에 대비되는 말로서, 일반지능은 합리적인 사고능력을 가리

---

1) 정서에 대한 의미는 부정적 의미와 긍정적 의미의 두 가지로 나누어 볼 수 있다.
정서에 관한 부정적 견해는 고대 철학자들이 인간이란 기본적으로 이성적 존재로 간주했기 때문에 정서를 가능한 낮추어 보려 하거나 최소화시켜 보려는 경향성이 있었다. 이와 같은 감정 또는 정서에 대한 부정적 견해는 Platon과 Aristotels의 견해에서 비롯된 것이지만 17세기 Descartes에 의해 최고조에 이르렀다. 그의 견해에 의하면 정서란 동물 정신의 흐름과 같은 것으로서 이성적 개입과는 판이한 본능적, 선천적인 것이라고 하였다.
긍정적 의미로서의 정서는 Darwin(1872)이 「인간과 동물에 있어서의 정서표현」이라는 저서에서 정서란 생물학적으로 적응적 의미를 갖는 것으로 동물이나 인간 모두 생존에 유리한 의미와 기능을 갖는 것이라고 강조하였다. 예를 들어, 대부분의 사람들은 슬프거나 의기소침해 있을 때에는 체온이 떨어지는 반면, 분노와 격정에 사로잡혀 있을 때에는 체온이 높아진다는 것이다. 심리학 창시자의 한 사람인 William James(1884)는 정서에 관한 최초의 이론을 제안하였는데, 그는 정서 자극에 의해 내장이나 근육에 먼저 반응을 일어나고 이어서 이 반응이 대뇌피질에 전달됨으로 정서경험을 하게 된다는 견해를 제안하였다. 이 견해는 정서는 무통제적이고 자동적으로 일어나는 것으로 간주했던 전통적 견해와는 차이가 있다.

키는 바, 기억력, 이해력, 추리력, 계산력, 창의력 등을 말한다. Salovey와 Mayer는 정서지능을 "자신과 타인의 정서를 인식하고, 구성하고, 조절하는 등의 정서적 정보를 정확하고 효과적으로 처리할 수 있는 능력"이라고 정의하였다. 즉, 인내심, 지구력, 충동억제력, 만족지연능력, 용기, 절제, 감성이입능력 등의 정서적 정보를 가지고 있으며 그러한 정보를 자기의 성장을 위하여 활용할 수 있고, 학습태도와 대인관계에서의 여러 문제들을 해결하는 능력 뿐 아니라 미래 사회생활에서의 성공 정도를 예견하는 중요한 능력이라고 볼 수 있다.

일반지능과 비교해 볼 때 정서지능은 상호 결합할 수 없는 모순된 개념으로 들릴 수 있다. 그러나 Goleman은 감성과 이성은 많은 부분에 있어서 서로 교차되며 두뇌 속에서 서로 구분되기는 하지만 상호 연결된 반(半)독립적 능력이라고 하였다. 따라서 이 두 능력이 완전히 별개로 존재한다고 보기는 어렵다. 이 두 능력의 크기와 양은 사람에 따라 다르게 존재한다하여도 서로 함께 작용하지 않으면 각자의 독특성을 발휘하기 어렵다. 교육학자들은 그래서 IQ에 EQ[2]가 더해졌을 때 성공적인 인물이 창조된다고 믿고 있다.

3. 정서지능의 중요성

인간의 성공, 건강, 행복에 관한 새로운 관점을 제공한 정서지능과 이의 측정개념인 정서지수(Emotional Quotient : EQ)가 많은 학자들의 관심을 끌고 있다. 그동안 인간능력이 측정은 지능지수(IQ)에 전적으로 의존해 왔다.[3] 1905년 프랑스의 심리학자 Binet가 연상 · 주의 · 상상 · 기억 · 추리 등 특수능력을 토대로 인간능력을 평가하는 지능지수를 고안해 낸 이후 산업과 교육현장에서 널리 이용되었

2) EQ(Emotional Quotient)란? 정서지수 또는 감성지수를 말한다. 정서는 희로애락을 의미하며, EQ 검사는 정서지수를 진단, 개발하기 위한 검사이다.

3) 우리 교육은 머리도 좋고 인간성도 풍부한 재덕겸비(才德兼備)한 인물을 육성하기 보다는 머리만 좋고 인간성이 풍부하지 못한 재승덕박(才勝德薄)한 인물을 길러내는 데에 혈안이 되어 있다. 말 잘하고, 계산 빠르고, 자기중심적이며, 냉정한 판단과 사고를 잘하는 사람을 보다 우수한 사람으로 여기는 IQ 지향적 가치관이 있다.

다. 그러나 근년 들어서는 지능지수의 효율성에 의문이 제기되었다. 지능지수가 인간의 성공여부를 좌우하지 않는다는 것이다. Goleman(1995)은 그의 저서 「정서지능(Emotional Intelligence)」에서 한 사람의 성공을 예측할 때 지능검사나 학력평가에 의해 측정된 지적 능력보다는 인성이라는 지칭된 마음의 특성이 유용하다고 주장하였다.[4] 한 인간의 능력은 지능지수로 표시되는 두뇌력 보다는 인간관계를 결정짓는 성격에 의해 보다 정확하게 측정될 수 있다는 것이다.

정서지능이 생활 전반의 적응이나 성취면에서 보다 중요한 능력이 되고 적절히 조정된 정서는 문제해결을 촉진한다는 연구는 많다. '88 서울 올림픽 때, 미국의 수영 선수였던 매트 비온디는 올림픽이 개막되기 전부터 7관왕이 될 것이라는 온갖 기대와 주목을 받았다. 그러나 그는 초반 두 종목에서 탈락하고 말았다. 많은 사람들은 그가 충격에 휩싸여 나머지 경기도 모두 망칠 것이라고 생각했다. 그러나 예상과는 달리 비온디는 나머지 다섯 종목에서 모두 금메달을 차지했다. 펜실베니아 대학의 Seligman 박사는 이러한 일을 당연하게 생각했다. 그는 올림픽이 열리기 전, 미국 선수들을 대상으로 좌절 상황에 처했을 때 무기력이나 절망을 느끼는지 곧 회복하여 희망을 가지는지를 측정하는 일련의 실험을 실시했다. 비온디는 좌절을 극복하는 낙관성 면에서 가장 뛰어났다. 그는 초반의 탈락에 대해 낙담하지 않고 더 분발하여 훌륭한 기록을 냈던 것이다.

또한 정서를 적절히 전환시키면 강력한 동기가 될 수 있다. 시험상황에서 불안을 느낀 사람 중에는 이를 극복하기 위해 시험공부를 더욱 철저히 하여 다음 시험에 좋은 점수를 얻기도 한다. 뿐만 아니라 인생에 대해 긍적적인 생각을 가진 사람은 자신과 타인이 보다 큰 보상을 얻을 수 있도록 대인관계를 형성한다.

이와 반대로 정서지능이 부족한 사람은 적응상에 많은 문제를 야기한다. 자신의 감정을 조절할 줄 모르는 사람은 자신의 노예가 되는 셈이며, 다른 사람의 감정을

4) 정서지능(Emotional Intelligence)은 일반지능(Intelligence)에 대비되는 말로 감정과 느낌을 통제하고 조정할 줄 아는 능력을 가리킨다. 인간은 이성(일반지능)과 더불어 감정과 정서(정서지능)를 가지고 살아간다. 인간의 정신기능을 형성하는 이러한 요소들은 인간의 판단과 행동에 큰 힘을 발휘하고 있다. 개인과 사회의 성장과 개선을 지향하는 것을 중요한 목적으로 하는 교육은 이성의 발달은 물론이고 감정과 정서의 발달과 순화를 추구해 왔다. 이 과업의 실현은 어려운 것이지만 모든 교육은 조직적으로 그리고 의도적으로 이들을 발달시키려 시도하였다. 이러한 시도에도 불구하고 교육은 대체로 인지적인 측면을 중시해 왔으며 이러한 현상은 지식의 실제적 가치를 중요시함으로써 더욱 현저하게 되었다.

인식하지 못하고 기분을 상하게 하는 사람은 냉정하거나 멍청한 사람으로 인식되고 결국에는 사람들로부터 배척당한다. 학교에서 중도 탈락하는 아이들을 보면 대부분이 또래친구들과의 관계가 완만하지 못하다. 어른의 경우 자신의 감정을 제대로 조절하지 못하거나 표현하지 못하는 부부들이 이혼하는 사례가 많다.

자신의 정서를 긍정적으로 조절하는 능력이 전통적으로 IQ에 의해 좌우된다고 생각되어온 학업성취에도 영향을 미친다는 연구가 있다. 4세 때의 관찰 결과 충동통제력이 높은 것으로 분류된 아동은 고등학교에서 여러 면에서 사회적 적응을 잘하고 있을 뿐만 아니라 그렇지 않다고 분류된 학생보다 SAT검사에서도 높은 점수를 획득하였다(W. Mischel). 또한 Seligman은 SAT검사나 고등학교 때의 내신 성적보다 낙관성 검사 점수가 대학 신입생의 학업성적에 대한 예언력이 높았다고 한다. 정서지능의 문제는 기업 내이 개인의 성취나 효율적인 기업 경영과도 관련된다. Seligman은 보험회사의 신입사원을 대상으로 연구한 결과 낙관적인 사람이 염세적인 사람보다 입사 첫해에부터 높은 성과를 올렸고, 그 후 5년간 근 2배에 가깝게 보험 판매고를 올렸다고 보고하고 있다.

이와 같이 그동안 성공 예언을 설명해 온 일반지능 지수는 잘못된 것이다. IQ가 높지만 실생활에서 앞서가지 못하고 허우적대는 사람과 이와는 달리 IQ가 낮으면서도 인생을 성공으로 이끌어 가는 사람들의 나타나는 현상은 IQ보다는 '정서지능'에 기인한다고 설명할 수 있다. EQ의 중요성을 강조하고 있는 심리학자들은 "취직은 IQ에 의해, 승진은 EQ에 의해 주로 좌우 된다"(IQ gets you hired, but EQ gets you promoted)라고 말한다. 이들은 성공의 20% 정도만이 지적 능력에 의해 좌우되고 나머지 80% 정도는 EQ와 같은 다른 변인에 의해 좌우된다고 본다. 즉, 인간이 적절하고도 창의적인 적응생활에 영향을 주는 변인으로서 EQ의 중요성을 강조하고 있다. 즉, IQ가 높다고 해서 반드시 사회생활에서 성공하는 것이 아니라 감정조절, 동기부여, 타인의 기분 살피기, 적절하고 유쾌한 말투와 제스처 등과 같은 대인관계를 원만하게 풀어나가는 정서지능이 개인으로 하여금 집단 속에서 동지를 만들고 힘을 얻어 성공의 반열에 올라설 수 있게 하는 힘이라는 것이다.[5] 감정 없이 사고만 하는 기계적 인간 대신 따스한 감정과 사랑을 느끼고

---

5) 왜 제갈공명은 유비에게 머리를 조아려야 했는가? 유비의 후덕(厚德)이 공명의 지혜를

나눌 줄 알며, 철저한 자기 중심적 이해관계를 따지는 컴퓨터적 인간 대신 충동과 욕망을 조절하고 뚜렷한 자기 세계관 위에 꿋꿋이 견뎌내는 참다운 나를 구축하기 위해 새로운 삶의 패러다임으로 전환할 필요가 있다는 것이다.

4. 정서지능의 구성요인

정서는 인간이 이성적 사고를 하는데 있어서 감각적 · 감정적 소재를 마련해 주는 기능을 하며 인간생활의 기본적 영역, 즉 삶을 보다 풍요롭게 상승시켜 준다. 그 수단으로서의 감정조절 능력, 즉 정서지능이 중요하다.

Salovey와 Mayer는 정서지능이란 사회적 지능의 부분 집합이며 Gardner가 말한 인격지능의 일부라고 보았는데, 자신과 타인의 정서에 대한 평가와 표현, 자신과 타인의 정서 조절, 문제해결에 있어서 정서의 사용이라는 면에서 그 때까지 흩어져 있는 연구들을 종합하여 정서지능을 체계화하였다. 이와 같은 Salovey와 Mayer의 제언을 정리하여 Goleman은 정서지능을 다음과 같은 5가지 요인으로 정리하였다.

1) 자신의 정서를 스스로가 인식하는 것(emotional self-awareness)

일상생활 중 매순간 자기 자신에게 일어나는 느낌 · 감정을 인식하는 능력으로 정서지능의 핵심이다. 자신의 감정을 인지하고 그 감정에 이름을 붙이는 능력, 자신의 감정이 발생한 이유를 이해하는 능력, 감정과 행동 사이의 차이를 인지하는 능력 등으로 구성된다. 나는 기쁘다, 슬프다, 화난다, 두렵다와 같은 식으로 자신의 마음상태를 아는 것이다. 즉, 자신의 감정상태를 정확하게 읽어내는 능력이다.

자신의 감정을 관찰하는 능력은 자신에 대한 심리적 통찰과 이해에 필수적이다.

포용했기 때문이다. 미국 예일대 심리학과 피터 샐로비 교수는 인간의 성공이 지능보다 감정에 달려 있음을 학문으로 입증해 보인 감성지수(感性指數)이론을 제시하였다. 그래서 미래를 지향하는 인간이 주목해야 할 대상은 지능개발이 아니라 풍부한 감정을 개발하고 또 스스로 조절하는 감성개발이라는 것이다.

이런 능력이 풍부한 사람은 자신의 인생을 보다 적절하게 이끌어 가며 개인적 결정의 순간에 어떤 감정을 가져야 할지에 대한 정확한 감각을 가지고 있다. 인생에서 중대한 결정을 내릴 때는 이 능력이 필수적으로 강조된다. 너 자신을 알라라는 소크라테스의 명언은 자기 자신의 내부에서 일어나는 감정을 알라는 뜻으로 자신의 감정변화를 안다는 것이 곧 자신을 알게 되는 길잡이란 점을 강조한 것이다.

자기를 안다는 것은 자기의 마음 속에서 일어나는 기분과 이 기분에 따라 생각하게 된다는 것 두 가지를 안다는 것이다. 예를 들어, 지금 너무나 화가 나 당장 너를 때려 주겠다고 하는 중이라도 잠깐 생각해 보니 비록 내가 몹시 화가 나 있지만 내가 지금 느끼고 있는 것은 단지 분노에 불과하다[6]라고 느끼도록 하는 것이다. 흔히 우리가 말하는 '이렇게 느껴서는 안돼', '기운을 내기 위해 생각을 바꿔야 해' 따위의 생각은 자기의 감정을 먼저 살핀 후에 나타내는 판단적인 반응이다. 자신의 감정을 알아차린 후 이 감정을 적절하게 바꿀 수 있는 능력이 바로 감성지능이다. 만일 내 마음 안에서 일어나는 감정을 깨닫는 과정없이 분출하는 감정대로 행동한다면 이는 바로 충동적 행동으로 파괴적 결과를 초래하게 된다. 그러나 지금 나에게 일어나고 있는 감정이 노여움이란 것을 알게 되면 화난 그대로 행동할 것인지 아니면 분노를 조절하면서 행동할 것인지를 선택할 수 있게 된다.

우리 주변에는 자신의 감정이 무엇인지를 전혀 의식하지 못하는 사람들이 많이 있다. 즉, 자신의 기쁨도 슬픔도 분노도 느끼지도 못하고 표현하지도 못하는 사람들이 있다. 이런 사람을 가리켜, 감정언어결핍증 환자(alexithymia)라고 한다. 이런 사람은 결코 인간관계를 원만하게 맺을 수 없으며 인생에서 성공하기를 기대하기는 매우 힘들다. 반면 사람들 가운데는 자신의 가슴 속에서 일어나는 감정을 민감하게 느끼고 이를 표현하는데 익숙한 사람들도 있다. 시인, 소설가, 작곡가 또는 정신치료가들은 이러한 자기 내면의 욕구나 감정의 세계를 알고 표현하는데 능숙

---

6) 분노는 가장 조절하기 어려운 감정이다. 그러나 조절에 실패하면 가장 문제가 되는 감정이다. 분노와 공격성을 어릴 때부터 다스릴 줄 알아야 한다. 화가 나면 열까지 헤아리고 그래도 화나면 또 열까지 헤아리는 지혜를 부모가 먼저 솔선해야 한다. 자녀가 화가 났을 때에는 자신이 화가 났음을 스스로 인정하도록 하고 화가 난 이유를 곰곰이 생각해 보도록 유도한다. 또한 화를 나도록 만든 상대편의 입장이 무엇인지 먼저 생각하도록 한다. 순간적 분노로 저지른 행동은 다른 사람으로부터 인정받거나 사랑받지 못하게 된다는 경험을 갖도록 하여야 한다.

한 사람들이다.

2) 자신의 감정을 관리하고 조절하는 것(managing and controling one's emotions)

자기 지각에 기초하여 자신의 느낌을 적절하게 전환하고 조절하는 능력으로 이런 능력이 풍부한 사람은 분노, 흥분, 우울, 불안을 쉽게 떨쳐 버리고 좌절과 혼돈에서 빨리 벗어날 수 있지만 부족한 사람은 늘 괴로운 느낌에 시달린다. 여기에서는 자신의 감정을 적절히 표현하고 관리하는 능력, 공격적인 행동과 자기 파괴적인 행동을 절제하는 능력, 자신과 가족 및 학교에 대한 보다 긍정적인 감정을 가지는 능력, 스트레스에 잘 대처하여 다루어 나가는 능력, 고독감과 사회적 불안감을 덜 느끼는 능력 등을 포함한다.

감정통제 능력의 본체는 자기 자신과 타인의 감정에 예민할 수 있는 능력과 그런 예민성을 토대로 자신과 타인의 감정을 정확히 인지하는 능력을 통하여 이루어진다. 예컨대, 자기 자신이 화가 나 있다는 것을 인정하지 않고서는 화를 통제하거나 다스릴 수 없다. 또 주변 사람의 감정을 예민하게 파악하지 않고서는 그 사람의 감정을 고려해 자신의 행동을 통제하기가 어렵다.

감정조절은 삶에 있어 중요한 적응적 기능을 한다. 감정과 정서를 통제하고 조절할 줄 안다는 것은 곧 행동을 통제하고 조절할 줄 안다는 것이다. 자기의 감정을 조절하여 관리할 줄 아는 사람은 대체로 부정적 정서는 억제하고 긍정적 정서는 유지하거나 강화하려고 하며, 때때로 일어나는 부정적 정서는 긍정적 정서로 변화시키려는 노력을 하고자 한다. 감정조절은 적대적인 생각을 중단하고, 관심을 바꾸고, 명상을 하고, 과잉자극을 피하고, 자기 자신을 주장하는 등이 분노의 관리를 위해서 중요하며, 적응성을 높여 준다. 예컨대, 한 사람이 무척 화가 나 있다고 할 때 그 화를 그대로 발산해 버릴 수도 있고 화를 참고 조절해서 삭이거나 주위 사람들에게 피해를 주지 않는 방식으로 표출할 수도 있다. 또다른 예로, 어떤 사람이 세 끼를 굶어서 배가 무척 고픈 상태다. 그는 허기를 참지 못하고 남의 물건을 훔칠 수도 있고 허기를 참다가 기진하여 실신할 수도 있다.

이런 두 가지 예는 바로 감정과 정서의 통제가 곧 행동의 적응성과 부적응성을 결정하는 중요한 요소임을 보여 준다.[7)]

3) 자신의 감정을 생산적으로 이용하는 것(harnessing one's emotions productively)

자신의 감정을 생의 목적에 적합하도록 정렬시키는 능력으로 자기 자신에게 동기를 부여하는 능력이고, 어려움을 참아내고 자신의 성취를 위해 노력할 수 있는 능력을 말한다. 여기에는 보다 책임을 지는 능력, 현재 하고 있는 일에 집중하는 능력, 보다 인내심을 갖고 충동적이 아닌 사려적으로 일을 처리하는 능력, 희망과 낙천적 태도를 갖고 긍정적으로 생각하는 능력 등이 포함된다. 다시 말해 혼신의 힘을 다해 지치지 않고 열심히 일하며, 어떤 장애물이나 난관에 부딪혀도 좌절하지 않고 희망을 갖고 지속적으로 헤쳐 나갈 수 있는 힘이 정서지능의 한 요인이다. 이러한 능력이 많은 사람은 혼란스러운 상황에서도 보다 생산적이고 효율적으로 일을 한다.

인간은 성취 지향적 존재이므로 나름대로의 목표가 있는 행동을 할 수 있다. 지금 눈앞에 보이는 것을 당장 원하기보다는, 조금 참아서 더 큰 것을 구할 수 있다면 참고 기다려보겠다는 의지를 가질 수 있다. 당장의 만족을 얻으려는 욕구를 지연시킬 수 있기까지에는 자신이 현재 처한 상황에 대한 인지적 판단과 정서적 조절능력이 작용하게 된다. 가령, 그네를 빨리 타고 싶은데 줄 서 있는 친구들을 새치기할까, 차례를 지킬까?, 엄마 부탁대로 동생을 봐줄까, 친구들이랑 신나게 놀까? 등은 흔히 일어나는 일들이다. 이와 같은 상황에서 당장 떠오르는 생각대로

7) 사람들은 기분에 따라 잘 푸는 학습과제가 있고 못 푸는 학습과제가 있다. 다시 말하면 즐거울 때 잘 풀리는 문제가 있고 슬프거나 기분이 가라앉아 있을 때 잘 풀리는 문제가 있다. 대학생을 두 집단으로 나누었다. 한 집단에는 슬픈 영화를 보여주어 우울하고 슬픈 감정이 생기도록 했다. 다른 집단에는 즐겁고 유쾌한 기분을 자아내는 영화를 보여주었다. 영화를 보고 난 직후 두 집단 모두에게 ① 창의성이 요구되는 학습과제 ② 세밀하고 꼼꼼한 계산이 요구되는 학습과제를 동시에 풀도록 했다. 기대한 대로 기분에 따라 잘 풀고 못 푸는 학습과제의 유형이 나타났다. 즐거울 때 창의적 사고가 더 활성화되고 우울한 기분일 때 꼼꼼한 사고가 더 활성화되는 것으로 드러났다. 결국 EQ라는 조건이 학습의 성공과 실패에 상당한 영향력을 행사하는 것으로 밝혀진 것이다.

하기보다는, 어떻게 하는 것이 더 좋을까를 잠시 생각해 보는 가치판단의 기회를 가지고 정서를 안정시켜 행동을 결정하는 것이 자기동기화가 높은 아동이 될 수 있다.

4) 다른 사람의 감정을 읽을 줄 아는 것(empathy : reading other's emotions)

타인의 감정을 수용하는 능력, 타인의 감정에 민감해지는 능력, 타인의 말에 귀를 기울이는 능력 등을 가리킨다. 다른 사람이 느끼는 기분을 이해하고 그에 상응하는 정서적 경험을 하고 이를 표현하는 능력이 "사랑 기술"이다. 다른 사람의 감정을 읽을 줄 아는 능력을 공감 혹은 감정이입[8)]이라 하는데, 자신의 감정을 잘 표현하면 할수록 남의 감정도 잘 읽을 수 있다. 사랑 받고 자란 아동들이 남을 사랑하고 인정할 줄 아는데 비해 사랑받지 못한 아동들은 표정이 어둡고 표현하지도 않고 남을 사랑하지도 인정하지도 않는다.

감정이입은 다른 사람의 정서를 공유하여 타인이 느끼는 것을 공감하고 이해하는 능력이다. 공감적 이해력은 동정심과는 다르다. 동정심은 타인과 함께 느끼고 괴로워하며 연민의 감정을 교감하는 것이지만, 공감적 이해력은 스스로 타인의 입장이 되어 느낄 수 있는 능력이다. 다른 사람이 슬퍼할 때 함께 슬퍼하고, 행복해 할 때 함께 행복해 하는 사람은 그 사람에게 감정이입이 된 것이다.

5) 다른 사람과의 인간관계를 맺는 것(handing relationships)

다른 사람의 감정을 보다 바람직한 방향으로 변환하도록 하는 능력으로 이런

---

8) 공감(또는 감정이입 : empathy) : 다른 사람을 이해하고 그들의 감정을 공감하고자 하는 적극적인 노력은 귀중한 능력이며, 타인의 성숙을 도울 수 있는 전제조건이다. 또한, 공감능력은 감정을 인식, 평가하고 표현하고, 타인의 관점을 이해하며, 다른 사람의 감정을 정확히 이해하고, 타인의 감정에 대해 같거나 또는 적절한 형태의 감정을 경험한다. 공감은 이타적 행동의 동기가 되며, 감성지능을 나타내는 핵심적인 특성이다. 높은 수준의 공감능력과 감성지능을 가지고 행동하는 사람은 온정적인 대인관계를 형성할 수 있는 능력을 충분히 가지고 있다.

기술이 잘 발달된 사람들은 다른 사람과 부드럽게 교류하는 사회적 스타이다. 그들에게는 대인관계를 분석하고 이해하는 능력, 의견이 상충할 때 갈등을 협상하는 능력, 보다 능동적이고 적극적으로 의사소통을 하는 능력, 보다 사교적으로 되는 능력, 인기를 얻는 능력, 보다 관용적으로 타인을 대하는 능력, 집단에 보다 동조하는 능력, 민주적으로 일을 처리하는 능력 등이 존재한다.

다른 사람과 효과적으로 인간관계를 유지해 나가는 사회적 기술인 대인관계 능력이 없으면 세상을 살아가는 기술이 부족하며 인간관계에서 불행을 초래하게 된다. 대인관계 기술이 유능한 사람은 다른 사람과 관계를 맺고 그 관계를 계속적으로 유지하며, 사회적으로 바람직하다고 여겨지는 행동을 할 수 있는 사람이다. 인생의 방관사가 아니라, 타인들과 함께 세상살이에 적극적으로 참여하고 더불어 살아가는 능력이다. 타인과 훌륭한 관계를 유지하며, 이런 대인관계를 통하여 삶의 기쁨을 느끼고, 사람들과 함께 살아가는 능력이다. 첨단산업이 주종을 이루는 현대사회에서는 개인적 작업보다 다른 사람과의 협동 속에서 좋은 결과가 나타날 수 있다고 본다. 즉, 팀워크가 강조되는 시대인 것이다. 다른 사람의 기분을 무시하고 인간관계를 원만히 해 낼 수 없는 사람, 즉 정서지능이 낮은 사람은 팀워크가 강조되는 시대에 적응하기 어렵다.

5. 정서지능의 교육과 훈련

정서지능은 타고나는 것일까?, 얻어지는 것일까? Salovey 교수는 정서지능은 전적으로 타고나는 경향도 있지만 후천적 학습에 의해 얼마는지 좋은 방향으로 개발이 가능하다"고 강조한다. 우리는 유전적인 유산을 통해 우리의 기질을 결정하는 일련의 감성적 특질을 부여받는다. 하지만 이 특질에 관계하는 두뇌 회로는 대단한 유연성을 지니고 있어 우리의 기질은 변화할 수 있다. 따라서 정서지능은 학습이 가능하다.

가정은 정서지능에 관한 최초이자 최고로 중요한 학습의 장이다. 정서지능의 학습은 아주 어린 시절부터 시작되어 아동 시절 내내 계속된다. 특히 생후 3~4세까지는 핵심적인 학습, 즉 정서적인 학습이 어느 때보다 빨리 이루어진다. Erikson(1963)에 의하면, 인간이 태어나 이 세상에 대해 신뢰감을 형성하고 죄의식이나 수치심과 같은 정서의 기반을 학령기 이전에 형성한다. 그는, 초기 아동기에 부모와의 관계에서 겪는 경험, 특히 애착관계의 형성과 독립적인 정체성의 확립과 관련된 경험, 주요 대상으로서의 부모의 반응은 자녀의 정서적 특성에 영향을 미쳐, 그때 형성된 정서적 형태와 틀은 그의 일생을 결정한다고 하였다. 부모가 그들간의 감정을 다루는 방식과, 자녀들과 직접 상호작용할 때의 형식 모두를 자녀들은 빠짐없이 배우게 되고 이것은 그들의 정서 생활에 깊고도 지속적인 결과를 가져온다. 감성적 성숙성을 갖춘, 정서지능이 높은 부모에게서 양육받은 아이들은 자신의 감정을 잘 관리하고 혼란스러움을 효율적으로 진정시킬 뿐 아니라 혼란을 느끼는 일도 별로 없는 것으로 나타났다. 이런 아이들일수록 사회적 능력도 뛰어나며 인지적인 측면으로까지 확대된다.

보다 구체적인 감성교육 방법을 몇 가지 이야기한다면, 우선 아이들의 감정을 그대로 인정하고 받아주어야 한다는 것이다. 아이들이 느끼는 감정은 성인들의 감정에 비해 꾸밈이 없는 그대로의 것이다. 성인의 방식에 맞추어서 '그까짓 것을 가지고 울긴 왜 울어!'라고 야단치는 것은 옳지 못하다. 아이들이 슬퍼 울고 있다면 일단 아이의 그러한 감정은 인정해 주고 지나치다 생각된다면 그 자리에서 아이가 어떻게 표현을 해야 할지에 대해 가르쳐 주는 것이 옳다.

또한 충동적인 욕구를 참을 수 있는 연습을 시킬 필요가 있다.[9] 자신의 욕구가 채워지지 않아 떼를 쓰거나 과도한 행동을 보이는 경우 행동수정에서 사용하는 '소멸'을 사용하여 관심을 주지 않고 무시함으로써 바꾸어 줄 수 있을 것이다.

화나 분노를 조절할 수 있는 능력을 길러 주어야 한다. 화나 분노는 아이들에게 중요한 정서이다. 실제 성인들의 경우에도 한순간의 분노 때문에 일을 완전히

---

9) 공부만 잘하면 무엇이든지 해준다 라는 가정교육 풍토는 고쳐져야 한다. 경제적으로 풍요해짐에 따라 우리 아이들은 아쉬운 것이 없다. 무엇이든 손만 뻗으면 닿는 곳에 있는 환경 속에서 아이들은 참을성을 가질 수 없다. 아끼고 저축하여 큰 것을 얻는 기쁨, 스스로 무언가를 만들어 보는 기쁨을 알게 하여 충동 조절력을 키워 주어야 한다. 아이들이 싫어하고 귀찮아하는 일을 무조건 시키지 않는 부모 아래 자라면 아이는 자신의 부정적 정서를 조절할 능력을 잃는다. 어려운 것, 귀찮은 것도 하면 보람과 즐거움이 온다는 것을 경험시켜야 한다.

망쳐버리는 경우를 주위에서 어렵지 않게 찾아볼 수 있다. 이러한 능력은 성인이 된 다음에는 이미 고착화되어 바뀌기가 어렵다. 유아들이 화나 분노를 보다 부드러운 방식으로 표현할 수 있도록 가르쳐야 한다.

상대방의 입장을 바꾸어 생각하는 습관도 길러 주어야 한다. 이는 말처럼 쉬운 일은 아니나 늘 인간관계에서의 문제는 서로의 입장만을 고집하기 때문에 생겨나는 경우가 대부분이다. 아이들에게도 이와 같은 훈련은 중요하다. 간단한 역할놀이를 통해 상대방의 입장이 되어 보는 것도 좋은 방법 중의 하나일 것이다.

정서능력 교육은 가정에서 부모의 역할도 중요하지만 학교나 유치원과 같은 교육기관에서도 체계적으로 가르칠 필요가 있다. 여기서 미국의 캘리포니아 주에 위치한 누에바스쿨(Nueva Sch-ool)에서 시행하고 있는 정서교육 프로그램을 간단히 소개해 본다. 정서교육을 하나의 교과로 하여 학교에서 가르치는 곳으로 Goleman이 자신의 저서인 「정서지능」에서도 이미 소개된 바가 있다. 이 학교는 영재학교로서 교과활동의 일환으로 자기과학(self-science)이라는 이름의 교과목을 통해 1960년대부터 아이들에게 정서교육을 실시해 왔다. 이 학교의 교실에는 감정의 신호등이라 해서 빨강, 노랑, 파란색 신호등 그림이 그려져 있다. 신호등은 아이들에게 정서의 길잡이 역할을 한다. 예를 들어, 아이들이 몹시 화가나 있을 때 우선 빨간 신호등을 보며 자신의 격앙된 감정을 일단 멈추도록 하고, 노란 신호등을 보며 잠시동안 지금의 감정을 보다 적절하게 표현할 다른 방법을 생각하도록 하고, 마지막으로 파란 신호등을 보며 방금 결정한 방법대로 감정을 표현하도록 한다.

또다른 예로서, 이 학교에서는 수업에 앞서 출석을 부를 때 아이들이 자신의 이름이 불리어지게 되면, '네!'라는 대답 대신 1부터 9까지의 숫자로 대답을 한다 여기서 1은 기분이 극도로 안 좋은 상태라는 뜻이며, 9는 기분이 최상의 상태임을 말한다. 이러한 방법을 통해 아이들이 자신의 감정 수준을 보다 정확하게 이해하고 이를 타인에게 알리게 함으로써 서로의 감정을 더욱 손상시키지 않도록, 또는 격려해 줄 수 있도록 하고 있다. 이 학교의 정서교육 프로그램에서 가르치는 주 내용을 보면 다음과 같다.

- 자신의 감정을 인식하는 능력
- 자신의 결정을 지배하는 것이 사고인지 감정인지 판단하는 능력
- 불안, 분노, 슬픔을 다루는 능력
- 스트레스 처리능력
- 타인의 감정을 이해하고 느끼는 방식의 차이를 이해하는 능력
- 감정의 효과적인 표현 능력(효과적인 경청자와 질문자가 되는 훈련)
- 협력과 갈등을 해결하는 기술, 즉 타협을 유도하는 능력

정서지능은 감정을 참거나 부풀리는 능력이기 때문에 얼마든지 그 자신이 통제할 수가 있고, 후천적인 학습에 의해 얼마든지 좋은 방향으로 개발이 가능하다. 탁구나 농구를 자주 하게 되면 실력이 느는 것처럼 감정과 정서를 이용하고 통제하여 약하게 또는 강하게 하는 연습을 하게 되면 감정과 정서를 활용하는 기술이 늘어난다. 결국 감정과 정서를 통제해 본 경험이 많은 사람일수록 감정통제를 더 잘 할 가능성이 높다. 따라서 생생한 삶 속의 대인관계를 통해서 가장 잘 개발된다. 자기 집에서만 살아본 사람보다 집을 떠나 남의 집에서도 살아본 사람의 정서지능이 높다. 집을 떠나서 남의 집이나 기숙사, 병영 등에서 살아본 사람은 아무래도 타인과의 감정교류 경험이 많기 때문이다. 정서지능 개발의 원리는 우리들에게 많은 교훈을 준다. 자녀들을 장난감, 비디오게임, 인형만으로 키우지 말라는 것이다. 감정의 발산만이 가능한 일방적인 게임상황에 자녀를 방치하지 말고 동년배 친구, 어른들과 자주 어울리게 하여 사람 속에서 진한 감정적 경험을 많이 하도록 해야 한다는 교훈이다.

또한, 긍정적 태도를 기르는 경험이 중요하다. 정서지능의 주요 구성 요소인 낙관성 척도 검사(미국의 한 기업의 심리학자인 Seligman에게 의뢰하여 제작) 결과에 의하면 낙관성 점수가 낮은 사람인 경우, 즉 비관적인 성향이 강한 사람은 하나의 좌절을 겪게 될 때 그 좌절을 영구적인 것으로 받아들인다. 반면 낙관성 점수가 높은 사람인 경우, 즉 인생에 대해서 낙관적인 견해를 가진 사람은 그 좌절 상황을 일시적인 것이라고 생각하고 인내하며 잘 극복해 낸다.[10] 모든 상황이

10) 이 실험은 생명보험회사에서 신입 사원을 대상으로 이루어졌다. 이 회사는 80년대 중반

나 사물에는 이중적인 측면이 있다. 가능하다면 긍정적인 측면을 언급하고, 사물의 기능적인 면을 살려 주도록 한다.

6. 정서지능의 측정방법 및 문제점

많은 사람들은 정서지능에 관심을 가지고 있다. 정서지능이라는 개념은 이른바 EQ라고 소개되고 있으며 각종 학습지, 교육 프로그램 등의 홍보에 EQ라는 용어가 범람하고 있다. 이는 정서지능을 측정하는 방법에 대해서도 많은 관심을 갖게 하고 있다. 기업가가 IQ가 높은 개인보다는 EQ가 우수한 사람을 채용하기를 원할 때, 교육자가 정서지능이 부족한 아동을 조기에 발견하고자 할 때, 그리고 임상 장면에서 부적응 행동을 실제 정서지능의 부족에서 오는지 어떤지 진단하고자 할 때, 정확한 측정도구는 필요 불가결한 것이다. 또한 정서지능을 어떻게 높일 수 있는가에 대한 교육적 노력은 결국 현재의 정서지능 수준을 파악하는 일이 선행되어야 한다고 할 수 있기 때문에 정서지능 수준을 측정하는 신뢰롭고 타당한 도구의 필요성은 절실하다고 할 수 있다. 하지만 불행히도 아직까지 IQ를 재는 지능검사만큼 신뢰롭고 타당한 EQ검사가 개발되지 못했다. 이는 감성지능이 포함하고 있는 모든 요소들을 종합적으로 측정할 수 있는 검사도구가 없을 뿐

매년 5천 명의 세일즈맨을 채용하였는데 1인당 교육 비용으로 3만 달러 이상이 들었다. 그러나 교육을 마친 후 업무 개시 첫해에 절반 이상이, 그리고 4년 이내에 5분의 4가 회사를 그만두었다. 똑똑하고 뛰어난 능력을 가졌지만 대인관계에 문전박대를 당하면 쉽게 좌절했기 때문이었다. 보험 세일즈를 하다가 한 서너 사람한테 거절을 당하면 좌절감과 허탈감, 불만이 쌓이게 되고 결국 퇴사하게 된 것이다. 고심 끝에 이 회사에서는 좌절감을 잘 처리하고 거절당하는 일을 좌절이 아닌 도전으로 받아들이는 능력이 업무 능력에 더 큰 영향을 미친다는 사실에 착안하였다. 그 회사는 신입 사원에게 낙관성 척도 검사를 실시하였다. 그래서 면접 시험에서 탈락된 사람이라도 낙관성 척도 검사에서 높은 점수를 받은 사람이면 채용했다. 1년 후, 낙관성 검사에서 높은 점수를 받은 이들은 한 사람도 탈락하지 않았다. 뿐만 아니라 영업 실적면에서도 비관론자보다 21퍼센트나 업무 향상을 보였다. 그리고 다음 해에는 57퍼센트로 발전시켰다. 이처럼 인생을 낙관적으로 보는 태도 여하가 성공이냐 실패냐 하는 결과의 커다란 차이를 나타낸다. 대개 낙관주의자는 실패했을 때 그 원인을 극복할 수 없는 선천적인 약점에 두지 않는다. 자신이 변화시킬 수 있는 무언가에서 찾는다. 그러한 관점 속에서 실패의 원인은 해결되고 자신감은 강화된다(문용린/글이랑-EQ가 높으면 성공이 보인다).

아니라 감성을 측정하기 위해 아직 해결되지 않은 여러 가지 문제들이 존재하기 때문이다.

먼저 EQ에 대한 개념의 태생적 모호성이다. EQ라는 개념은 Emotional Quotient의 약자로 Time지가 Goleman의 저서를 소개하면서 IQ에 대응하여 정서지능을 설명하기 위해 만들어낸 개념이며 Goleman 자신이 사용한 개념이 아니다. 1995년 정서지능이 매스컴을 통해 처음 소개된 이후 많은 신문이나 잡지, 서적에 소개하고 있는 각종 정서지능 검사들은 대부분 학술적인 검증을 거치지 않은 채 일반인들의 궁금증을 풀어주기 위해 제작된 것들이라 할 수 있다. 「정서지능(Emotional Intelligence)」라는 책의 저자로 널리 알려진 Goleman이 직접 제작하여 잡지에 공개되었던 정서지능검사 역시 정서지능을 측정하는 방법에 관한 수많은 독자들의 문의에 답하기 위해 간단히 만들어본 검사일 뿐 그 신뢰성이나 타당성에 대한 검증은 거치지 않은 것이다. 현재 나와 있는 많은 정서지능 검사들은 바로 Goleman의 이러한 '가상적' 검사문항을 모방한 것들이다. 그리고 정서지능이라는 것이 EQ라는 개념 하에 명백히 수치로 표현되는 것처럼 알려지고 있는데, 정서지능이라는 것이 과연 측정될 수 있는지는 아직도 논란이 되고 있는 상황이다. 즉, 어떠한 식으로 정서 지능을 측정해야 하며 측정한다고 해도 정확하게 수치로 표현될 수 있는 것인지에 대해서는 쉽게 판단할 수 없다.

정서지능검사 개발을 위한 가장 큰 어려움은 검사의 본질적 성격을 결정하는데 있다. 이는 정서를 능력으로 볼 것이냐 성향으로 볼 것이냐의 문제에서 시작한다고 볼 수 있다. 만일 감성을 성격이나 흥미검사처럼 개인의 특성이나 성향을 측정하는 것으로 본다면 자기보고방식에 따라 측정할 수 있을 것이다. 하지만 정서지능을 자기보고방식으로 만든다면 검사결과를 본인이 원하는 대로 높은 점수를 얻을 수 있다는 문제점이 있다. 만일 지능검사의 문항이 '나는 똑똑하다고 생각한다', '나는 수학문제를 잘 푼다'와 같은 내용에 대해 '그렇다'거나 '그렇지 않다거나'하는 식의 답을 통해 측정되어지는 것이라면 과연 그 검사결과로 나온 지능지수를 얼만큼이나 믿을 수 있을 것인가? 최근 Salovey와 Mayer 교수에 의해 개발된 Trait-Meta-Mood Scale이란 검사도구 역시 자기보고방식의 검사로서 정서지능의 일부를 측정하고 있다. 이 척도는 3개의 하위척도를 포함하고 있는데, 그 중 하나의 요인은 자신의 정서에 대한 집중 정도를 재고 있다. 두 번째는 자신의 감정에 대해 얼마나 명확하게 의식하고 있는가를 측정하고 있으며, 세 번째 요인은 자신의 부정적 정서에서 얼마나 빨리 회복될 수 있는 가이다.

한편, 정서를 하나의 능력으로 보고 지능검사나 학력검사처럼 능력검사로 만든다면 또다른 문제점을 갖게 된다. 왜냐하면 인간의 정서나 감정에 있어 정답이 존재할 수 있다는 것 자체가 문제가 될 수 있기 때문이다. 설사 정답이 있다 할지라도 지능검사와는 달리 문화나 사회적 환경에 따라 정답이 다를 수도 있기 때문이다.

요약하면, 정서지능은 기존의 지능검사에서 사용하는 지능지수(IQ)처럼 단일의 지수로 표현되기에는 아직도 해결해야 할 여러 가지 심리측정학적 문제들이 남아 있다. 따라서 EQ라는 개념이 이미 일반인들에게 널리 알려져 있지만, 사실 아직 EQ란 존재하지 않는 지수이다. 특히 유아들의 감성수준을 판단하기란 성인들에 비해 더 힘들다. 유아들은 한창 발달이 진행 중이라서 변화 가능성이 크기 때문에 감성지능의 정확한 수준을 파악한다는 것이 어렵다. 그리고 유아의 감성수준은 수치만으로 높고 낮음을 판단하기보다는 발달상 앞서가는지 지체되었는지를 비교하는 것이 더 적합할 것이다.

현재로서 정서지능의 수준을 평가하기 위한 최선의 방법은 아이들의 행동을 직접 관찰하는 방법이다. 아이들이 갈등장면이나 문제상황을 유심히 관찰하면 아이의 감성 수준을 보다 자세히 파악할 수 있다. 예를 들어, 다른 아이들이 다쳤을 때나 집안의 식구가 아플 때 어떤 반응을 보이는지, 다른 사람의 얼굴 표정을 보고 그 사람의 기분 상태를 잘 알아차리는지, 자신의 욕구가 거절이나 좌절되었을 때 어떤 방식으로 감정을 표현하는지, 가족들이나 친구들에게 화가 났을 때 어떤 표정과 행동을 보이는지 등 일상생활의 다양한 장면에서 아이의 감성적 상태를 파악할 수 있을 것이다. 현재 많은 학자들이 감성지능을 측정하기 위한 도구를 개발 중에 있다. 하지만 훌륭한 EQ검사도구가 개발된다 할지라도 검사도구가 지니는 심리측정학적 오차는 배제될 수 없기 때문에 그 검사결과 하나만을 절대적으로 믿어서는 안 되며 실제 관찰결과와의 일관성을 확인함으로써 최종적으로 판단해야 한다.

또한 EQ가 IQ를 대체할 수 있는 개념으로 오해하는 사람들이 있으나 이는 잘못된 생각이다. 훌륭한 EQ검사가 개발된다고 해서 더 이상 IQ검사가 사용되지 않는다거나 중요하지 않다는 말이 아니다. 또한 정서지능과 지능은 서로 상반되는 것이 아니다. 정서란 인지적 활동과 후속 행동을 구성하고 조직해 주는 것으로서 지능의 반대편에 놓여지는 것이 아니라 서로 다른 차원에서 존재한다고 할 수 있다. 정서는 분명 지능과는 독립적으로 존재하면서 인간의 지적 능력이나 문제해결 능력에 영향을 미치는 중요한 요인인 것이다. 한편, 간혹 정서지능이 높으면 보다 도덕적일 것이라 잘못 생각하기도 한다. 정서지능과 도덕성은 지능과 도덕성과의 관계처럼 서로 관련이 없다. 정서지능이 뛰어나다 해서 보다 도덕적이라 할 수 없다는 것이다. 지능이 높지만 간혹 그 지능을 잘못 사용하면 비도덕적이거나 비윤리적인 범죄를 교묘히 행할 수 있는 것처럼 높은 정서지능을 이용해 다른 사람을 교묘히 속이거나 나쁘게 사용될 수도 있기 때문이다.

현시점에서 정확히 이야기할 수 있는 것은 감성지능은 IQ 못지않게 사회적 성공과 실패를 좌우하는 중요한 개인의 능력 또는 특성이라는 것과 개인의 감성은 훈련과 연습 그리고 교육을 통해 계발이 가능하다는 것, 그리고 현재로서 감성을 신뢰롭고 타당하게 측정할 수 있는 도구는 아직 없다는 사실이다.

참고 문헌

김성수 · 이영훈(2002). 감성지능의 이해와 측정. www.educlick.co.kr(심리검사).

권석만 등(1996). 심리학개론. 박영사.

권석만 (1997). 인간관계 심리학. 학지사.

김언주(1996). EQ의 교육적함의. 충남대학교 교수세미나. 1996.

김창대(2000). 감성지능 교육프로그램 개발. 계명대학교.

문용린(1997). 도덕지수- 옳고 바른행동지향 양심. 경향신문. 1997-02-13.

______(1997). 학습과의 관계.경향신문, 1997-02-27.

______(1997). 심리적 충격. 경향신문. 1997-03-06.

______(1997). 스트레스와 관계. 경향신문. 1997-03-13.

______(1997). 감정과 정서. 경향신문. 1997-03-27.

______(1997). 뇌물과 저항력. 경향신문. 1997-04-03.

______(1997). 다양한 삶의 체험통해 감정교류 유도. 경향신문. 1997-05-28.

______(1997). EQ 길러주는 3가지 교육전략 -연령 · 상황따라 융통성있게 활용-. 1997-6-12.

박아청(1985). 현대의 교육심리학. 학문사. pp. 206-218(지적 능력의 의의)

원종철(1999). 감성의 본질과 학습, 그리고 교육적 적용. 교육학연구. Vol. 37, No. 3, pp. 173-199.

이군현(1990). 교육심리학. 박영사.

이규태(1995). 심정지수. 조선일보. 1995-10-26.

이성진(1996). 교육심리학 서설. 교육과학사.

이옥형(1997). 아동발달. 집문당.

이해성(1990). 한국사회와 교육갈등 -지능검사의 문화적 편파성-. 양서원.

이형득(1982). 인간관계 훈련의 실제. 중앙적성출판사.

임규혁(1996). 교육심리학. 학지사.

서혜정(1997). EQ는 만능지수가 아니다. 한국교육신문. 1997-3-19.

장현갑 · 강성군(1996). 스트레스와 정신건강. pp. 13-58(정서지능 : 인간이해의 새로운 관점). 학지사.

정종진(1996). 감성지능(EQ)이란 무엇인가 -인간이해의 새로운 도전-. 교육개발, 1996, 11(통권 104호), 한국교육개발원.

중앙일보(1995). 말의 지능 IQ 70-80, 1995-7-19.

중앙일보(1996). 아이디어로 산다. IQ에 도전하는 셀로비의 EQ. 1996-11-27.-황세희 · 홍혜걸 전문기자-

한국경제신문(1996). 감성지수시대. 1996-1-10. 한국경제신문.

Gagné, R. R.(1977). The Conditions of Learning. 3rd ed. New York : Holt, Rinehart and Winston.

Gardner, H.(1983). Frames of Mind : The theory of multiple intelligence. New York : Basic Books.

Goleman, D.(1995). Emotional Intelligence. NY : Scientific American Inc.

Sternberg, R. J.(1985). Beyond IQ : A triarchic theory of human intelligence. NY : Cambridge University Press.

A. Ellenson, 주삼환 · 명제창 역 (1982) 인간관계론. 법문사.

M. Buber. 표재명 역(1977). 나와 너(I and Thou).

Gardner, H. (1983). Frames of mind. NY : Basic Books.

Goleman, D. (1995). Beyond IQ.., Education Week, 09-27-1995. 48.

Salovey, P., & Mayer, J.(1990). Emotional Intelligence. Imangination, cognition, and personality, 9(3), 185-211.

제 6 장

창의력 향상을 위한 교육방법

한 180년만년 전의 일이다. 어느 날 한 원시인이 무심코 돌덩어리를 만져보다가 문득 그것으로 돌토끼, 돌칼을 만들어 볼 생각을 했다. 그리고 실제로 만들어냈다. 그것은 인간 최초의 창의(創意)고 창조(創造)였다. 어떻게 해서 그런 희한한 생각을 하게 되었는지는 일단 차치하고, 엄청난 결과를 가져왔다는 사실에 우리는 주목해야 한다. 그것은 인간이 만물의 영장(靈長)이 되는 시발점이 되었기 때문이다.

그 때까지 원시인은, 약 400만년 전에 태어났다지만, 그 신체 구조상 다른 짐승들에 비해서 공격력도 방어력도 약해서, 표범이나 늑대가 나타나면 도망다니기에 바빴을 것이다. 그러나 이제 새로 만들어낸 돌도끼, 돌칼, 돌창, 돌화살은 거의 모든 동물에 대한 정복력(征服力)을 인간에게 제공했다. 뿐만 아니라, 돌도끼로 나무를 잘라서 집도 만들고, 돌칼로 다른 여러 가지 정교한 '연장'들도 만들 수 있게 되었다. 인간의 창의, 창조의 역사가 시작된 것이다.

실용적인 물건만이 아니다. 어떤 동기에서건 간에 그림도 '만들었고,' 조각도 만들었으며, 노래와 춤도 만들었다. 3만년 전 것이라는 동굴 암벽의 동물 벽화는 현대 화가의 솜씨 못지않게 예술적이고 생동감이 넘친다. 인류가 탄생한 후 축적해 온 그 모든 찬란한 문화문명, 그 회화, 음악, 법, 제반제도, 그 의식(儀式), 신화, 종교, 사상 등은 모두 다 사람들의 창의, 창조의 산물인 것이다.

- 정범모(2001). 창의력 – 그 심리, 인물, 사회- 교육과학사.

1. 창의력의 의미와 중요성

많은 사람들이 창의성(창의력)을 이야기하고 있다. 창의력이란 말은 이미 위대한 예술이나 발명의 울타리를 벗어나 기업, 정부, 스포츠, 학문연구 등 광범위한 영역에서 다양하게 사용되고 있다. 그것은 사회, 경제적인 변화, 세계화 및 기술발달 등이 우리에게 더 나은 아이디어와 해결책을 요구하고 있기 때문이며 그런 능력이 있어야 변화에 적응하고 변화를 주도하는 경쟁력을 가질 수 있기 때문일 것이다. 미래를 생각하고 지식사회를 말하는 많은 논의의 핵심에는 창의력에 대한 이미지가 자리하고 있는 것 같이 보인다. 창의성에 대한 관심과 수요가 급격하게 증가함에 따라 창의성을 개발, 교육하는 문제가 핵심과제의 하나로 떠오르게 되었다.[1)]

창의력(creativity)의 사전적 정의는 새로 의견을 생각해 내는 힘이라고 되어 있으며, 창의성의 본질은 사물을 새로운 관점에서 파악하고 예기치 못했던 관련성을 이해하는 것이다. 창의성이란 "새로운 생각이나 사물을 만들어 내는 것"으로 소수의 사람만이 지니는 선천적인 특성이 아니라, 인간이 가지고 있는 보편적인 특성이다. 즉, 일상생활에서 일어나는 여러 가지 문제를 새롭고 특유한 방법으로 해결해 가는 활동을 의미한다.

그러나, 창의성이 상상력, 독창성, 확산적 사고[2)], 창조성, 발명, 직관, 모험적 사고, 창출, 탐구, 창안, 신기성(novelty), 그리고 영재성과 큰 구분 없이 쓰이면서, 창의성의 개념을 영재, 혹은 뛰어난 IQ를 가진 아이를 뜻하는 것으로 잘못 인식하

---

1) 김영채(2001). 창의적 성격특성. 교육학연구. 2001. Vol. 39, No. 1, pp. 1-24.

2) 확산적 사고(divergent thinking)란 문제상황에서 어느 하나의 해결방법이 있다고 생각하지 않고 가능한 모든 해결방법을 찾아내는 사고 능력이다. 수렴적 사고가 엄격한 제한 내에서 정해진 답을 집중적으로 찾는 것이라면, 확산적 사고는 제한 없이 자유롭게 개방된 상태에서 응답을 다양하게 찾는 사고과정이다. 즉, 확산적 사고를 하는 사람은 옳은 답을 찾는 대신에 모든 가능성을 발전시켜서 평가될 수 있거나 조합될 수 있는 여러 가지 해결책을 찾는다. Guilford는 창의력이 학업성취 능력이나 수렴적 사고 능력과는 다른 지적 능력으로서, 지능검사에서 측정되지 않는 가치 있는 지적 능력, 곧 확산적 사고의 결과로 평가되어야 한다고 주장하였다. 수렴적 사고는 이미 배운 것을 재생하고 알고 있는 도식을 새로운 환경에 기계적으로 적용하는 것이 특징이다. 반면에 확산적 사고는 민첩성, 융통성 그리고 독창성과 같은 요소를 포함하고 있고, 특히 많은 새로운 아이디어를 산출하는 것이 특징이다.

는 경우도 있다.

창의성은 좁은 뜻으로는 음악, 미술, 과학 및 건축과 같은 특수한 분야에서 독창성이 뛰어난 사람들의 능력, 즉 특정 분야에서의 특정인만이 탁월하게 지니고 있는 희소가치로서의 창의적 재능(creative talent)만을 의미한다. 반면에 넓은 의미로는 창의적 잠재능력은 인간 모두가 갖고 있는 보편적 능력이며 특성이다. 즉, 창의성이란 평범한 것 이상의 놀랄만한 새로운 발명이나 생산적 사고(productive thinking)와 착상 및 독창적인 사고 등을 포함하는 고차원적인 사고능력만을 의미하는 것이 아니라, 일상 생활에서 당면하는 여러 사태나 문제를 새롭고 특유한 방식으로 해결해 나가는 활동을 의미하기도 한다.

창의성은 몇몇 천재의 발명이나 기인의 도술이 아니다. 창의성은 누구나 다 가지고 있고 기를 수 있는 특성이다. 에디슨은 학교생활에 적응하지 못하여 결국 학교를 그만 두고 나온다. 그가 보이는 엉뚱한 행동과 착상을 교사와 친구들은 바보로 낙인 찍었다. 그러나, 에디슨이 보이는 엉뚱한 생각이 값어치 있는 놀라운 생각이자 능력이라는 것을 부모는 잘 알고 있었다. 그래서 어머니는 엉뚱한 생각을 오히려 격려했다.[3)]

세상에는 항상 기발하고 새로운[4)] 아이디어를 제시해서 다른 사람들을 놀라게 하는 사람이 있는 반면, 지적인 능력은 그 사람과 비슷하면서도 전혀 새로운 아이디어를 제시하지 못하는 사람도 있다. 아리스토텔레스 이후 오늘날까지, 논리적 사고는 인간의 두뇌(마음)를 효과적으로 사용하는 사고방법으로 인정되어 왔다. 그러나 보통 새로 제시된 아이디어는 애매한 경우가 많기 때문에, 반드시 논리적 사고 과정을 거쳐야 새로운 아이디이가 창인될 수 있다는 말은 성립되지 않는다.

전통적인 논리적 사고를 수직적 사고(vertical thinking)라고 칭하고 새로운 사고방법을 수평적 사고(lateral thinking)[5)]라고 칭한다. 수직적 사고에서는 논리

---

3) 창의력의 개념에 대해 강치원 교수(강원대 사학)는 다윈의 진화론에 의하면 기린이 목이 긴 이유는 획득형질이 유전된 게 아니라 돌연변이가 자연환경에 더 적응하면서 살아남은 데 있다. 창의력이란 이 돌연변이와 같은 것이다.라고 설명했다.

4) 창의성에 대한 다양한 정의나 의미들 가운데 가장 공통적이며 핵심적인 것은 새로움(newness)이다. 이 새로움은 사람에 따라서 독특성, 진기성, 독창성, 유일무이성, 참신성, 비범성, 특이성, 이상성 등으로 부른다.

5) 서양학문은 확실성의 신화 속에서 성장했다. 확실한 것만을 추구하고 불확실한 것은 무조건 배제하는 것이었다. 논리학과 과학이 환대를 받았던 것도 따지고 보면 그 때문이다. 그러나

가 인간의 두뇌를 조정하지만 수평적 사고에서는 두뇌가 논리를 지배한다. 따라서, 인간의 사고를 넓은 의미에서 이해해야 한다. 수직적 사고란 논리학을 중심으로 전개되어 온 서구의 전통적 사고방식을 말한다. 수직적 사고는 이미 정해진 시각과 절차에 따라 빈틈없이 문제를 살피는 장점은 있지만 새로운 시각에서 문제를 볼 수 있는 능력은 전혀 길러 주지 못한다.[6)]

수평적 사고는 문제해결은 물론이고 사물을 새로운 시각에서 본다든가 새로운 아이디어를 창조해낸다는 점에서 수직적 사고와는 근본적으로 구분된다. 수평적

1%의 확실성과 99%의 불확실성이 지배하는 현대세계에서 논리학과 과학에 기대어 확실성의 영역만을 고수하기에는 나머지 99%의 영역이 너무나 광활하다. 오히려 불확실성을 정면 돌파하는 노력이야말로 진정 창조적이고자 하는 자가 맡아야 할 과제다. 수평적 사고(lateral thinking)와 퍼지식 사고(fuzzy thinking)는 바로 이 불확실성을 공략할 수 있는 최첨단 무기들로 관심을 끌고 있다. 그리고 국제 경쟁력을 높이는데는 논리적 사고보다 창의적 사고가 더 중요하다는 인식이 그 배경에 놓여 있다.

수직적 사고에서는 논리가 인간의 두뇌를 조정하지만 수평적 사고에서는 두뇌가 논리를 지배한다며 인간의 사고를 넓은 의미에서 이해할 것을 요구한다. 수직적 사고란 따라서 논리학을 중심으로 전개돼 온 서구의 전통적 사고이다. 수직적 사고는 이미 정해진 시각과 절차에 따라 빈틈없이 문제를 살피는 장점은 있지만 새로운 시각에서 문제를 볼 수 있는 능력은 전혀 길러 주지 못한다. 수평적 사고는 문제해결은 물론이고 사물을 새로운 시각에서 본다든가 새로운 아이디어를 창조해낸다는 점에서 수직적 사고와는 근본적으로 구분된다. 수평적 사고란, Edward de Bono 박사가 고안한 방법으로 불가능하다고 생각되는 기존의 개념을 완전히 바꿔 아무리 어려운 문제도 해결할 수 있다는 자신감으로 전환시키는 사고방식이다. 그가 개발한 CoRT(Cognitive Research Trust) 프로그램이 제시하는 창의성 계발을 위한 수평적 사고 방법은 다음과 같다.

① 어떤 아이디어에 대해 YES, NO 식의 이분법적인 판단에서 벗어나 여러 측면들을 골고루 살펴본다.
② 기존 아이디어를 새로운 아이디어를 얻는 수단으로 이용한다.
③ 새 아이디어를 얻기 위해 문제와 관련 없는 아이디어를 이용한다.
④ 기존의 사상이나 개념을 당연하게 받아들이지 말고 의심하고 도전함으로써 새 아이디어를 창출한다.
⑤ 문제 상황에서 가장 중요한 지배적 아이디어를 찾아내 그 아이디어에서 벗어남으로써 새 아이디어를 얻는다.
⑥ 새로운 아이디어는 문제를 정확하게 규정함으로써 생성할 수 있음을 이해하는 습관을 기른다.
⑦ 기존의 아이디어에서 잘못을 찾아내 제거하거나 부족한 부분을 보충함으로써 아이디어를 착상한다.
⑧ 2개 이상의 기존의 아이디어를 결합해서 새 아이디어를 만든다.
⑨ 어떤 문제가 요구하는 조건을 규명하여 그 조건을 충족시키는 아이디어를 창안한다.
⑩ 어떤 아이디어의 장점과 단점이 무엇인지, 그리고 필수적 요건을 갖추고 있는지를 따져보는 습관을 기른다.

6) Edward de Bono, 1986 : 전영길 · 이영만, 1994.

사고는 새롭거나 신비로운 것이 아니며, 단순히 인간의 두뇌를 지금까지와는 다른 창의적인 방식으로 사용하는 것 뿐이다. 새 수학(New Math)에서는 두뇌의 유연성을 매우 강조하는 데, 이는 학생에게 여러 가지 다양한 관점에서 문제를 보도록 자극을 주며, 또 정답을 구하는 방법이 여러 가지가 있음을 인정한다. 수평적 사고는 어떤 문제의 해결 뿐만 아니라, 사물을 새로운 시각에서 본다든가 새로운 아이디어를 창조하는 것과도 깊은 관련이 있다. 이렇게 볼 때 수평적 사고는 넓은 의미의 창의성이라고 할 수 있는데 전통적인 학교교육은 시험제도라는 굴레에 얽매여 수평적 사고를 억압하는 결과를 초래하고 있다.

창의력은 인간의 지적(知的) 자산 중에서 가장 중요한 항목으로 인식되고 있다.[7] 여기에서 우리는 창의적인 사람, 창의성을 가진 인간, 창의적으로 사고하고 창의적인 태도를 가지고 일할 수 있는 인간을 왜 길러내야 하며, 어떻게 하면 길러낼 수 있는지를 검토할 필요가 있다.

현대사회는 그 어느 때보다도 창의적인 사람이 필요하다. 창의력과 같은 고등정신 능력의 계발은 기술고도화, 정보화, 국제화, 대중 사회화의 추세에 적합한 새로운 사회제도를 창안해내는 데 절실하다. 창의성의 계발육성은 사회의 발전을 위해서 필요할 뿐 아니라, 그 사회(국가)의 생존을 위해서도 필요한 과제이다.[8] 한편의 수익금이 1년 동안 자동차 1백 50만대를 수출해서 벌어들인 7천여억원과 비슷하다는 이야기는 창의력 이데올로기에 불을 붙였다. 따라서 학교에서나 가정에서 아동들이 갖고 있는 잠재적인 창의력을 촉진시키는 일은 중요하다.[9] 주입식 방법을

7) 인간의 능력은 분별력(judicial power)과 창의력(creative power) 두 가지로 나누어 볼 수 있다 분별력을 기르는데만 초점을 두면, 창의력을 계발하는데 한계가 있다. 기술발전을 이끌고 인류문명의 진보를 이룩해 온 것은 이 창의적 정신이다. 창의력을 기르기 위해서는 토론을 유도하고 자신의 아이디어를 발전시킬 수 있도록 분위기를 만드는데 노력해야 한다. 주입식보다는 탐구적 방법이 바람직하다.

8) 쥬라기 공원 한편의 수익금이 1년 동안 자동차 1백 50만대를 수출해서 벌어들인 7천여억원과 비슷하다는 이야기는 창의력 이데올로기에 불을 붙였다.

9) 우리 나라의 속담을 보면, 나서거나 튀거나 하는 행동을 꺼려하는 문화적 특성이 있다 남과 다른 생각이나 행동을 하면, 모난 돌이 정 맞는다라는지, 대 못박이라고 하였다. 모난 돌은 정 맞으니 나서거나 튀지 말라는 뜻이고, 대 못박이란 대로 만든 나무못으로 마루를 뚫을 수 없는 못을 의미하는데, 이는 엉뚱하고, 교육할 수 없는 사람을 가리키는 부정적인 말이다. 그 밖에도 개살구 지레 터진다라든지 곧은 나무가 먼저 꺾인다, 고독한 천재보다 행복한 범인이 낫다 등으로 눈에 띄지 않고 남들과 다르지 않고 모나지 않은 평범한 삶을 최고의 미덕으로 보아 왔다. 그러나 현대는 달라졌다. 21세기는 오히려 엉뚱한

청산하고 창의력을 기르는 방법을 개발해, 모방교육에서 창조교육으로 나아가야 한다.

2. 창의성의 구성요소

창의적 사고력의 개념이 얼마나 다양하게 정의될 수 있는지는 창의적 사고력의 다양한 이론을 보면 알 수 있다. Guilford의 창의적 사고와 관련된 일련의 요인분석적 연구를 토대로 창의성 요인을 살펴보면 아래와 같다.

1) 유창성(fluency)

사고의 유창성은 주어진 문제 상황에 대한 아이디어를 제한된 시간 안에 제시할 수 있는 정도로서 반응의 질보다는 양에 관한 요인이다. 여기에는 연상(associative)의 유창성, 언어(word)의 유창성, 표현(expressive)의 유창성, 아이디어(ideational)의 유창성이 포함된다.[10)]

우리는 최선의 아이디어가 필요한 상황에서 흔히 옳고 훌륭한 단 하나의 답을 얻기 위해 긴 시간 동안 머리를 짜내며 고민한다. 그러나 아무리 애를 써도 바라는 좋은 생각이 떠오르지 않아 낙담하게 되는 경우가 종종 있다. 이는 가장 훌륭하고도 우수한 아이디어를 산출하려는 의식적 · 무의식적 강박관념이 일단 떠오르는 모든

개성이 인정받는 시대이다. 더 이상 남들과 다르다고, 조금 튄다고 해서 그것이 모자란 것으로 여겨지는 시대는 지나갔다. 오히려 개성을 있는 그대로 인정해 주는 수용적 태도가 요구된다. 또한 남과 비교하지 말아야 하고, 창의성을 북돋워 주는 언어적 상호작용을 위해 부모와 교사가 노력해야 한다.

10) 창의적인 사람은 사고의 유창성(fluency in thinking)이 높다. 주어진 시간 안에 보다 많은 산출을 해내는 것을 말한다. 아무런 제약 없이 아이디어가 흘러나오도록 한다. 그것은 아이디어가 모두 떠오르면 그때 가서 평가하고 판단할 시간이 충분히 있다는 것을 알기 때문이다. 예컨대, 어떤 어휘를 하나 주고 그것을 사용하여 1분 내에 가능한 한 많은 글을 지으라고 했을 때, 유창성이 높은 사람은 낮은 사람보다 훨씬 많은 글을 짓는다고 설명하고 있다. 이와 같은 특성은 인간의 문제해결 학습에서 제시한 확산적 기제와 유사한 개념임을 알 수 있다. 즉 하나의 자극에 여러 가지 반응을 생각해내는 과정과 동일한 것으로 볼 수 있다.

생각들을 수용하여, 이를 활용할 여유를 허락하지 않기 때문에 일어나는 현상이다.

창의적 사고의 목적은 궁극적으로는 보다 독창적이며, 질적으로 우수한 아이디어를 산출하는데 있다. 그러나 사고의 과정에서 우선은 사고의 한계를 설정하지 않고 아이디어를 가능한 한 많이 산출하는 단계를 거칠 필요가 있다. 초기의 아이디어가 최선의 아이디어인 경우는 드물고, 보다 많은 아이디어를 산출하고자 하는 과정에서 보다 질이 좋은 아이디어를 얻게 될 가능성이 그 만큼 커지기 때문이다. 이 요소와 관련된 학습 경험은 어떤 대상이나 현상들로부터 가능한 많은 것을 연상해 보기, 특정한 주제에 대해 일단 떠오르는 생각을 모두 표현해 보기, 특정한 문제상황에서 가능한 해결방안을 될 수 있는 대로 많이 제시해 보기 등이 있다.11)

2) 융통성(flexibility)

융통성은 고정적인 사고방식이나 시각 자체를 변화시켜 다양한 해결책을 찾아내는 사고 기능이다. 주어진 어떤 문제를 해결하는 방법으로서 한 가지 방법에 집착하지 않고 여러 가지 접근에 의한 해결을 보는 것은 융통성이 있다는 것을 의미한다. 흔히 우리는 사회 일반의 지배적인 사고방식이나 자신에게 익숙한 관점에만 고착되어 문제를 해결하거나 결론을 내리려는 경향이 있다. 그러나 이렇게 경직되고 상투적인 방식으로 사고를 하게 되면 발상의 진전을 이룰 수 없게 되어 진부한 문제해결을 하게 된다.

고정적인 사고의 틀을 깨고 발상 자체를 전환시켜 유연하고 융통성 있게 생각하는 것은 정답이 정해져 있지 않은 실생활이 복합적인 문제 상황에서 특히 요구되는 것으로 유창한 사고 뿐만 아니라 독창적인 사고의 관건이 된다. 이 요소와 관련된 학습경험은 서로 관계가 없는 듯한 사물이나 현상들 간의 관련성 찾기, 문제와

11) 창의적인 사람은 사고의 융통성(flexibility in thinking)이 높다. 사고의 융통성은 학습자가 하나의 주어진 사극에 대하여 다양한 반응을 나타내는 것을 말한다. 예컨대, 학습자에게 벽돌이라는 단어를 주고, 그것을 사용하여 짧은 글을 짓게 하였을 때 집을 짓는다, 학교를 짓는다, 굴뚝을 세운다, 담을 쌓는다 등의 반응을 나타내는 것보다 책꽂이를 만든다, 그것을 가지고 못을 박는다, 조각을 만든다, 화단을 만드는데 쓴다 등과 같이 전자의을 짓는다라는 단순한 글보다 후자의 다양한 글이 더욱 융통성이 많은 창의적 사고에서 나타난다는 것이다.

관련된 속성들을 추출하고 속성별로 생각하기, 발상 자체를 전환시켜 다양한 관점을 적용시키기 등이 있다.

3) 독창성(originality)

독창성은 기존의 것에서 탈피하여 참신하고[12] 독특한 아이디어를 산출해 내는 사고 기능이다. 창의적 사고의 이상적인 목표는 사고의 독창성을 추구하는 데 있다. 이러한 사고는 기존의 사고방식이나 다른 사람들의 문제해결 방식으로부터 벗어나서 자기만의 독특한 아이디어를 산출하고 문제해결 방안을 고안하려는 의식적인 노력에 의해 가능하다. 문제를 해결하고 세상을 살아가는 상황에서 다른 사람들이 이미 내놓았거나 살아가는 방식을 그대로 따른다면 인간의 정신 또는 물질 세계의 변화 및 발전에 별다른 기여를 할 수 없고, 자신의 삶의 의미를 찾고 즐거움을 누릴 수도 없을 것이다.

사고의 독창성이 요구되는 이유는, 그것이 단기적으로는 문제의 상황을 보다 더 효율적으로 해결할 수 있게 하고 장기적으로는 인간의 삶을 보다 더 의미있게 하고 질적으로 고양시켜 준다는 데 있다. 이 요소와 관련된 학습 경험은 다른 사람과 같지 않은 생각하기, 기존의 생각이나 사물을 새로운 상황에 적용하여 재조직하기 등이 있다.

4) 정교성(elaboration)

정교성은 다듬어지지 않은 기존의 아이디어를 보다 치밀한 것으로 발전시키려는 사고 기능이다. 창의적인 사고 상황에서는 '좋은'이나 '실현 가능한' 등의 평가적인 준거를 처음부터 적용하는 것이 적절치 못하다. 그러나 창의적 사고의 나중 단계에서는 가능한 한 다양한 측면에서 이미 산출된 많은 아이디어를 재료로 해서 독창적

12) 창의적인 사람은 사고의 참신성(originality in thinking)이 높다. 사고의 참신성은 어떤 이야기를 들려 주고 그 이야기에 제목을 붙이게 하였을 때 학습자들의 참신하고 기발한 생각에서 나온 제목들을 보고 참신성의 정도를 판단할 수 있다고 했다. 예컨대, 흥부와 놀부의 이야기를 들려 주고 제목을 붙이게 하였을 때 단순히 흥부와 놀부라는 제목을 붙인 것보다 흥부와 제비 등의 제목이 더욱 참신하다는 것이다.

인 아이디어를 뽑아내고 이 아이디어를 최종적인 산출의 형태에 비추어 평가하고 정교하게 다듬는 사고가 필요하다.

창의적으로 사고하는 사람의 사고 과정을 살펴보아도 처음부터 완벽한 아이디어를 내놓았다는 증거를 찾아보기는 쉽지 않다. 은연중에 떠오르는 거친 아이디어라도 소중히 여기고 이를 발전시켜 훌륭한 아이디어가 되도록 정교하게 다듬는 활동은 사고의 최종적인 산출과 관련하여 중요하게 받아들여져야 한다. 이 요소와 관련된 학습 경험은 일단 산출된 자신 혹은 타인의 아이디어를 수용하기, 은연중에 떠오르는 거친 수준의 생각을 구체화하기, 잘 다듬어지지 않은 아이디어를 그것의 실제적 가치를 고려하여 발전시키기 등이 있다.

3. 지능과 창의성과의 관계

일반적으로 지능이 높으면 공부를 잘한다. 하지만 지능이 높다고 해서 반드시 창의성이 높지는 않다. 창의성은 지능과는 비교적 독립적인 능력으로 알려져 있다. 그렇다면 지능의 높고 낮음과 창의성이 높고 낮음 간에는 어떤 관련이 있는지 Wallach와 Kogan의 연구결과를 통해 잠시 살펴보자.

첫째, 지능과 창의성이 모두 높은 아이들의 경우는 자신의 감정이나 행동을 통제하는 데 뛰어난 능력을 지니고 있으며 때로는 어른처럼 때로는 아이처럼 할 수 있는 특성을 지니고 있다. 진지해야 할 때는 진지한 모습을 보이기도 하고 즐겁게 놀 때는 자신의 연령에 맞게 아이처럼 행동하기도 한다는 말이다. 또한 리더십도 뛰어남과 동시에 필요한 경우 남들에게 복종도 잘한다. 한 마디로 상황에 적응하는 능력이 뛰어나다.

둘째, 지능은 높지만 창의력이 낮은 아이들이다. 이러한 아이들은 좋은 성적을 받기 위해 공부도 열심히 하고 학교생활도 잘한다. 따라서 교사들로부터 모범적인 아이로 관심을 받게 된다. 때로는 지나치게 학교성적에 연연하는 부정적인 측면도 지닌다.

셋째, 지능은 낮지만 창의력이 뛰어난 아이들의 경우이다. 이 아이들은 학교생활에 심한 내적 갈등 및 좌절을 경험하곤 한다. 따라서 종종 학교생활에 대해 싫증을 느끼게 되며 교사들로부터 문제아로 낙인찍히는 경우도 생긴다. 이 아이들은 압박을 덜 받는 자유로운 환경에서 자신의 능력을 보다 잘 발휘할 수 있다.

넷째, 지능과 창의성 모두 낮은 아이들이다. 이 아이들은 성격적으로 불안정하며 새로운 환경에 적응하는데 종종 어려움을 겪기도 한다. 한편, 이들은 방어기제로서 친구들과 사귀는 일이나 운동 등에 적극성을 띄기도 한다.

이 같은 연구결과는 극단적인 아이들을 대상으로 한 연구이기 때문에 일반적인 아이들의 경우도 반드시 그렇다고 할 수는 없다. 그렇다면 지능과 창의성은 별개인 것인가? 최근 여러 연구들은 지능과 창의성간에 높은 상관이 있는 것으로 보고하고 있다(Maker, 1993). 즉, 창의력 수준이 높은 아이가 지능도 높고 창의력이 낮은 아이가 지능지수도 낮다는 것이다. 하지만 그렇다고 지능과 창의성간에 항상 높은 상관관계를 지니는 것은 아니다. 최근 Fuchs-Beauchamp 등의 연구에서 보면, 일반 아이들에 있어 지능과 창의성간에 매우 높은 상관이 있는 것으로 나타났으나, 지능지수가 120 이상인 아이들에게서는 예외적인 결과가 나타났다. 지능이 아주 높은 아이들의 경우에는 창의성보다는 동기나, 인내심, 가정환경, 성격특성 등과 보다 높은 관계가 있는 것으로 나타났다. 결국 지능과 창의성은 서로 완전히 독립된 능력이라 할 수는 없지만 분명한 것은 두 능력 사이에는 분명히 구분될 수 있는 점이 존재한다는 것이다.

4. 창의력을 높이기 위한 교육방법

교육전문가들은 학교교육과 제도가 변해야 한다고 진단을 내리고, 그에 대한 부분적인 처방으로서 창의성을 계발하여 개성신장을 도모해야 한다고 주장한다. 창의성을 계발하는 교육의 성공적인 운영을 위해서 해결하여야 할 전제조건은 다음과 같다.[13]

---

13) 김정휘(1997). 개성신장과 창의성을 계발하는 교육과정. 교육과정연구 제15권 제1호. pp. 62-119. 한국교육학회 교육과정연구회.

① 교과서 중심의 학교교육(text centered education)의 탈피 : 모두 천편일률적으로 수렴적 사고만을 평가하도록 구성되어 있다.

② 교육평가에 기초한 지식습득(knowledge-acquisit based evaluation)에서 벗어나야 : 정서의 풍성함, 체험을 깊이 감수할 수 있는 힘, 연민의 정, 희생 및 봉사정신, 도덕성, 정직성, 정의로움 등 시험으로 잴 수 없는 것, 점수를 매길 수 없는 행동 덕목도 학교교육의 대상이라는 인식과 신념이 필요하다.

③ 창의성이 돋보이는 학생에 대한 교사의 부정적인 시각과 태도가 시정되어야 한다.

④ 척박한 학교환경(poor school environment)

⑤ 불충분한 교육재정과 관료적인 교육문화 : 풍요한 사회, 가난한 학교

⑥ 창의성을 촉진하거나 계발하는데 필요한 능력을 교사들이 구사할 수 있노록 교사를 훈련(연수)시키는 기회부족 : 사고하는 방법(생각하는 방법을 배우고), 가르치는 방법을 배우는 것

창의적 학생을 기르려면, 학교의 교육적 분위기 내지 풍토가 전반적으로 바뀌어야 한다. 학교의 경우는 그것이 도덕적 기준이나 반사회적 기준을 어기는 것이 아니면 생각의 자유, 느낌의 자유, 표현의 자유를 허용하는 분위기가 보장되어야 한다. 창의적인 사람을 기르려면 교사나 부모들 스스로도 창의적인 사람이 되기 위해 꾸준한 자기 연수 등 노력이 필요하다.[14)]

창의력은 우연히 생기는 것이 아니고 창의력을 기르는데는 연습이 필요하다 그러나 학교교육은 하나의 정답만을 추구하는 등 창의력을 키우는데 부적절하다.

우리의 가정과 학교의 학생들을 위한 수입세세나 선반석인 학습지도 방략의

14) 다양한 가치가 중요시되는 사회이므로 부모가 아이의 다양성을 받아들이는 포용력을 가져야 한다. 그런 의미에서 나 라는 토씨를 도로 바꿀 것을 제안한다. 밤낮 장난이나 지고 컴퓨터 게임이나 하네라고 말하지 말고 우리 아이는 장난도 잘하고 컴퓨터 게임도 잘하네라고 긍정적으로 보라는 얘기이나. 부모가 원하는 아이가 아니라 시대가, 세계가 원하는 아이로 키워야 한다. 새 시대를 살아갈 자녀들을 과거 부모가 어렸을 때만 생각하고 키우는 것은 일종의 자살 행위, 이젠 애정만 가지고 아이를 키우는 시대는 지났다. 아이들이 좋아하는 컴퓨터 게임도 모르는 엄마를 아이들은 따르지 않는다. 앞으로는 부모들이 책 읽는 모습, 지적인 모습을 보여주는 지적 육아법이 필요한 시대이다. -이어령(1999). 잔머리 잘 굴리는 아이가 새천년 똑똑이.

밑바닥에 깔려 있는 전제는 '사람은 원초적으로 게으름뱅이다'라거나 '아이들은 다그쳐야 움직여'라는 신념이다. 행동을 유발하는 데 '인간은 당근보다 채찍'이 더 유효하다는 철학과 심리학을 가지고 있는 셈이다.

창의적인 인간을 길러내기 위해서는 이와 같은 '게으름뱅이 심리학관'을 버려야 한다. 인간은 본래 활동적이어서 자기의 능력을 발휘하기 위해서 자발적으로 일하려 하며, 호기심에 자극 받아 지적 탐구를 하는 것과 마찬가지로 공부도 하게 된다고 보는 시각의 전환이 필요하다. 마음이 내키지 않지만 마지못해 일하고, 벌이나 야단이 없으면 공부를 하지 않는 학생의 존재는 이 자발성이론에는 하나의 도전이다. 이 사람들은 왜 일을 하기 싫어하며 공부하기 싫어하는지를 검토하여 보아야 할 것이다.

오랫동안 사고력 신장이 중요한 교육 목표로 설정되어 왔음에도 불구하고, 실제의 교육 모습은 학생들의 고등정신 능력을 효과적으로 신장시키고 있다고 보기 어렵다. 이러한 이유는 암기위주의 주입식 교육, 획일적인 교육 내용과 방법[15], 교실환경의 악화, 입시위주의 교육 풍토, 교수–학습 자료의 빈곤 등에 있다(김홍원 등, 1993). 이와 같이 전형적인 교육은 학생들이 독창성을 발휘할 수 있도록 해 주는 것이라기 보다는, 이미 잘 알고 있는 것을 다시 되풀이하도록 하는 자료나 활동으로 메워져 있다. 나아가, 학생들이 독창적인 사고나 행동을 하도록 자극하기 보다는 오히려 교과서나 교육과정 지침서 등을 가지고 그대로 수업을 진행하는 경우가 대부분이다.

한 가지 방법만 옳은 것이라고 가르치고, 그것에 따라서 보상을 하는 것은 학생의 창의력을 저해하게 된다. 수업에 있어서 꼭 하나의 올바른 답이 있다는 생각은 버려야 한다. 수업시간에 나타나는 학습자들의 제안이나 새로운 대답들은 배운 것에 대한 반복적인 대답보다 더 인정을 받아야 한다. 독특한 해결, 탐구와 의문제기 등을 수용한다는 것을 알려 주어야 한다.

---

15) 획일화란 모든 학생을 하나의 이념적 틀, 인간형의 틀 속에 묶어 두고 교육하는 것을 말한다. 개성이 뚜렷한 학생들이 숨을 죽이고 사는 교육 풍토에서는 결코 창의적인 학생이 생존할 수가 없고 성장해 갈 수가 없다. 집단 지향성 혹은 높은 동조 성향(conformity), 즉 남들이 하듯이 해야 하고 많은 사람들이 하면 따라하지 않으면 못 견디는 성향 때문에 획일적인 틀에 묶이게 된다. 동아일보 1999/12/20.-

상대성 원리를 발견한 Einstein은 '나는 천재가 아니다. 다만 호기심이 많을 뿐이다'라고 고백했다. 소아마비백신을 발견한 Solk는 '나는 수천번의 실험을 거쳐 백신을 발견했다. 나는 어머니가 매일 새로운 요리를 만들어 주는 것을 보고 자랐기 때문에 왕성한 실험정신을 갖게 됐다'고 말했다. 유태인인 Einstein과 Solk의 고백을 보면 호기심과 실험정신이 얼마나 중요한가를 알 수 있다.

창의성 교육에서 중요한 요건 중의 하나는 지적 호기심의 원동력이 될 수 있는 자발성과 내발적 동기를 존중하는 일이다. 지적 호기심을 살리는 수업은 원리적으로는 내발적 동기화가 우선되어야 하고, 그 내발적 동기는 자생적인 경우가 대부분이기 때문에, 이것을 이용하는 수업과정을 적용하는 것이 좋다. 또한 지적 호기심을 살리려면 관찰에 대한 흥미를 불러일으키는 수업이 필요하다. 적절한 의문의 제기, 토론, 관찰에서 인식으로의 안내, 실험을 통해서 얻은 특수한 지식을 토대로 일반화로 유도하는 수업도 필요하다.

또 아이들의 입장에서 보아서는 아이들이 갖는 신념이나 선입관을 출발점으로 해서 잘못된 신념과 선입관을 고쳐주는 쪽으로 유도하는 수업도 필요하다(정범모, 1991 ; 김재은, 1994).

1) 자유롭고 허용적인 분위기

창의력을 개발하는데 있어서 가장 중요한 일은 자유롭고 허용적인 분위기를 조성하는 일이다. 지나치게 엄격한 훈육을 하며 규율이나 규칙이 엄격하면 이를 따르기 힘들고 지키기도 어려우며 틀에 박힌 인습적인 사고를 하기 쉽고, 사고의 융통성을 잃게 되며, 자발성과 독창성도 길러질 수 없다. 규칙을 잘 지키고, 어른에게 복종하고, 전통과 권위에 순종하면 교사에게는 만족스러운 존재일 것이다. 그러나 이러한 행동특성들은 창의력의 발달을 저해하는 요인이다. 일정한 규격이나 규칙, 통제에서는 조금도 그 테두리 밖으로 나올 수 없기 때문에 창의력은 길러질 수 없다.

안정되고 자유로운 분위기에서 스스로 생각하고 만들고 부수고 다시 조직할 수 있는 허용적 분위기, 스스로 답을 찾도록 해 주는 수업방법, 그리고 풍부한

학습자료가 제공되어야 한다.[16)]

창의력은 기존의 방식 그대로, 있는 사실 그대로가 아니라, 좀더 다른 방식, 좀더 나은 면을 추구하려는 태도와 기존의 관념이나 행동으로부터 자기 자신을 새롭게 하려는 노력에 의해 길러질 수 있다. 왜 그럴까? 어째서 일까? 이렇게 한다면? 등의 태도를 허용해 주며, 공상이나 상상도 좋지 않은 것으로 위축시키지 말고 이를 장려해 주면 창의적인 태도를 형성하기 쉽고 나아가 창의력을 발달시킬 수 있게 된다.

2) 창의력을 길러 줄 수 있는 활동

춤이나 그림 그리기 등을 통해서도 창의력을 개발시킬 수 있다. 무용을 지도할 때에는 어떤 음악에 따른 일정한 형식화된 무용을 가르치는 것보다 음악을 틀어주고 그 느낌을 자기 마음대로 춤으로 표현하도록 하는 창조적인 춤(creative dancing)이 창의력의 개발을 돕는다.

그림 그리기를 통해서도 창의력 발달을 도모할 수 있다. 그림을 그릴 경우 성인들이 생각하는 표준이나 형식을 강요해서는 안 된다. 예를 들면, 해를 까맣게 칠할 수도 있고 땅을 붉게 칠할 수도 있고 하늘을 까맣게 칠할 수도 있다. 또 그리는 형태도 어른이 보기에 괴상할 정도로 어른의 상식과 표준에 어긋나는 그림을 그릴 수도 있다. 이럴 때에도 어른의 표준이나 상식을 강요하여 해는 빨갛게 그려야 한다든지 하늘은 파랗게 그리는 거라든지 하면서 간섭해서는 안 된다. 그렇게 함으로써 창의적 표현력의 분출구를 막고 아동의 사고의 융통성과 확산적 사고력의 육성을 방해할 수 있다. 또 그림을 화폭의 전면에 가득 차게 그리는가 하면 반면에 반쪽에만 그린다든가 귀퉁이에만 그린다든가 칠을 완전히 다 하지 않는다든가 하는 경우도 있다. 이 때에도 간섭을 하지 말고 자연스럽게 자기를 표현할

---

16) 창의력은 인간의 사고와 행동 속에서 나타나는 변화의 한 과정으로 볼 수 있으며, 이를 위해서 교실에서 창의력을 지도하기 위해서는 새로운 아이디어들을 잘 받아들일 수 있는 분위기를 조성해 주어야 한다. 즉 긍정적이고, 고무적이며, 수용할 수 있는 분위기는 창의적인 행동을 개발하는 데 필수적인 요소이다.
틀에 박힌 관습적인 수업방식, 항상 정해진 일과표대로의 학습진행, 정답 일변도인 학습결과 위주의 관행에서 탈피하여, 학생들에게 끊임 없이 사고활동과 호기심을 자극할 수 있도록, 변화 무쌍하고 새로움을 제공하여 주어야 한다.

수 있도록 허용하는 것이 좋다.[17)]

그러나, 한편 마음대로 그림을 그리게 내버려두는 것도 좋지만 어떤 사물로부터 상상의 방향을 잡아 주고 발전시켜 주는 것도 창의력을 기르는데 중요하다. 아동들의 상상력은 어른보다 풍부하고 다양하다. 우선 그림을 그리기 전에 여러 가지 물체를 보고 여러 형태를 연상하도록 도와 주는 것도 좋다.

그림책 보기나 동화짓기 등을 통해서도 아동의 창의력을 개발시킬 수 있다. 그림책을 보아 가면서 떠오르는 생각들을 이야기하게 할 수 있다. 반응이나 생각을 유도해 주고 상상의 나래를 펼 수 있도록 하는 것이 좋다. 동화의 경우 동화를 들려주는 것으로도 아동의 상상력과 창의력을 길러 줄 수 있지만 보다 적극적인 방법으로는 스스로 동화를 지어 보도록 하는 것이다. 처음에는 간단한 이야기를 택하여 아동에게 주인공만 바꾸어 이야기하게 한다든지, 문제상황에서 다른 해결방안을 택했을 때 이야기가 어떻게 전개되겠는가를 상상해서 이야기해 보도록 하는 것도 창의력을 신장시키는 좋은 방법이다.

또 등장인물과 대강의 줄거리만 주고 이에 따라 이야기를 만들게 하는 것도 한 방법이다. 대문호 괴테의 어머니는 어린 괴테에게 매일 이야기를 하나씩 해주었는데 이야기를 얼마쯤 진행시킨 후 자신이 이야기를 완결시키지 않고 나머지 부분을 그대로 남겨 둔 채 괴테에게 다음 날까지 마음대로 생각해서 이야기를 완성하도록 하게 함으로써 괴테의 문학적 상상력의 기초를 형성해 주었다. 이때에는 하나의 동화에 한 가지 이야기만이 아니라 여러 다른 종류의 이야기, 슬픈 이야기, 기쁜 이야기 등을 구성해 보도록 하는 것도 도움이 된다. 그러나 이런 것들은 아동의 발달단계와 능력수준에 맞추어 시도되어야 할 것이다.

---

17) 교사가 창의력 촉진을 위해 실질적으로 적용할 수 있는 제언은 다음과 같다.(Torrance, 1962 ; 김선, 1995).

① 창의적 사고를 중요시 여겨라.
② 사물과 생각을 실험할 수 있도록 격려해라.
③ 새로운 생각에 대하여 관대하게 대하여라.
④ 학생들에게 틀에 맞춘 생각을 요구하지 말아라.
⑤ 자신들의 창의적인 사고를 중요시 여기도록 가르쳐라.
⑥ 학습을 스스로 할 수 있도록 격려하라.
⑦ 자신의 생각을 완성할 수 있는 여건을 만들어 주어라.
⑧ 건설적인 비판을 하여라.
⑨ 여러 분야에서 지식을 획득할 수 있도록 격려하여라.
⑩ 스스로 모험에 대하여 열린 생각을 가져라.

3) 창의력을 길러 줄 수 있는 대화

대화를 할 때 단순한 문답식 대화가 아닌 보다 확산적 대화가 되도록 노력하는 것이 창의력 개발을 위해 좋다. '예, 아니오' 식의 일문 일답식 대화는 애정의 결핍을 느끼게 할 뿐 아니라, 창의력 발달에도 도움이 되지 않는다. 보다 자율적으로 많은 반응을 할 수 있는 질문을 하는 것이 좋다. 질문을 할 때에는 개방식 질문이 바람직하다. 개방식 질문은 하나의 정답만을 요구하는 것이 아니라, 많은 양의 대답을 요구하여 어떤 교과의 학습에서도 토론이나 사고를 다양하게 하도록 하는 확산적 발문형태이다(만약에 바다가 꿀로 이루어져 있다면? 하늘이 초록색이라면?).

문답식의 대화에서는 간단하고 사고과정을 필요로 하지 않는 반응을 하기 쉽다. 그러나 확산적 대화의 경우에는 어떤 식으로든 자기의 경험을 생각해 내고 사고과정을 통해 다시 연결시켜 새롭게 언어로 조직해서 표현해야 하므로 훨씬 더 창의력을 개발시킬 수 있다. 질문을 하거나 이야기를 할 때 간단한 단답식 반응으로 그칠 것이 아니라, 그에 알맞는 풍부한 반응을 해 줘야 한다. 풍부한 반응과 허용적인 분위기 조성을 통해 계속해서 생각을 이끌어 내게 함으로써 창의력 발달을 도울 수 있다.

아동의 생활에서 여러 가지 문제에 부딪쳤을 때 이를 해결하기 위해서 여러 가지 가능한 해결책들을 대화를 통해서 함께 생각해 보거나, 아동으로 하여금 생각해 보도록 하는 것이 좋다.히 아동의 생각은 고려하지도 않고 '이렇게 해, 저렇게 해' 하며 일방적으로 결정해 버리기가 쉽다. 물론 교사의 생각이나 해결책이 최선의 것일 수도 있으나 그보다는 스스로 해결책을 생각하게 하거나 일단 하나의 해결책을 생각해내면 '그와 비슷한 다른 방법은 없을까? 그런 방법이 아닌 또다른 방법은 없을까?'하는 식의 대화를 통해 사고의 유창성과 사고의 융통성을 길러 줄 수 있고 많은 것을 생각해내는 힘을 길러 줄 수 있다. 언제, 누가, 어디서, 무엇을, 어떻게 등의 질문을 함으로써 새로운 현상을 설명할 수 있도록 지식을 확대시켜 주는 것이 바람직하다.

참고 문헌

권태호(1997). 학교는 죽었다. -학교는 가르쳐 주지 않았다-. 한겨레 21(1997년 1월 16일, 제141호) pp. 62-64. 한겨레신문사.

길세호 · 임선하(1984). 창의적 사고 수업모형. 한국교육개발원.

김순택(1980). 목표별 수업. 교육과학사.

김영채(2001). 창의적 성격특성. 교육학연구. 2001. Vol. 39, No. 1, pp. 1-24.

김재은(1991). 천재, 그 창조성의 비밀. 교보문고.

______(1994). 창의성 교육의 시대적 요청. -한국교육학의 맥-. 나남출판.

김정휘(1997). 개성신장과 창의성을 계발하는 교육과정. 교육과정연구 제15권 제1호. pp. 62-119. 한국교육학회 교육과정연구회.

김홍원 · 임선하 · 김성훈(1993). 초등학생의 창의적 사고력 신장을 위한 수업방법 연구. 한국교육개발원.

문용린(1997). 독립심 강조하면 창의력 높아져. 경향신문. 1997-5-7.

문정화 · 하종덕(1999). 또 하나의 교육 창의성. 학지사.

박아청(1985). 현대의 교육심리학. 학문사. pp. 230-240(창의성).

신세호(1969). 창의성 사고에 미치는 인성요인에 관한 연구. 교육학연구, Vol. 4.

오성삼 · 구병두 · 신기명(1996). 교육심리학. 예지각.

윤길근 · 강진영(2004). 창의성 신장을 위한 교육방법. 문음사.

이군현(1990). 교육심리학. 박영사. pp. 131-166(창의적 사고력의 발달).

이상주(1994). 2,000년대를 겨냥한 창조적 교육의 구상. 한국정신문화연구원 세미나 발표논문.

이성진(1996). 교육심리학 서설. 교육과학사. pp. 62-67(창의적인 사람의 지적 특성), pp. 296-300(창의력의 수업).

이성호(1986). 교수방법의 탐구. 양서원.

이해명(1985). 전인교육을 위한 학습지도 방법. 교육과학사.

임선하(1993). 창의성에의 초대. 교보문고.

______(1994). 창의성 교육이란. 교육개발. 1994, 3(통권 88호). 한국교육개발원.

______(1994). 창의적으로 가르치는 선생님들. 교육월보. 1994, 8(통권 152호). 교육부.

전경원(1998). 교사를 위한 창의적인 문제해결력. 창지사.

______(1998). 나도 창의를 낼 수 있다구요. 창지사.

______(1997). 나도 창의적으로 문제를 해결할 수 있어요. 창지사.

전영길 · 이영만(1994). 수평적 사고와 창의성. 서원. -Edward de Bono(1986). The Use of Lateral Thinking-.

전윤식 · 정숙경 옮김(1988). 현대교육 심리학의 과제. 삼영사. -Harvey F. Clarizio(1988). Contemporary Issues in Educational Psychology.-

정범모(2001). 창의력 -그 심리, 인물, 사회- 교육과학사.

조동성(1996). 선진국형 대학교육. 조선일보. 1996-5-25.

조용현(1994). 창의성이 성공하는 사회건설. 중앙일보. 1994-11-25.

최창호(2000). 유아교윽과 창의성. 유아를 위한 창의성 교육활동. 제36회 유아교육교사연수회. 한국유아교육협회 주최.

허형(1994). 한국교육학의 맥 -학교 학습성과의 극대화 -. 나남출판.

Guilford, J. P.(1967). The nature of human intelligence. New York : McGraw-Hill.

Taylor, I. A.(1975). An emerging view of creative actions. In Taylor, I. A. & Getzels, J. W., Perspectives in Creativity. Chicago Aldine.

Torrance, E. P. (1990). Torrance tests of creative thinking : Norms-technical manual. Figural forms A and B. Bensenville, IL : Scholastic Testing Service.

별첨 5 간디의 창의성

창의성은 모든 분야의 핵심 기반이다. 사회와 직장 생활에서 창의적으로 사고하는 사람이 더 빨리 성공의 기회를 잡고 있다는 것이 알려지면서부터 학교 교육 현장에서도 창의성이 높은 학생을 점점 더 높이 평가하고 있다. 창의력은 이제 성공의 조건으로 꼽히고 있는 것이다.

최근 한 인터넷 채용정보 사이트가 회원을 대상으로 '직장에서 인정받기 위해 가장 중요하다고 생각하는 능력은 무엇인가'에 대해 설문 조사를 했는데, 전체 응답자의 33%가 '창의적 사고'를 꼽았다. 그 다음으로 원만한 인간관계(23.9%), 근면 · 성실성(22.3%)이 뒤를 이었다. 업무 관련 지식(13.3%), 커뮤니케이션 능력(6.4%), 문서작성 능력(1.1%) 등과 같이 업무능력 평가에 직접적 영향을 미치는 지식이나 기능적 요소는 상대적으로 낮았다.

창의성에 대한 정의를 내려보자. 창의성은 '문제의 상황에 맞는 새롭고 가치 있는 결과물을 만들어내는 능력'이다. 여기서 중요한 점은 그냥 새로운 것을 만드는 것이 아니라 '가치'를 창출해야 한다는 것이다. 이러한 능력이 모든 사람에게서 똑같이 발휘되는 것은 아니지만, 평균 이상의 지능을 가진 사람이라면 잠재된 창의성을 계발해 자기 분야에서 두각을 나타낼 수 있다.

창의성에는 두 가지 유형이 있다. 하나는 기존에 주어진 것을 개신하는 것이고, 다른 하나는 전혀 새로운 것을 상상해내거나 무관한 것처럼 보이던 것을 연결시켜서 유용한 가치를 창출하는 것이다.

요즘 유행하는 광고 중에 패러디 광고라는 것이 있다. 히트한 광고를 그대로 희화화해서 전혀 다른 제품을 광고하는 것으로 그동안 광고계에서는 금기시되어 왔던 방법이다. 그러나 SK 텔레콤의 휴대폰 광고를 패러디한 어느 야쿠르트 회사의 왕뚜껑 광고는 사람들이 그 광고가 나오기를 기다릴 정도로 큰 히트를 쳤고, 제품 판매 또한 늘었다. 이 야쿠르트 회사의 광고 담당자는 어떻게 이런 생각을 할 수 있었을까? 역시 창의성의 결과라고 할 수 있다. 이처럼 창의성은 모든 사람이 원칙이라 생각했던 금기를 깨는 것으로부터 시작해서 높은 부가가치를 창출해내기도 한다.

창의성이 활성화되기 위해서는 몇 가지 조건이 필요하다.

우선 첫째로 창의성이 활성화되기 위해서는 우선 자신의 활동분야에 대한 전문적인 지식이 필요하다. 음악지능이 높은 사람은 음악 영역에, 인간친화지능이 높은 사람은 관련된 영역에 대한 전문지식을 쌓기 위해 많은 노력을 기울여야 한다. 또한 강점 지능과 관련된 직업을 가지고 있더라도 일의 특성과 진행과정 등 일을 둘러싼 주변의 전문적 지식도 갖추어야 한다.

둘째로 관련 영역에 다양한 경험을 가진 사람일수록 창의성을 발휘할 가능성이 높다고 할 수 있다. 경험이 없는 사람의 반짝 아이디어는 구체적으로 실행되지 못하고 아이디어 차원에서 끝나는 경우가 많으므로 전문지식과 더불어 다양한 경험을 쌓는 것이 중요하다.

셋째로, 자신의 분야에 열정적으로 몰입하는 사람이 창의성을 발휘할 가능성이 높다. 인도 독립의 아버지 간디는 '진정한 창의성은 진지한 몰입에서 나온다'라는 말을 남겼다. 혼신의 힘을 다해 몰입의 경험을 많이 축적한 사람일수록 창의성을 발휘할 가능성이 더욱 높아진다는 뜻이다.

마지막으로 필요한 것이 교육이다. 자신이 축적한 전문적 지식이나 경험뿐 아니라 교육을 통해 다양한 지식과 경험을 접할 경우 창의성은 더 높아진다. 이러한 개인적 요건뿐 아니라 사회적으로도 개인의 창의성을 인정하고 계발하려는 분위기가 마련될 때 개인의 창의성은 더욱 빛을 발할 수 있을 것이다.[18)]

---

18) 문용린(2004). 문용린의 이런생각 저런생각, 간디의 창의성. 미래한국신문. 2004-04-03. http://www.futurekorea.co.kr.

제 7 장

직업과 직업세계의 변화

1. 직업과 직업교육의 필요성

사람은 아침에 눈을 떠서 저녁에 잠들 때까지 일을 하면서 평생을 살아간다. 사람은 일정한 나이가 되면 직업을 갖게 되며, 심신의 건강을 위하여, 희망과 꿈을 실현하기 위하여 직업을 가져야 한다.

직업교육은 국가, 산업사회의 발달 정도, 학자들에 따라 각각 다르게 정의되어 왔다. 직업교육은 한 마디로 직업과 관련되어 행해지는 모든 교육이라고 할 수 있다. 직업교육은 넓은 의미로 교육의 직업적 측면, 즉 개인이 일의 세계를 탐색하여 자기의 적성 · 흥미 · 능력에 맞는 일을 선택하고, 그 일에서 필요로 하는 지식 · 기능 · 태도 · 이해 및 판단력과 일에 대한 습관 등을 개발하는 형식 또는 비형식적인 교육을 의미한다. 이러한 의미로 정할 경우 교사, 의사, 변호사, 컴퓨터 프로그래머, 농업 경영자, 제조업 근로자 등을 양성하는 교육이 모두 직업교육에 해당된다. 그러나 좁은 의미로는 전문대학 졸업 이하의 학력을 요구하는 특정 직업에 종사하기 위하여 필요한 지식과 기능을 습득시킬 목적으로 이루어지는 실업교육, 기능교육, 직업훈련을 지칭한다.[1)]

1) 정석민(1998). 직업교육. 교육학대백과사전. 하우동설.

직업교육의 과거는 인간이 생산활동을 하기 시작한 시점부터이다. 이를테면 우리나라의 경우 고대 부족국가 시절부터 기술이나 기능의 의도적인 전수가 있었으며, 서양의 경우 탈무드나 함무라비 법전 등에 이미 세대간의 기술 전습이 기록되어 있다(한국직업능력개발원, 1998)[2]. 그러나 직업교육이 이론적으로 탐구되기 시작한 것은비교적 최근의 일이라고 할 수 있다. 19세기 이후 등장한 공립학교에서 직업교육을 실시하면서 비로소 그에 대한 관심이 체계화되었기 때문이다.

20세기 후반 이후 경제 환경이 급속하게 변화하는 흐름 속에서 직업교육의 필요성이 주목받고 있다. 널리 알려진 대로, 교육이 경제적 생존력과 직결되어 있다는 인식이 커지면서, 학교교육이 현장의 실무능력을 중심으로 재편되어야 한다는 목소리가 힘을 얻고 있다. 또한 가치창출의 원천이 가시적인 자원이나 설비가 아니라 비가시적인 지식에 있다는 사실이 알려지면서, 인적자원의 중요성이 커지고 있다. 이런 맥락에서 좋은 직장을 구하기 위해서는 효과적인 준비교육을 받아야 한다는 필요성이 갈수록 커지고 있으며, 국가적으로도 직업교육 체제를 새롭게 정비하려는 움직임이 활발히 전개되고 있다.

우리는 오늘의 21세기 현대사회를 흔히 '지식기반 사회'니 혹은 '지식정보화 사회'라고 일컫는다. 이는 일상생활에 있어서 지식과 정보가 그만큼 중요한 역할을 하고 있으며, 고부가가치를 창출한다는 의미이다. 이런 의미에서 20세기로부터 21세기로의 진입은 단순한 세기적인 변화가 아니라 지금까지 우리가 실행해 왔던 기존의 패러다임을 깨는 역사적 대전환이라 할 수 있다. 즉 이전의 산업사회와는 달리 각종 정보를 활용하여 새로운 지식을 창출할 수 있는 능력을 배양하며, 지식이 가장 중요한 자본이 되고 경쟁력의 원천이 되는 지식기반·정보화 사회로의 이행을 가져온 것이다. 그런데 이러한 사회변화와 더불어 경제환경의 변화는 국내외적으로 커다란 영향을 미치고 있음을 알 수 있다. 이미 많은 미래 학자들은 이러한 특징과 변화 양상을 포함한 21세기 사회의 모습을 나름대로 다양하게 예측·제시한 바 있다. 그들의 견해 가운데 몇 가지를 살펴보면 다음과 같다.

첫째는 이전의 생산수단이었던 노동과 자본이 정보와 지식으로 대체되고, 창의

2) 한국직업능력개발원(1998). 직업교육훈련 100년사. 서울 : 한국직업능력개발원.

력 · 상상력 · 문제해결력 · 비판적 사고력 · 실천적 지식 습득 등 고등정신기능의 신장에 중점을 두는 교육이 요구됨은 물론 창의적 인재양성을 위해 개인의 소질과 적성 · 잠재력이 존중되는 사회를 전망하고 있다는 점이다.

둘째는 지식의 양은 폭발적으로 증가하고 그 소멸주기가 짧아지기 때문에 새로운 아이디어 창출과 기술혁신이 급격히 이루어지게 되며, 이로 인해 다양성이 존중되고 독창적이고 새로운 모험적인 사람이 존중되는 사회가 된다는 것이다.

셋째는 가정 · 학교 · 사회가 상호연계를 갖게 되고, 학생과 지역주민 및 직장인이 서로 가르치고 배우며, 적극적이고 미래지향적인 자기 주도적 평생학습이 다양화되고 보편화된다는 것이다.

넷째는 정보통신 기술의 발달과 활용으로 새로운 지식이 급속히 변화 · 생산되어 인간의 창의성과 자아실현을 동시에 극대화시킬 뿐만 아니라 정보통신매체가 기하급수적으로 증가하여 필요한 정보와 지식을 쉽게 습득함에 따라 노동생산성이 향상된다는 것이다.[3)]

한편, 이러한 특징 및 양상과 더불어 21세기에는 직업적으로 다양한 변화가 예상된다. 왜냐하면 21세기 지식기반 · 정보화 사회를 맞이하면서 직업세계는 국제화 · 개방화 · 정보화 등의 영향으로 급속히 변화되고 있기 때문이다. 앞으로 인간의 직업환경은 사회변화의 가속화로 인하여 생애에 적어도 2～3개 이상의 직업을 바꿔야 할 정도로 평생직장의 개념이 사라지고, 직업이동이 용이한 탄력적인 임시직이 확산될 것으로 전망된다. 이와 더불어 하루가 다르게 수많은 직업이 창출되고 사라져갈 것이다. 이미 일부 기업에서는 시간과 장소에 제약이 없는 탈상근 추세, 즉 재택근무와 탄력근무제도가 도입되고, 주변에는 조직에 얽매이지 않는 1인 창조직업이나 소호(SOHO)[4)]族 프리랜서 시대가 도래하여 보편화된 느낌마저 들고 있다. 직장의 채용제도나 평가제도는 기존의 평면적인 제도에서 입체적인 제도로 전환되고 있으며, 능력을 평가하는데 있어서도 기존의 연공서열

---

3) 朴州信(2000), "진로상담의 이론과 실제", 『2000년 중등전문상담교사 직무연수 교재』, 인천광역시 교육연수원, pp. 75～76.

4) 소호(SOHO)란 'Small Office'와 'Home Office'의 합성어로서 인터넷을 활용해서 집이나 작은 사무실을 근거로 활동하는 소기업 형태의 지적(知的) 사업을 하는 형태와 또는 이러한 일을 하는 프리랜서를 말한다.

주의(seniority system)에서 능력위주(merit system)의 성과급제(인센티브제)나 연봉제로 급속히 확산되어 가고 있는 추세이다. 그리고 지식 · 정보화의 진전은 사회의 제 측면에서의 급속한 변혁과 함께 산업구조 및 직업세계에 있어서 그 변화를 가속화시키고 있다. 우선 기술수준의 발전이 빨라 상품생명주기가 급속도로 단축되고 있다. 개인용 컴퓨터의 경우 기본 모형의 교체가 과거에는 수년만에 이루어졌으나 현재는 몇 개월 단위로 빨라지고 있다. 이러한 상품생명주기의 단축은 기존의 대량생산 방식과는 다른 생산 · 판매조직을 필요로 하고 있다. 판매에 있어서도 고객의 요구가 일차적인 중요성을 갖게 되어 수요 혹은 주문에 맞는 생산을 해야 하기 때문에 가변적인 생산시설과 인력을 유지하는 것이 필수적이다.

이러한 기업환경의 변화는 대규모의 기업단위 작업이 소멸되고 각 생산과정마다 기업분화를 촉진시키는 방향으로 작용하고 있다. 또한 경제와 기술은 무한경쟁의 시대로 돌입하여 자본 · 기술 · 상품 · 인력의 국가 간 이동은 급속히 자유화되고, 사회의 모든 분야는 지식화 · 정보 집약화되고 있으며, 정보통신과 교통의 발달은 세계를 시간적으로는 동시화, 공간적으로는 지구촌화하고 있다. 직업의 세계 또한 이러한 시대의 흐름에 따라 급속하게 진전되고 있는 것이다. 즉 시대의 변천에 따라 새로운 직업이 생겨나기도 하고, 과거에 있던 직업이 없어지기도 하면서 직업의 세계는 계속적으로 변화해 가고 있다. 뿐만 아니라 디지털을 중심으로 한 직업들이 유망한 직업으로 부상하고, 인터넷 네트워킹 환경을 중심으로 조직의 형태와 인간관계도 급격히 변화하여 노사관계의 재정립이 요구되기에 이르렀다.

사회변화에 따른 직업환경의 변화는 노동시장과 노동환경의 변화를 수반하게 되고, 그 결과 대량실업 문제를 일으키게 되는 것이다. 따라서 자유경제체제에서 생활하는 우리들은 이러한 변화를 직시하고 어떤 직업이 새로운 사회에서 유망할 것인지를 정확히 파악하고, 사전에 학교차원에서의 진로지도나 취업교육을 통한 철저한 직업준비와 취업 확대 방안 및 대책을 마련해야 할 것이다. 뿐만 아니라 불확실한 미래에 대한 예측은 그만큼 다양하고 풍부한 정보를 필요로 하기 때문에 정확하고 신뢰성 있는 직업정보의 인프라 구축도 가능한 빠른 기간 내에 진로지도 차원에서 관심을 갖고 추진 · 달성해야 할 과제이다.

2. 직업의 변천과정

직업의 성공은 곧 인생의 성공과 직결된다. 왜냐하면 직업을 통해 개인의 삶의 질이 달라지고 행복도 결정된다고 볼 수 있기 때문이다. 이러한 점에서 직업 생활의 성공은 현대인 모두에게 중요한 문제이다. 따라서 우리는 직업을 선택하는데 있어 먼저 자기 자신의 역량에 대한 철저한 분석과 이해가 필요하며 동시에 직업과 자기 자신과의 조화를 이루는 것이 필요하다. 자신의 역량과는 무관한 시류에 편승하는 직업선택은 개인에게 있어서 뿐만 아니라 사회적 손실이기도 하다. 특히, 한국과 같이 학력이 중시되는 사회에서는 이러한 모순과 좌절이 많이 발생할 수 있다. 그러나 아직까지도 우리나라 사람들 중에는 직업을 현명하게 선택하지 못하여 직업적 방황을 하고 있거나 직업생활을 성공적으로 이끌지 못하는 경우가 적지 않다. 직업에 관한 사전 정보와 이해가 부족한 상태에서 직업을 선택하고, 직업에 나아가기 위한 충분한 준비와 계획 없이 직업생활을 시작하기 때문이다.

오늘날 직업이 분화되고 전문화되면서 기업은 개인의 더 높은 자질을 요구하게 되었고, 생산적이고 성공적인 직업생활을 위하여 현대사회는 더 높은 직업 적성을 개인에게 요구하고 있다. 각자의 직업 적성을 발견 · 개발하고 그에 맞는 직업을 선택하지 않으면 상대적으로 직업적 성공을 거두기 어려운 사회가 되었다. 그럼에도 불구하고 오늘의 우리 대학생들은 각자의 직업 적성을 제대로 발견하고 개발할 교육 기회를 갖지 못하고 있다. 다행스럽게도 최근에 많은 젊은이들이 자신의 개성과 적성을 고려한 일(직업)을 선택하는 경향이 있어 고무적이기는 하지만, 아직 일반화된 모습이라고 보기는 어렵다. 따라서 대학은 유능한 직업인을 양성하는 것으로 만족할 것이 아니라 학생들에게 취업 전, 진로교육을 통하여 자신의 직업 적성을 발견하고 이에 적합한 직업을 선택하게 함으로써 보다 성공적인 직업생활을 영위할 수 있도록 도움을 주어야 할 것이다. 즉 대학은 사회의 발전과 변화 그리고 시대적 흐름에 부응하는 전문인의 양성과 더불어 개인의 성공적인 직업생활을 통한 자아실현이 가능하도록 취업 전, 충실한 진로지도와 직업교육을 실시해야만 하는 것이다. 흔히 진로지도하면 사람들은 대체로 초등학교와 중 · 고등학교에서의 단순한 상급학교 진학준비 정도로 인식하는 경우가 많다.

미래사회는 직업이 점점 다양화 · 전문화되고 개인의 요구도 다양해 질 것이므로, 학교는 직업과 일의 세계에 대한 정확한 정보를 신속하게 제공하는 동시에 개인이 스스로를 이해할 수 있도록 하는 프로그램을 제공하여 각자가 합리적인 진로계획과 선택을 할 수 있도록 하는 제도적 장치도 마련되어야 한다.

아울러 직업지도가 성공을 거두기 위해서는 무엇보다도 먼저 체계적인 진로교육의 활성화로 개개인의 직업에 관한 인식을 제고시키고, 또한 자신의 진로에 대해 관심을 갖도록 노력하는 것이 중요하다. 왜냐하면 일과 직업에 대한 개개인의 올바른 이해를 바탕으로 건전한 직업관이 확립되고, 흥미로운 직업적 관심이 생성되어 총체적 직업정보를 형성할 수 있기 때문이다. 따라서 우리는 이와 같은 급격한 직업환경의 변화에 대응하여 사전 진로교육을 실시함으로써 개개인이 일찍부터 미래의 직업이나 진로를 생각해 보고, 현명하게 선택 · 결정할 수 있도록 도와주는 데에 많은 노력을 경주하여야 할 것이다.

직업의 변천과정은 10년 단위로 나누어보면 다음과 같다.[5)]

1) 1950년대(굴뚝청소부시대, 근대화를 위한 신문물 도입기)

6.25 이후 황폐해진 도시와 산업을 일으키기 위해 산업화의 토대를 마련하기 시작한 때이다. 농업 · 임업 · 수산업 등 1차 산업종사자가 전체인구의 80%를 이룰 정도로 1차 산업이 주를 이뤘다. 전차 · 전화 · 라디오 등 새로운 서구문화가 본격적으로 유입되면서 전차운전사 · 전화교환원 · 라디오조립원 · 공장노동자(고무 · 가발 · 섬유) · 군인 · 경찰이 떠오르는 유망 직종이었다.

2) 1960년대(기능공 · 공장노동자시대, 경제도약기)

경제개발을 위한 움직임이 시작된 시기인 경제도약기로 1차 산업과 더불어

---

5) 정병식 · 이장희(2004). 직업세계의 이해, 대왕사.
문승태 · 박행모 · 장선철(2005). 사회변화와 직업세계, 태영출판사.

경공업이 주력산업으로 자리잡기 시작했다. 농촌을 떠난 노동인력이 대거 도시로 유입되어 공장근로자 수가 크게 늘었다. TV나 라디오 등 초보수준의 전자제품 제작이 가능해져 전자제품 기술자(엔지니어)가 각광받는 직업으로 등장했다. 섬유·합판·신발분야 기능공도 이 시절에는 빠질 수 없는 인기직종이었다.

한편 대기업을 중심으로 산업화가 추진되면서 회사원·타이피스트·비서·은행원·공무원·사무직종 종사자들이 선망의 대상이 되었다. 또 TV가 보급되면서 유랑극단은 쇠락의 길로 접어든 반면, 탤런트·배우가 인기를 끌기 시작했다. 항공기 스튜어디스는 여성들 사이에서는 선망의 대상이었고, 남성들에게는 흠모의 대상이었다.

3) 1970년대(건설노동자·은행원시대, 산업화 진전기)

국가 중심으로 경제발전이 급속하게 추진되던 산업화시대이다. 소비재중심의 내수시장에서 벗어나 수출과 중화학공업이 중심산업으로 부상했다. 대기업중심의 사회경제 구조가 시작된 시기다. 이에 따라 대기업 직원, 금융계 종사자, 그리고 무역회사 직원은 유능한 직업인으로 결혼 상대 1순위였다. 이 때는 또 중동지역의 해외건설 붐을 타고 수많은 건설노동자들이 해외로 나간 시기였다. 노무사·건설현장 노동자·중장비엔지니어는 이 시절의 특수를 잘 탄 직업인들이었고, 이 밖에 공작기계기술자·전당포업자·버스안내원 등도 주목받는 직종이었다.

4) 1980년대(화이트칼라·유통업자시대, 첨단산업 및 서비스업 태동기)

1970년대 산업화가 결실을 맺은 1980년대는 중화학공업이 크게 발전했다. 소득이 늘고 산업이 고도화되면서 직업환경이 급속히 변하기 시작했다. 조금씩 삶에 여유를 갖고 문화에 대해 관심을 갖기 시작하면서 신종직업이 속속 등장했다. 삶의 질과 관련된 산업인 증권·보험업에 대한 관심도 높아졌다.

5) 1990년대(전문직종시대, 문화산업 진전기)

국가주도로 IT가 발달하면서 정보통신산업 · 금융전문산업이 크게 각광받았다. 외한딜러 · 선물거래사 · 펀드매니저 · 프로그래머 · 벤처기업가들의 역할이 새롭게 평가받으면서 이들은 사회의 고급인력으로 추앙받았다. 방송연예에 대한 관심이 인터넷 수용에 적극적인 10대를 중심으로 빠르게 확산되면서 연예인 코디네이터 · 멀티미디어 · PD웹마스터는 이들이 꼭 한번 도전해 보고 싶어하는 인기직종이 되었다.

6) 2000년대(디지털 · 글로벌전문가시대, 첨단산업 및 레저환경산업 발전기)

지식기반 경제활동이 활발해지면서 글로벌 인터넷사회를 무대로 인터넷분야 전문직이 인기를 끌고 있다. 통신 네트워크 전문가의 인기가 높다. 글로벌화에 대한 기업들의 관심도 높아져 국제공인회계사 · 국제회의전문가 등이 유망직종으로 부각되었다. 우주와 인간의 복지에 대한 관심도 크게 늘어나 항공 우주 하이테크 종사자와 첨단의료 · 유전자감식 전문가에 대한 새로운 인식이 싹트고 있다.

노동시간 단축, 고용의 유연화 경향에 따라 삶의 여유를 즐기려는 인식이 확산되고 있다. 이를 위해 사람들은 개인의 자산을 관리해 주는 금융자산관리사의 필요성을 절실하게 느끼게 될 것이다. 실버산업이 새로운 대형산업으로 떠오르며, 환경오염에 대한 위기감이 확산되면서 환경전문가들의 역할도 기대된다.

7) 2010년대(인간관리 · 복지전문가시대, 인간중심산업의 발전기)

정보통신산업과 첨단의학산업의 만개로 노동자들의 생활수준이 높아지면서 개인 금융자산관리사와 사회복지 · 레저관광 전문가를 찾는 이들의 발길이 늘어날 것으로 예측된다. 평생직장의 개념이 없어지면서 여가, 자기계발 정신건강 등을 컨설팅하는 웰빙컨설턴트라는 신종직업이 생겨날 것이다. 국적을 초월한 기업이 출현함에 따라 이들 기업에서 필요로 하는 인력관리 전문가의 위상도 제고될 것이다.

3. 직업교육의 현황과 문제점

1) 대학 직업교육의 추세

오늘날 우리 경제는 지난 40여 년 동안 지속적인 산업화로 인해 경이적인 경제성장을 이룩하였으나, 급속한 사회변화에 따른 지식기반 경제체제로의 전환과 동시에 IMF 관리체제에서 비롯된 노동시장의 구조조정 등으로 큰 어려움을 겪고 있다. 또한 최근에는 인력계획 중 산업별 · 직업별 · 학력별 구조변화에 대한 현실적인 전망이나 합리적인 근거 없이 인력공급 계획이 이루어져, 이로 인한 특정 분야에서의 기술인력 부족 때문에 실제성장과 수출전략에 큰 병목현상이 빚어지고 있다. 반면 다른 분야에서는 남는 인력 때문에 자원 배분의 효율성이 떨어져 있는 실정이다. 이에 경쟁력 유지를 위한 우리의 과제는,최근 세계시장의 기술수준이 반영되고 기업의 요구 수준에 부응하는 산업인력이 배출되도록 교육 · 훈련의 내용을 조정하는 작업이 우선적으로 해결되어야 한다. 아울러 노동시장의 변화에 따른 인력확보를 위해서는 경제 각 부문에서 필요한 신기술을 습득(catch up)하고 체화(embodiment)시키는 직업교육 · 훈련을 통해 직업능력을 향상시키는 일이 중요하다고 하겠다.[6] 이와 함께 대학에서는 직업교육훈련을 할 수 있는 영역과 부문에서 보다 적극적으로 인력개발을 활성화하여 고도의 전문지식 및 기술인력을 공급해야 할 것이라고 생각된다.

인력 수급 차원에서 대학의 직업교육의 성과는 결국 취업률로 나타낼 수 있다. 왜냐하면 교육외적인 관점에서 교육의 효과를 평가할 때 교육이 사회적 요구에 얼마나 잘 부응하고 있는가가 중요한 요인이기 때문이다. 다시 말하면 국가의

6) 장창원 · 이지연(1999), "우리나라 4년제 대학졸업자의 직업교육훈련 성과분석", 『직업능력개발연구』 제2권, 서울 : 한국직업능력개발원, p. 128.

인력 수급계획에 따라 적절한 인력을 양성 · 배출하는 교육체제의 기능이 요구된다는 것이며, 취업률은 이러한 교육효과의 외적 결과를 나타내는 중요한 지표가 될 수 있다는 것이다. 그러나 요즘과 같이 심각한 취업난 속에서 하향취업이나 전공과 직업의 불일치가 예측되는 상황인 만큼 양적인 취업률만으로 교육의 성과를 측정하는 것은 한계가 있다.

2) 학력별 고용의 특징

1980년대 초 대학정원 자율화 조치 이후 노동시장에서 대졸 이상 학력소지자들의 노동공급은 급격히 증가하였고, 이러한 초과공급은 80년대 중반부터 직종 내에서 고학력자의 수요를 증폭시키게 되었다. 이로 인해 국내의 노동시장에서는 노동력의 고학력화 현상이 나타나게 되었으며, 고학력자의 과잉공급은 구직자들이 적당한 일자리를 찾기 어렵게 만들었고, 이는 결국 직업불일치(job mismatch) 또는 학력불일치 현상을 초래하였다. 반면에 대졸자의 노동시장으로의 신규진입의 증가에 따라 그만큼 노동시장 내에서 고졸 이하의 노동력이 차지하는 비율이 감소하게 되었으며, 직종과 학력간의 불일치를 초래하는 결과를 파생시켰던 것이다. 그리고 이와 같은 학력불일치에 따른 노동력 수급불균형은 직종에서 요구하는 학력보다 높은 학력과잉(overeducation)[7]과 직종에서 요구하는 학력보다 낮은 학력을 가진 과소 학력 현상을 초래하게 된다. 우리나라에서는 학력과잉의 폐해가 논의되기 시작한 지 20여 년이 지난 지금까지도 학력과잉의 원인과 그 해결책에 대한 사회적 합의가 이루어지지 않고 있다.[8]

다음으로, 학력별 임금구조의 특징을 알아보면 아래와 같다.

학력별 임금 구조 분석은 학력별 노동시장의 조정과정을 파악하는데 도움이 된다. 우리나라의 대졸대비 학력별 임금수준을 보면, 전반적으로 대졸자와의 임금

---

7) 학력과잉이라 함은 특정학력 졸업자의 임금이 과거보다 감소하는 상황, 특정학력 졸업자의 금전적 · 비금전적 기대효과의 실현이 미흡한 현상, 그리고 특정학력 교육을 통해 습득한 지식과 기술의 활용이 미흡한 상황 등으로 정의된다.

8) 김주섭 · 이상준(2000), 『학력과잉과 노동시장 불균형 실태분석』, 서울 : 한국직업능력개발원, pp. 1~4.

격차가 줄어들고 있음을 알 수 있다. 특히, 80~90년대의 평균에 비해 91~98년의 대졸자 대비 평균임금 격차는 중졸과 고졸 근로자에게 있어 크게 줄어든 것으로 나타나고 있다. 이처럼 학력간 임금격차가 줄어들고 있는 이유는 전적으로 노동시장에서의 조정기능이 원활히 이루어지고 있기 때문만은 아닌 것 같다. 왜냐하면 '80년대 이후의 임금구조가 주로 학력별 연공서열에 의해 구성되어, 생산성에 기초한 능력급별 임금책정이 제대로 시행되고 있다고는 볼 수 없기 때문이다. 따라서 학력간 임금격차의 감소는 시장내부의 작용이라기보다는 시장 외적인 강제에 의해 발생된 것으로 보는 것이 타당할 것이다. 그러면 학력간 임금격차의 감소에 기여한 시장 외적인 측면의 요인은 무엇인가? 관점과 시각에 따라 차이는 있지만 크게 두 가지로 나누어 설명할 수 있다.[9]

칫째는 노조운동으로 인한 서학력 중심의 단순기능공의 임금수준 향상이다.'80년대 후반부터 격화되기 시작한 노사간의 대립과 투쟁은 근로조건의 개선과 더불어 임금수준의 향상에 적지 않은 영향을 미쳤다고 볼 수 있다. 당시의 노조운동은 근로조건이 열악한 저임금·저학력 노동자들이 중심이 되었으며, 이로 인해 저학력 노동자들의 임금수준은 향상된 반면, 고임금·고학력 노동자들의 임금은 상대적으로 정체되었다.

둘째로는 '80년대의 대학정원 자율화 정책을 들 수 있다. 대학정원 자율화 정책은 당시의 만성적인 대학교육에 대한 초과수요를 해소하기 위하여 대학 입학정원을 자율화하는 대신에 졸업정원을 제한하여 학생들간의 경쟁을 촉진함으로써 대학교육의 질적인 향상을 도모하고자 한 정책수단이었다. 그러나 졸업정원제이 실시과정에서 이 제도는 당초의 취지와는 달리 각 사립학교에서 재정난 해소를 위한 목적으로 악용되어 '81년도에 졸업정원을 대폭 확대하는 등 오히려 고학력자들을 양산하여 대학은 고급인력의 공급처가 아닌 고급 실업자의 양성소로 변하게 되었다. 그 결과 80년대 후반부터 고학력자들의 노동공급이 급격히 확대되어 오히려 노동시장의 혼란을 초래하였다.

이로 인해 한편으로는 고학력자들의 하향취업의 증가로 인한 학력간의 임금격차의 감소에 기여하는 결과를 가져 왔으며, 다른 한편으로는 학력 불일치 현상을

9) 위의 글, pp. 7~10.

가속화시키는 계기가 되었다고 볼 수 있다.

3) 직업정보의 현실과 문제점

직업에 관한 정보는 크게 직업 내 취업자 수, 고용전망, 임금 수준 등 각 직업(직종)에 관한 양적인 정보와 각 직업의 특성 및 그 직업을 갖기 위해 필요한 자격 등 직업에 관한 질적인 정보로 분류할 수 있다. 따라서 직업교육이 체계적으로 이루어지기 위해서는 우선 일차적으로 이러한 직업정보에 관한 양질의 데이터가 구축되어 있어야 한다. 그러나 우리나라는 현재 인터넷과 정보통신기술의 발달로 직업정보를 짧은 시간 안에 보다 많은 사람들에게 전달하는 것은 가능해졌지만, 그 안에 담을 직업정보 내용(콘텐츠)은 양적으로나 질적으로 아직 만족할 만한 수준에 있다고는 말할 수 없다. 이러한 현실을 인식하여 최근 우리나라에서는 체계적인 직업정보를 수집하고자 하는 노력이 확대되고 있으며, 여러 직업관련 기관에서 다각적으로 연구·추진 중에 있는 것으로 보인다.

우리나라 직업정보의 현실에서 지적되고 있는 주요 문제점을 보면 다음과 같다.[10)]

첫째는 개개인의 직업에 대한 정확한 개념 및 직업의식이 부족하다는 점이다. 체계적으로 직업정보를 수집하고 확충하기 위해서는 개개인 자신의 직업에 관한 뚜렷한 개념과 인식이 필요하다. 직업정보는 실제로 각 직업에 종사하는 사람들과 직업전문가들로부터 수집되기 때문에 이들 직업종사자(job incumbent)나 직업전문가(occupational analyst)들이 직업의 내용에 관한 확실한 개념과 직업의식을 갖고 있지 못할 경우 직업에 관한 기초정보는 수집되기가 어렵다. 그런데 우리나라의 경우 통계청이 매월 실시하는 가장 포괄적인 직업정보 자료인 『경제활동인구조사』 마저도 정확도를 확신하기가 힘들다는 것이다. 또한 우리나라에서 현재 사용되고 있는 직업분류와 직명사전에 수록된 자료들도 산업현장에서의 경험적 데이터를 통해 얻어진 것이 아니라, ILO나 선진국의 것을 차용한 것이 대부분이어서 우리의 직업세계의 현실과 맞지 않는 경우가 많다. 이러한 이유는 조사대상인 직업종사자

---

10) 최지희(2000), 『유망직업에 관한 기초연구』, 서울 : 한국직업능력개발원, pp. 134~138.

들이 자신의 직업에 대해 구체적인 개념을 갖고 있지 못할 뿐만 아니라 개개인 직업종사자들이 자신의 경험을 수집하여 작성한 실증적이고 경험적인 데이터가 아니기 때문에 나타나는 현상이라고 할 수 있다. 그 결과로 인해 현실적인 정확한 직업분류체계의 작성은 어렵게 되고, 비록 직업에 대한 데이터가 수집된다 하더라도 그 타당성과 신뢰성을 갖기 어렵게 되는 문제가 발생하는 것이다.

둘째는 직업정보에 관한 양적 데이터베이스의 부족과 체계적인 직업전망 자료의 부재이다. 우리나라의 경우, 양적인 데이터로는 임금자료나 직업전망 데이터를 대표적인 예로 들 수 있는 데 임금에 관한 자료는 개인을 통해 수집하기가 힘들고, 직업전망 데이터 또한 아직 주기적으로 이루어지지 못하고 있는 실정이다. 이제까지 우리나라에서의 직업전망은 주로 중분류 수준까지만 이루어지고 있다. 그 이유는 세분류 수준에서 수집된 직업 데이터에 대한 신뢰도가 낮기 때문이기도 하지만, 그 보다는 세분류 수준 이하에서 총 수요를 전망하기 위한 준비작업이 이루어지지 않았기 때문인 것으로 생각된다. 하지만 이러한 작업은 상당한 시간이 소요되고, 중앙부처의 지원과 노력 없이는 불가능하기 때문에 앞으로 직업전망 데이터 구축의 필요성에 대한 사회와 정부의 많은 관심이 있어야 할 것이라고 본다.

셋째로는 직업정보를 효율적으로 연결하는 연결망의 부재를 들 수 있다. 우리나라에서는 아직 직업정보에 관한 주도적인 사이트(site)가 형성되어 있지 못한 상태이며, 그나마 존재하는 직업정보 사이트간에도 연결(link)이 잘 이루어지지 않고 있다. 이는 다양한 욕구를 가진 수요자들이 자신의 필요와 수준에 맞는 직업정보를 얻고자 할 때 오랜 시간과 노력을 들이지 않으면 자신이 원하는 것을 찾기 힘들다는 것을 의미한다. 따라서 새로운 정보를 만들어 내는 것도 중요하지만, 있는 정보를 잘 연결하고 종합하여 수요자들의 편리를 극대화하는 방향으로 직업정보 사이트를 구성해 나가는 노력도 중요하다. 또한 직업정보가 대중들에게 효율적으로 사용되기 위해서는 각 직업정보 사이트에서 이미 존재하는 직업정보들을 활용하는 실험을 하여 그들의 편리와 효용을 도모하려는 노력과 함께 존재하는 직업정보에 관한 홍보를 적극적으로 추진해 나갈 필요가 있다고 하겠다.

4. 21세기 직업환경의 변화와 직업전망

1) 산업구조의 변화와 직업전망

산업구조의 변화는 직업세계의 변화와 밀접한 관련이 있다. 경제가 발전함에 따라 산업구조는 1차 산업에서 2차 산업으로, 2차 산업은 다시 3차 산업으로 변화하게 된다. 2000년대의 우리나라 산업구조는 과학 기술의 발전으로 인하여 지금의 선진국과 같은 형태로 발전될 것이 전망된다. 따라서 취업이나 고용의 형태도 많은 변화가 일어날 것으로 예측된다. 즉 농업 · 어업 · 임업 등을 포함하는 1차 산업의 취업 인구는 급격히 감소하는 경향을 나타낼 것이다. 그리고 광공업과 각종 제조업을 포함하는 2차 산업의 취업인구도 점차 감소 추세를 보일 것으로 전망된다. 그러나 반면에 금융 · 보험 · 정보산업 · 각종 서비스산업을 포함하는 3차 산업에의 취업인구는 급격히 증가될 전망이다. 실제로 1999년도 말 현재 한국의 산업별 취업구조를 보면 1차 산업에 10%, 2차 산업에 20%, 3차 산업에 70%의 비중을 보이고 있다.[11)]

한편, 직업에 따른 취업자 수의 평균 증가율을 살펴보면, 2000년대에는 전문기술직의 증가율이 가장 높아 4% 이상의 증가율을 유지하고, 서비스직도 3% 내외의 증가율을 보일 전망이다. 또한 전문 관리직의 증가율도 매우 높아 4% 정도의 증가율을 보일 것으로 예측된다. 그러나 상대적으로 생산직의 증가율은 2000년대에는 0.5% 미만의 증가율을 보일 것이며, 농림 · 어업직은 증가율이 감소할 전망이다. 이러한 전망을 통해서 생산직이 차지하는 전체 인력 수요는 2010년에도 여전히 28.1%를 차지하게 될 것으로 나타났으나, 단순기능 인력에 대한 수요는 점점 줄어들고 상대적으로 다기능 인력들에 대한 수요가 점점 높아질 것으로 보인다.[12)]

---

11) 장창원(2000), "지식 · 정보화사회의 직업세계와 직업능력", 『진로교육연구』 제11호, 서울 : 한국진로교육학회, p. 5.

12) 이종성(1999), "직업교육훈련 100년의 회고와 전망", 『직업교육훈련』 제2권 제3호(계간), 서울 : 한국직업능력개발원, p. 12.

이와 같은 산업별 취업인구 구조의 변화는 우리나라가 선진공업국가와 같은 수준으로 산업과 기술이 발전됨에 따라 일어나는 현상으로서 이러한 산업별 발전에 따른 고용 추세는 2000년대에도 지속될 것으로 전망된다. 다시 말하면 1차 산업의 비중은 계속해서 감소하는 방향으로, 2차 산업의 비중은 점진적으로 약간 증가 또는 둔화 추세로 그리고 3차 산업은 앞으로 급속하게 발전될 것으로 짐작된다. 산업구조의 변화에 따른 21세기 유망 지식산업 및 지식직업을 제시하면 <표 7－1>과 같다.

<표 7－1> 21세기 유망 지식산업 및 지식직업

구 분	유망 지식산업	유망 지식직업
농림 · 어업(10%)	· 첨단작물, 첨단축산, 첨단양식	· 생물 · 생태 환경학자 및 관련 기술자
제조업(20%)	· 메카트로닉스	· 자동제어 및 로봇 연구원
	· 반도체 및 주변기기	· 반도체 공정, 소자 연구원
서비스업(70%)	· 금융 및 보험	· 국제금융 및 외환 딜러 전문가
	· 정보처리 및 기타 컴퓨터 운용 관련업	· 시스템 및 네트워크 전문가 · 문자인식 시스템 개발원
	· 사업관련 서비스업	· 전자상거래 전문가 · 아웃소싱 관리자
	· 라디오, TV, 유선방송 등 프로그램 제작업	· 인터넷방송 전문가 · 비디오 저널리스트
	· 광고, 예술 관련 서비스업	· 대외광고 기획원 · 디자이너

* 자료 : 장창원(2000), p. 34.
( )는 현 노동시장의 취업자 비율

이러한 산업구조의 변화는 각 산업을 형성하고 있는 직업의 종류나, 내용 성격의 변화에 많은 영향을 줌으로써 새로운 서비스 관련 업종들의 성장을 촉진시키고 있다. 최근에 각광을 받았던 회의 대행업, 판매촉신 행사업, 쇼 행사업 등과 같은 이벤트 관련 업종들도 이러한 변화의 추세에 발맞추어 성장한 직업이라 할 수 있다. 이와 같이 산업구조가 변화함에 따라 비중이 높아지는 분야와 관련된 직업의 종류는 줄어들고, 그 수도 감소하게 된다.

특히, 21세기에는 주문생산에 의한 다양화와 개성화를 추구하고, 설계나 디자인, 정밀가공 기술 등의 기술분야가 중심산업이 되며, 설계사 · 디자이너 · 기술자의 노동력을 원하게 되는 한편 중소기업이 중심이 될 것으로 예상된다. 그리고 고급승용차 · 기계류 중요 부품 · 신소재 · 정보통신 · 건강관련상품 · 고급화된 상품 · 스포츠레저 같은 상품 · 정보유통과 통신관련 상품 등이 주요 산업분야로 전망되고 있다.[13]

2) 지식 · 정보화 사회의 도래와 직업전망

우리나라는 지식과 정보가 개인 및 국가경쟁력의 핵심요소이자 가치창출의 원인이 되는 이른바 '지식기반 사회' 및 '지식기반 경제'로 진입하게 되었다. '지식기반 사회' (knowledge-based society)란 후기 산업사회에 관한 논쟁 중에 등장한 용어로써, 공동의 목표에 대한 합의에 도달하고, 경제 발전을 이루기 위한 전제조건으로서 그리고 개인의 사회적 행위와 사회에서의 지위확보를 위한 전제조건으로서 지식이 점차 중심요소가 되어 가는 사회를 의미한다.[14] 따라서 지식기반 사회에서는 경제발전 뿐만 아니라 개인과 사회의 발전에서도 지식이 핵심적인 역할을 수행하게 된다.[15] 그리고 '지식기반 경제'란 디지털 기술의 활용을 통해 생산 · 소비 · 유통 등 제반 경제활동의 방식이 근본적으로 바뀐 경제체제를 말한다. 다시 말하면 지식기반 경제는 전자상거래(e-business),[16] 인터넷 산업을 포함한 정보기술 생산 · 활용 · 전달의 산업을 모두 포함하며, 1차적으로 지식의 유통과 활용을 원활케 하는 디지털 기술을 통해 실현되는 디지털 경제라고 할 수 있다.[17] 그런데 이러한 지식기반 사회로의 이행은 산업 및 직업의 구조는 물론 직업에서 수행하는 직무의

---

13) 김봉환 외 2인(2000), 『학교 진로상담』, 서울 : 학지사, p. 136.
14) 위의 책, p. 133.
15) 이무근(1999), 『21세기 지식기반사회 구현을 위한 직업교육의 방향과 전망』, 서울 : 한국직업능력개발원.
16) 전자상거래는 현재까지 표준화된 정의는 확립되어 있지 않으나 기본적으로 온라인을 통해 주문 · 결재가 이루어지는 상거래를 의미한다. 전자상거래의 급속한 성장은 인터넷 이용자의 급증에 힘입고 있으며, 미국의 Forrester社는 1998년 12월 전자상거래 규모를 2003년에 1조3천억 달러에 달할 것으로 전망하고 있다.
17) 장창원(2000), 앞의 글, p. 23.

수준과 내용도 변화를 초래하게 된다.

우선, 21세기 정보화 및 세계화 시대는 과학과 기술, 기술과 공학이 결합되어 새로운 형태의 기술혁신 사회를 구축할 것으로 전망된다. 따라서 과학기술의 발전에 따른 기술 집약적 산업구조에서는 기술자와 숙련된 고급 기술인의 역할이 증대되면서 그 수요도 많아질 것으로 예측된다.[18] 특히 정보·기술 등 지식의 집중적인 활용 및 창출이 요구되는 지식기반 산업은 높은 부가가치 창출과 경쟁력 확보를 통하여 앞으로 우리 산업을 주도할 유망산업으로 예상되고 있다. 정부에서도 지식기반 산업을 통하여 신규고용의 창출 및 커다란 투자가 나타날 것으로 기대하고 있다.

이러한 추세에 비추어 1999년 개최된 '한국경제의 중장기 비전'이란 공청회에서는 향후 우리 경제를 주도할 산업을 '지식기반 신산업'이라고 결론을 내린 바 있나. 정보통신 기술의 발달과 인터넷 산업의 급속한 확산으로 지식기반 산업이 국내총생산(GDP)에서 차지하는 비중은 지난 1995년 33.6%에서 오는 2010년에는 50.9%에 달할 것으로 예상하고 있다. 그리고 1995년~2010년 동안의 유망 지식기반 신산업 분야로서 ① 화학분야에서는 항공기·메카트로닉스·정밀화학을, ② 전자부품 및 통신분야는 컴퓨터·전자부품·통신기기를, 그 밖에 ③ 생물, ④ 환경, ⑤ 서비스, ⑥ 전자상거래, ⑦ 문화분야 등을 유망 산업분야로 설정하고 있다. 반면 같은 기간동안 기존 주력산업인 자동차(2.4%), 철강(2.3%), 석유화학(3.0%), 섬유(2.1%) 산업은 낮은 성장 추세를 보이고, 특히 조선업은 3.5%로 감소할 것으로 분석하고 있다.[19] 또한 질적인 차원에서 볼 때, 지식기반 사회로 변화하면서 많은 지무의 변화가 나타날 것으로 기대된다. 더욱이 벤처기업의 인력수요 형태를 보면 그 기업의 핵심 역량기술과 관련한 인력중심으로 수요가 늘 전망이며, R&D 아웃소싱(outsourcing)[20]의 수요가 늘 것으로 전망된다. 그리하

18) 강기주(1992), "산업기술 인력의 양성체제", 『교육월보』 제121호, 서울 : 교육부, pp. 62~65.

19) 최지희(2000), 앞의 글, p. 53.

20) 아웃소싱(outsourcing)이란 기업 내부의 프로젝트나 활동을 기업 외부의 제3자에게 위탁해 처리하는 것을 말한다. 인소싱(insourcing)의 반대 개념이다. 아웃소싱은 미국기업이 제조업 분야에서 활용하기 시작해 이제는 경리·인사·신제품 개발·영업 등 모든 분야로 확대되고 있다. 아웃소싱의 취지는 우선 회사 업무의 일부를 밖으로 빼내는 '초다이어트'를 통해 인원절감과 생산성 향상이라는 이중 효과를 노리는 데 있다. 급속한 시장변화와

여 2000년대에는 고용 측면에서 볼 때, 벤처기업 창업 등으로 지식기반 신산업의 취업자 순 증가는 오는 2010년까지 58만 명에 달할 전망이며, 기존 주력 산업에서의 순 감소분을 많이 흡수할 것으로 보인다. 그러나 자동차 · 조선 · 섬유 · 철강 · 석유화학 등 기존 주력산업은 노동 절약적 기술이 급속히 보급되면서 오는 2010년까지 취업자 수는 2만 9000명이 줄어들 것으로 예측하고 있다.[21]

다음으로, 서비스업의 증가는 제조업을 지원하고 네트워킹하는 금융 · 컨설팅 · 디자인 사업 관련 서비스 부문에서 세계화를 위한 전문지식과 기술의 축적이 더욱 필요하고, 이에 따라 이 부분의 직업능력을 갖춘 인력수요가 클 것이라 생각된다. 특히, 제조업 및 서비스업에서 과거에는 기업에서 자체운영 관리하던 직종 중 효율적인 기업활동을 위해 산업 내(intra industries), 산업 간(between industries) 네트워킹을 저비용으로 연결하는 고부가가치 지식 및 기능을 배경으로 하는 금융전문가 · 상품디자이너 및 설계사 · 정보화와 결합된 만화가 등과 같은 인력과 고도의 소비생활과 생산활동을 선도하는 기업컨설팅 전문가 · 마케팅 전문가 · 홍보 전문가 · 직업교육 전문가 등의 인력 공급 부족이 나타날 것으로 예측된다.[22] 그리고 지식 · 정보화사회에서는 정보통신기술의 급격한 발달로 사이버 공간을 통한 기업활동이 더욱 증대될 것으로 전망된다. 현재도 많은 기업들은 사이버 공간을 통해 생산 · 판매 활동을 하고 있다. 다국적 기업의 경우, 인터넷을 통하여 원료 · 부품의 국제적인 이동이나 생산을 분배하여 최적의 효율성을 얻고 있다. 뿐만 아니라 인터넷 쇼핑몰의 등장으로 사이버를 통한 판매가 일반화되고 있는데, 머지 않아 일부분을 제외하고 거의 모든 판매가 인터넷을 통하여 이루어지리라는 예상도 나오고 있다. 전통적인 상점은 점차 사라지게 될 것이라는 예측도 하고 있다. 그 가장 큰 이유는 효율성이 비교할 수 없이 높다는 점이다. 다시 말해 사이버에서의 거래는 판매자와 구매자에게 발생되는 비용이 다른 약점을 능가할 수 있을 만큼 충분히 낮다는 것이다. 그러나 사이버에서의 거래는 시간과 공간의

치열한 경쟁에서 살아남기 위해 기업의 핵심사업에 집중, 나머지 부수적인 업무는 외주에 의존하는 것이다. 그리고 어떤 분야에서 自社보다 탁월한 능력을 보유하고 있는 기업과 팀을 이뤄 업무를 추진함으로써 업무의 효율화에 급진전을 이룰 수 있다. 또한 위탁대상 기업과 정보네트워크가 연결된다면 이른바 가상기업도 가능하다.

21) 최지희(2000), 앞의 글, p. 53.

22) 장창원(2000), 앞의 글, pp. 23~24.

제약을 받지 않는다는 장점이 있는 반면 과거의 국가 단위의 법체계로는 해소되지 않은 분쟁이나 문화간 차이에 따른 문제들을 야기시킬 수 있다. 따라서 사이버 관련직업이 많이 출현할 것이며 이들은 공간적인 제약 없이 직무를 수행하는 동시에 광범위한 경쟁에 직면하게 될 것이다.[23)]

이에 따라 우리는 국가·사회적 또는 개인적으로 지식기반 사회에서 요구되는 새로운 태도, 과감한 인식의 전환이 촉발되고 유도되도록 하는 것이 필요하다. 또한 지식기반 사회에서는 지식의 양은 폭발적으로 증가하는 반면 그 소멸 주기는 매우 짧아지고, 평생고용의 관행은 사라지게 되므로 개인은 산업구조의 변화에 부응하여 항상 새로운 지식과 기술을 습득하도록 요구받게 된다. 따라서 누구든지 평생 동안 계속해서 새로운 지식을 학습해야 할 것이고 또 새로운 지식과 가치를 창출하는데 노력을 경주해야 할 것이다.

3) 기술환경의 변화와 직업전망

기술의 발전은 노동의 수요·공급과 직·간접적으로 연결되어 있다. 따라서 앞으로 기술환경이 어떻게 변화할 것인가의 문제는 직업세계의 구조가 변화하는 방향을 예측하는 데 많은 의미를 지니게 된다. 21세기 급속한 기술발전의 흐름은 주요한 몇 가지의 특징을 가지고 이루어질 것으로 기대된다.[24)] 우선 기술은 점점 더 고도화·지능화·융합화·복합화되는 추세를 보일 것이다. 기존 기술의 고도화·상용화 속도는 급상승하며, 인간의 지능을 반영한 기술, 인간의 감성을 감지할 수 있는 기술 등 기술의 지능화·인간화가 움직임이 활발해질 것으로 예측된다. 또한 기술의 활용도가 우세한 기술이 다른 기술과 결합되어 새로운 형태의 기술이 탄생되는 기술의 융합화가 빈번하게 이루어질 것이다.

이에 따라 기존산업에 새로운 지식과 기술을 적용하여 경제적 부가가치를 고도화시키고 새로운 기술·지식이 결합된 상품도 다수 출현할 것으로 예상되고 있다. 예컨대, 자동차 산업은 과거에는 기계산업이었으나 현재는 기계산업의 성격보다는

---

23) 노동부 중앙고용정보관리소(1999), 『한국직업전망서 1999』, 서울 : 중앙고용정보관리소, p. 4.

24) 김유배·윤석천(1998), 『21세기 직업전망』, 서울 : 한국직업능력개발원.

전자 · 기계 등이 복합적으로 관련된 종합산업으로 전환되고 있다. 건설업도 인텔리전트 기술이 강조되면서 단순건설업에서 전자 · 통신 · 제어 기술과 도시설계나 미관 등의 문화적인 요인까지 포함되는 지식기반 산업화로 가는 추세이다. 이와 같은 변화는 단순 기능 위주의 제품에 비하여 운영 측면까지 포함하는 종합적인 판단을 할 수 있는 관련종사자를 필요로 하게 된다.

또한 첨단기술을 기반으로 하는 의료산업도 발전할 것으로 보이는데 이에 해당하는 직종으로는 유전자 도식화(게놈 프로젝트), 기술생명복제, 유전자 배합기술 등을 예로 들 수 있다. 이에 따라 동물을 통하여 인간의 필요장기를 생산하는 일이나 고기능의 약제를 값싸게 생산하는 것도 곧 현실화될 것이다. 노화에 관한 메커니즘이 해명되면 노화방지약품이나 방안 등이 개발되어 중요한 산업으로 성장할 것으로 보이고, 노령인구의 비중은 더 확대되어 실버산업은 이전과는 비교할 수 없는 비중을 갖게 될 것으로 예측되고 있다. 우주관련 산업도 대폭 증대될 것으로 예상된다. 현재까지의 우주 이용보다는 다른 차원에서 우주가 개발될 것으로 보인다. 즉 우주 여행이 일반화되어 우주는 새로운 휴식공간으로 각광받을 것으로 보이며, 우주유영이나 달나라 관광 · 목성 탐사 등이나 화성방문도 부분적으로 현실화할 수 있을 것이다.[25)]

그리고 21세기는 개별 기술들이 네트워크하여 시스템 기술로 통합되는 기술의 복잡화가 진전될 것이다. 이와 동시에 기술의 발전 속도와 확산 속도는 급속히 이루어져 기술의 발전에 따른 직업 세계의 변화도 일어날 것으로 예측된다. 단적인 예로 최근에는 인터넷과 같은 정보 기술이 발달함에 따라 웹PD나 웹서버 관리자 등과 같은 직종이 유망직업으로 대두되고 있다. 뿐만 아니라 과학기술의 발달에 따른 기계화 · 자동화의 진전은 여러 복잡한 직무 내용을 단순화시키고, 이에 따라 직업도 기계화 · 자동화가 불가능하거나 사람이 기계보다 효율성이 높은 일에 집중될 것이다. 직업의 종류도 과거와 같은 관리직 · 농부 · 어부 · 기능공 등의 구별이 무의미해지는 대신 대략 4가지 정도로 압축된다고 할 수 있다.

첫째는 근육의 힘을 사용하여 자동화된 기계를 보조하면서 생산에 종사하는 직접생산직이다. 이는 반복적인 단순노무직으로서 종래의 직무와 크게 다르지

---

25) 노동부 한국고용정보관리소(1999), 앞의 책, p. 4.

않지만 현재보다도 그 비중은 점차 감소할 것으로 예상된다.

둘째는 현재의 서비스 관련직과 유사한 업무로서 가장 많은 사람이 여기에 종사하게 될 것으로 예상되는 對人서비스직이다. 판매직, 음식서비스직, 방범·방화직, 건물관리직 등이 주로 여기에 속한다고 할 수 있다.

셋째는 발생된 문제의 해결방안을 탐색하거나 장기적인 발전방향·전략 등을 분석하고 수립하는 사람으로서 연구·분석직을 들 수 있다. 기초과학·응용과학·인문학·사회과학 등의 연구자들이나, 법조인·자문직·경영인·자동화기계 생산관련자 등이 여기에 속하는데 관련 수요 및 종사자의 비율이 증가하게 될 것으로 예상된다. 그리고 창의적인 연구·개발은 국가 혹은 집단의 경쟁력을 결정하는 주 요인이 될 뿐만 아니라 모든 의사결정을 하는데 있어서 분석의 결과가 기초적인 첨단자료로 제공되어 활용될 것이다. 따라서 이 직업군은 지식산업사회에서 핵심계층의 지위를 갖게 될 것으로 전망된다.

마지막으로는 기계화가 가장 어려운 문화·예술 직종을 꼽을 수 있다. 작가·음악가·미술가·연극인·영상예술가·운동관련자 등이 여기에 속하는데, 관련산업의 증가와 더불어 종사자의 비중이 증대할 것으로 예상된다.[26)]

한편, 기술의 융합화와 복합화는 복합기술의 능력 소유자에 대한 수요 증가를 예상할 수 있으며, 기술의 생명 주기의 단축은 창의적 능력의 소유자가 우대받는 등의 예상은 쉽게 할 수 있다. 또한 산업구조에도 변화를 가져와 쇠퇴산업과 신산업이 나타나 고용구조에도 많은 영향을 미치게 될 것이다. 이는 경제활동의 범세계화가 확산됨에 따라 가속화될 것으로 기대된다. 특히, 정보기술의 급속한 발달에 따라 개발도상국은 손쉽게 필요한 기술정보를 입수할 수 있어서 기술개발 속도가 빨라질 것이다. 반면에 선진국은 자국의 이익 보호를 위해 기술보호주의(지적재산권, 물질특허) 가능성이 높아진다. 아울러 기술 자체의 라이프 사이클(life cycle) 및 기술의 수명이 단축되기 때문에 기업 측에 있어서 기술개발 비용은 오히려 상승할 전망이며, 이에 따라 과감한 기술의 도입과 기술제휴가 기업 측에게는 중요한 이슈로 등장할 것이다.[27)]

---

26) 노동부 한국고용정보관리소(1999), 위의 책, p. 6.
27) 김봉환 외 2인(2000), 앞의 책, pp. 131～132.

4) 노동시장의 변화와 직업전망

노동시장의 변화는 또한 21세기 직업세계에 큰 영향을 미치게 될 것으로 전망된다. 21세기는 급속한 기술 변화와 이에 수반하는 사회구조의 변화로 인해 그 결과를 예측하기 힘든 불확실성의 시대가 될 것이다. 즉 끊임없는 신기술의 개발과 그로 인한 직업의 생성과 소멸 그리고 구조조정과 인력 감축으로 인해 직업의 미래가 불투명할 것이라는 예측이다. 21세기 노동시장의 변화에 따른 직업의 특징을 몇 가지 전망해 보면 다음과 같다.

첫째는 고용구조의 변화이다. 21세기는 우선 고 성장률과 저 실업률 시대를 예측한다. 디지털 혁명으로 6%대의 높은 성장률 유지와 신산업 확대로 인해 실업률은 향후 10년간 3%로 소폭 낮아질 전망이다. 이와 관련 학력 위주에서 실력 또는 직업능력 중심으로 고용 기준이 바뀔 것으로 생각된다. 즉 정보와 지식에의 접근이 용이해지면서 향후 디지털 시대에는 학력이 능력의 척도로서 차지하던 역할이 상대적으로 낮아지게 될 것이다. 고용 및 근무 형태에 있어서도 그 변화의 진전이 빠르게 진행될 전망이다. 업무의 외주화가 확산되고, 정규직 보다는 임시직과 일용직 근로자, 파트타임 근로자 등 단기 고용이 증가하게 될 것이다. 또한 기존 산업에서도 꾸준히 새로운 고용창출 효과가 발생할 것이다. 정보통신산업의 투자 확대와 고용 증대에 따른 소비 증가로 경제 전반적 수요가 늘어나고, 그 영향으로 인해 노동수요가 증가할 것으로 전망되며, 또한 디지털화로 생산성이 제고된 기존 산업에서 고용이 창출될 것으로 예측된다. 이러한 고용 형태의 유연화는 기업이 빠르게 변화하는 대외 환경에 부응하여 고용조직을 신축성 있게 운영할 필요성에서 생겨나는 것이다. 따라서 정보통신 관련 업종과 직업에서는 인력 부족이 발생하는 한편 전자상거래와 자동화로 인해 직업이 소멸하는 부문에서는 인력 과잉이 불가피해질 것이다.[28)]

둘째는 고학력 전문직 및 고급기술인력 수요의 증가이다. 정보통신기술(IT)의 확산에 따라 고숙련 직종은 인력수요가 급증하고 저숙련 직종은 감소하는 양극화

---

28) 최지희(2000), 앞의 글, pp. 12~13.

현상이 일어나게 될 것이다. 즉 인터넷과 전자상거래 확산에 따라 웹마스터 · 웹디자이너 · 전자상거래 전문가 · 전자 통신공학 전문가 · 컴퓨터보안 전문가 · 네트워크 전문가 · IT 컨설턴트 등이 새로운 인기 직종으로 대두하게 되고, 반면 컴퓨터 및 복사기 오퍼레이터 등 저숙련 저임금 직종의 수요는 감소할 것으로 예상된다. 부문별로 보면 디지털시대를 주도할 전문지식 취업자의 고용증가 기여율이 10년(1985-1995)간 서비스부문에 72.9%로 나타나 제조업 부문의 18.8%를 크게 상회하고 있음을 보여주고 있다. 이러한 추세에 비추어 볼 때, 향후 우리 나라의 산업구조는 고부가가치 업종 중심으로 재편될 것으로 예측되며, 노동시장에서도 부가가치 생산성이 높은 고급기술인력의 수요가 급격히 증대될 것으로 전망된다. 이와 함께 고학력자의 투자수익률도 높은 수준을 유지할 것으로 예상되고 있다.[29)]

셋째는 기업의 조직 및 직무능력의 변화이다. 기업 내 · 외부의 환경변화는 기업조직을 변화시키고 있다. 새로운 기업조직의 가장 근본적인 특징은 기존 조직에 비해 '사람'이 보다 중시된다는 점이다. 현대 조직은 과거 200여 년 간 수요가 공급을 초과하는 편안한 환경 속에 있었으나, 이제 기업은 소비자가 시장을 주도하는 '수요자 중심의 시장', 즉 'buyer market'에서 활동하게 되었다. 까다롭고 참을성 없는 고객을 빠르게 따라가야 하는 기업은 이제 더 이상 직업의 안정성이나 평생고용을 보장할 수가 없게 된다. 이처럼 21세기에는 기업환경의 변화에 따라 시장주도권이 바뀌게 되고, 기업조직의 특성은 자율성 · 불확실성 · 위험성 등으로 특징지어진다.[30)] 또한 직무능력의 변화에 따라 보상체계도 평등원리에 기초한 연봉 및 복리후생에서 능력주의와 공평원리에 입각한 기초연봉과 성과급 배분 및 스톡옵션제가 추가되고 있다. 기업은 지식이 첨가된 정보기술을 부가가치 창출의 원동력이라고 보고 이러한 변화에 대응하기 위하여 조직의 유연성을 확보하는 경영조직과 제도 등을 만들고, 팀 중심의 작업방법과 작업조직, 작업현장을 모색하고 있기 때문에 근로자는 이에 부응하는 직업능력을 필요로 할 것이다.

넷째는 고용형태의 다양화이다. 정보통신기술의 발달, 노동시장의 유연화 등으로 인하여 고용형태의 다양화가 이루어질 것이다. 이와 동시에 내부 노동시장에

29) 장창원(2000), 위의 글, p. 32.
30) 최지희(2000), 앞의 글, p. 15.

의존하던 고용관행이 외부 노동시장에 의존하는 경향이 강해지면서 상용직 근로자의 필요성이 상대적으로 감소할 것으로 예측된다. 이에 따라 임시직·계약직·파견직의 고용비중은 증가하며, 중장기적으로는 성장률 둔화와 기술진보로 인하여 고용흡수력이 크게 감소하며 제조업 내에서도 지식 집약적인 디지털 기술산업의 취업비중은 증가하는 반면, 비정보화기술 산업에서는 크게 감소할 것이다. 직종별로는 전문기술직, 행정관리직 등 고숙련 전문직 비중이 크게 늘 것이다.[31] 또한 21세기는 여성고용의 비중이 확대될 것이다. 여성의 경제활동 참여가 지속적으로 증가하고 있는 것은 비단 선진국만의 현실이 아니며 국내에서도 뚜렷한 현상이라고 할 수 있다. 이는 디지털화의 진전에 의해 여성이 근무할 수 있는 서비스 산업의 성장과 생활의 디지털화로 여성의 가사노동의 감소 및 재택 근무나 시간제 근무 등의 확산으로 나타나는 불가피한 현상이라고 볼 수 있다.

5) 교육훈련 시장의 변화와 직업전망

최근 우리나라는 대졸 이상의 고급인력이 대량적 실업사태에 직면하고 있다. 이미 대학졸업 이상의 고급인력이 과잉 배출되는 현상을 빚고 있으며, 이러한 과잉 배출 현상은 앞으로 다년간 지속될 것으로 예측된다. 앞으로 대졸 이상의 고급인력은 구조적 실업에 직면하게 될 것이다. 70년대 선진국들이 경험하였던 고학력병의 문제가 우리의 현실로 나타날 전망이다. 반면에 고등학교 졸업수준의 기능 인력은 공급이 매우 부족한 상태에 있다. 앞으로의 산업인력을 장·단기로 전망해 볼 때 우리나라에서는 산업 기술의 발전에 따라 고등학교 또는 전문대학 졸업 정도의 중간 기술자가 산업인력 구조의 핵심을 이룰 것으로 전망된다.

이제 고학력만이 취업에 유리했던 시대는 지나가 버렸다. 21세기에는 학력보다는 졸업 후 곧바로 취업하고, 일하면서 자신의 특기·적성에 맞는 공부를 하는 것이 자기발전을 위하여 더 유리해지는 교육체제로 전환될 것이다. 왜냐하면 학력중심이 아닌 능력과 전문성을 갖춘 인력의 활용이 극대화되는 방향으로 교육체제 및 사회체제가 발전해 나가고 있기 때문이다. 기업도 최근에는 노조가 생기고

---

31) 장창원(2000), 앞의 글, p. 38.

임금이 급격히 상승함에 따라 새로운 고용경향을 보여주고 있다. 고학력자 선호로부터 업무에 효율적이고 전문성을 갖춘 자격과 능력 위주로 채용패턴이 바뀌고 있는 것이다. 그리고 이상과 같은 노동시장의 고용경향 변화와 계속교육 제도의 확대는 앞으로 고학력 선호 경향을 둔화시킬 것으로 전망된다. 불필요한 과잉학력이 불이익이 될 수 있기 때문이다.[32)]

그러면 21세기 교육시장은 어떻게 변화되어 갈 것인가? 예상되는 교육시장을 전망해 보면 다음과 같다.[33)]

첫 번째 전망은 교육훈련 패러다임의 변화이다. 디지털 사회의 도래와 함께 새로운 지식·정보가 창출되면서 학습과 일과의 밀접한 연결이 가능하도록 이론중심에서 실용성 중심으로 교육목표가 전환될 것이다. 이와 함께 학생중심적이며, 참여와 자율이 보장된 교육훈련체제로의 변화가 이루어질 전망이다.

두 번째는 교육공급이 다양해 질 전망이다. 국민의 정보이용 능력에 대한 학습요구가 급격히 증대할 것으로 전망됨에 따라 다양한 형태의 교육서비스가 공급되어 공급의 다양화를 촉진시킬 것이다. 이를테면 가상공간의 학교 시스템 구축과 가상교육 사이트 운영 등 국가적 차원에서 일선 교육훈련기관에서의 정보화 사업이 활성화될 것으로 예상된다.

세 번째는 교육수요가 다양해 질 것이다. 디지털 시대의 급변하는 정보기술에 대응하기 위해서는 전국민의 평생학습이 필요하며, 학생·중 고령자 주부·장애인 등 계층별로 다양한 정보화교육 요구가 표출될 것으로 전망되고 있다.

따라서 이와 같은 직업세계의 변화에 대응하기 위해서는 자격과 능력을 겸비한 인재를 양성할 수 있는 실무경험 중심의 교육방법과 다양한 고도의 정보화 기술의 획득 그리고 필요한 시기에 필요한 만큼의 학력을 이수할 수 있도록 하는 교육체제로의 전환이 요구된다.

6) 정부의 경제정책 변화와 직업전망

정부의 경제정책 기조의 변화 여부는 그와 관련된 직업의 증가와 새로운 출현에

32) 이종성(1999), 앞의 글, pp. 8~15.
33) 장창원(2000), 앞의 글, p. 38.

직 · 간접적인 영향을 미치게 된다. 그 동안 우리나라는 정부의 경제정책에 따라 산업구조에 적지 않은 변화가 있었다. 예컨대, 1960년대에는 노동집약적인 경공업 산업구조가 형성되었고, 1970년대에는 국내의 인적 자원 및 해외 자본 기술과 결합하여 중화학 공업으로의 구조 개편이 일어났으며, 1980년과 1990년대에는 서비스산업의 비중이 다른 산업보다 더욱 커지는 경제의 서비스 현상이 일어났다. 즉 정부의 경제 정책에 따라 제1 · 2차 경제개발계획 때에는 공업기반 조성, 기간산업 및 사회간접자본 확충과 관련된 산업이, 제3 · 4차 경제개발계획 때에는 중화학 공업과 관련된 산업이 성장하게 되었으며, 최근에는 신경제계획에 따라 개방화와 세계화가 추진되면서 이에 따른 산업이 성장 · 발전하였다.[34)]

이를 좀더 구체적으로 살펴보면, 우리나라의 주력산업은 1950년대의 농림 · 어업에서 1960년대에는 정부의 공업화 정책에 따라 섬유 중심의 산업으로 변화되었으며, 1970년대에는 중화학공업의 육성 정책에 의해 철강을 비롯한 석유화학 중심의 산업이 주력산업으로 성장하였다. 1980년대 후반부터는 정부의 경제정책이 경제의 개방화에 따른 규제완화와 세계화 추세로 전환됨에 따라 주력산업도 이에 부응하여 자동차를 비롯한 반도체 · 조선 · 철강 · 컴퓨터 · 통신기기 및 전자 등 국제경쟁력을 갖춘 산업 중심으로 성장하였다. 그리고 향후 21세기에는 국제통화기금(IMF)체제와 구조조정 이후의 국가경영시스템 구축과 관련하여 정부의 정책이 지식의 창출과 확산 · 활용에 기초한 지식기반산업을 육성할 방침에 따라 이와 관련된 산업이 우리나라의 주력 산업으로 발전될 전망에 있다. 21세기 주력산업의 내용은 〈표 7 - 2〉와 같다.[35)]

<표 7-2> 우리나라의 주력산업 발전 추이

연대	주력산업
21세기	정밀화학, 메카트로닉스, 전자정보통신기기, 우주항공, 생물, 신소재 원자력, 호나경, 정보통신서비스, 금융/보험, 소프트웨어, 데이터베이스, 컨설팅, 엔지니어링, 광고, 산업디자인, 교육서비스, 의료 방송, 문화사업, 첨단작물, 첨단축산, 첨단 축산,첨단 영리, 첨단 양식업

34) 한국교육개발원(1995), 『고등학교 공업입문』, 서울 : 한국교육개발원, p. 176.
35) 류진국(1998), 『기업의 생존을 위한 구조조정 전략』, 서울 : 진한도서, p. 76.

90년대	자동체, 반도체, 조선, 철강, 컴퓨터, 통신기기, 전자
80년대	금속제품, 기계 및 장비제조업, 석유화학, 석탄, 고무 및 플라스틱제품, 제조업
70년대	철강, 전자(TV, 냉장고, 전자부품), 석유화학(합성수지, 석탄, 고무 및 플라스틱제품, 제조업
60년대	섬유, 의복, 가죽공업, 합판, 가발, 신발, 제당, 음식료
50년대	농림 · 어업

* 자료 : 류진국(1998), p. 76.

7) 환경문제에 대한 인식변화와 직업전망

1960년 이후 우리나라는 급격한 경제성장, 과학기술의 발달, 도시의 인구증가, 생산과 소비의 증가, 특히 급속한 산업화가 전개되면서 자원고갈 · 환경오염 · 생태계 파괴 등의 환경문제가 중요한 사회문제의 하나로 대두되었고, 오늘날 전 국민적인 관심사로 부각되고 있다. 지금까지 우리나라는 경제성장 우선 정책을 추진하여 고도의 경제성장을 이룩하였다. 그러나 그 과정에서 나타난 환경문제에 대한 인식을 도외시하면서 지속적으로 추진한 경제개발의 결과, 급기야는 국민의 생활과 생존을 위협하고 있다.

더욱이 오존층의 파괴와 지구온난화, 산성비, 그리고 사막화 등에 의한 생태계의 파괴 문제가 심각하게 대두됨에 따라 이제 환경문제는 한 지역이나 국가에 한정된 문제가 아니라 국가의 경계를 벗어난 전 세계적인 문제로 발전되어 인류의 미래에 암울한 경고의 징후를 던져 주고 있다. 그리하여 최근 국제사회는 환경문제가 최대 현안으로 등장하여 지구환경의 위기 극복을 위한 국제적 노력이 활발히 전개되고 있다.

그 일환으로 최근에는 "하나뿐인 지구를 지키자"는 캠페인이 전 세계적으로 확대됨으로써 자연환경이 파괴 없는 지속적인 개발의 아이디어나 깨끗한 환경이 경제 발전의 전제조건으로 점차 인식되어 가고 있다. 이와 함께 여러 국제기구와 국가들은 지구환경문제의 해결을 위해 다각적인 노력을 경주하기 시작했고, 선진국을 중심으로 지구환경보존을 위한 국제적인 차원의 구속력 있는 환경협약[36]을 체결하여 또 다른 무역장벽의 문제로 대두되고 있다. 현재 180여건의 각종 환경협약이 체결되었거나 추진 중에 있으며, 각국별로 환경기준을 강화하여 일정 기준에 미달하는 제품에 대해서는 수입을 규제하거나 수출국에게 폐기물 회수를 의무화하고 있다.[37]

이와 같은 현상에 따라서 생태계 보전, 산업폐기물 처리, 환경시설물 평가 · 시공 · 설계 등의 환경관련 분야에 대한 직업의 수요가 계속 증가될 것으로 전망된다. 그리고 환경의 중요성이 대두됨에 따라 환경관련 산업이 성장할 것으로 예상되고 있는데, 재활용산업과 같은 단순산업도 새로운 기술을 이용하여 응용범위가 넓어질 것으로 보인다. 여기에 더하여 환경과 인간의 삶의 질을 종합적으로 분석 · 기획하는 생태산업이 각광받을 것으로 보인다. 이는 자연계의 순화과정에 인간의 생활을 조합시켜 그 순환의 일부로써 공존을 모색하는 제반 산업이 포함되어 있다. 한편, 화석연료의 고갈에 따른 태양열이나 풍력 · 수력 등을 이용한 청정에너지 관련기술이 개발되어 생태 내에서 화석연료 사용을 줄일 수 있을 것으로 보인다. 또한 환경보존을 위한 기술은 고성장의 고용을 실현하는 몇 안 되는 산업 중의 하나로 부각될 것이다. 이와 함께 환경규제를 돌파하려는 기업의 노력은 기술개발의 동기로 작용하게 되고, 이에 따라 청정환경의 보존은 농업 · 임업 · 수산업이나 관광관련 산업의 발전을 가져와 이와 관련된 산업의 고용을 촉진시킬 것으로 전망된다.

8) 생활수준 향상 및 생활양식 변화와 직업전망

고도의 경제성장으로 인한 소득수준의 향상과 더불어 나타난 국민들의 생활수준

36) 대표적인 국제환경협약으로는 「몬트리얼 의정서」(Montreal Protocol) · 「바젤협약」(Basel Convention) · 「기후변화협약」(Framework Convention on Climate Change) · 「삼림원칙」(Forest Principle) · 「리우선언」(Rio Declaration) · 「의제 21」(Agenda 21) · 「생물다양성 보호협약」 등을 꼽을 수 있다. 구체적인 내용은 다음 문헌을 참조할 것(박주신(1995), "대학생의 환경문제 인식에 관한 조사연구", 『학생생활연구』 제15집, 인하대학교 학생생활연구소, pp. 106～112 참조).

37) 박주신(1995), 위의 글, pp. 59～112 참조.

향상은 소비 패턴에 변화를 가져와 量에서 質로의 소비 고급화가 촉진됨으로써 산업구조나 직업구조도 대량생산 체제에서 고품질 소량생산 체제로의 변화를 가져오게 되었다. 이와 함께 국민들의 관심과 욕구·흥미의 대상도 건강이나 삶의 질·노후·여행·레저 등으로 변화됨으로써 이와 관련된 새로운 업종들이 새롭게 발전하게 되었다. 또한 국민들의 생활수준 향상은 일에 대한 가치기준이나 직업관에도 영향을 미쳐 3D업종과 같이 더럽고(dirty), 힘들고(difficult), 위험한(dangerous) 업종들을 기피하는 현상을 초래했다. 뿐만 아니라 직업선택의 기준도 보수나 안정성보다는 취미나 적성 등을 우선시하는, 즉 '벌이'보다는 '놀이' 성격이 강한 직업들을 선호하는 경향이 두드러짐에 따라 영화나 음악·레저·생활문화 등과 같은 문화산업과 같이 자본 집약적이고 감성 지향적인 직업들이 증가할 것으로 전망된다.

한편, 생활양식(life style)의 변화도 생활수준의 향상과 마찬가지로 직업의 변화에 많은 영향을 미치는 것으로 보여진다. 즉, 예전의 직장을 우선으로 하는 생활문화는 점차 그 가치기준이 변화되어 개인의 행복과 가정생활에 더 큰 비중을 두는 생활문화로 전환되어 가고 있다. 그리고 생존을 위한 일보다는 자신의 개성과 자아실현을 중시하는 일을 추구함에 따라 이와 관련되는 새로운 직업들이 생성·발전되어 가고 있다. 이와 같은 생활방식의 변화에 따라 나타난 직업의 예는 '김치 담그기'에서 찾아볼 수 있다. 전에는 집집마다 김치를 담그는 것이 너무 당연한 일이었기 때문에 김치를 만드는 직업은 생각도 못했다. 그러나 지금은 김치가 공장에서 만들어지면서 김치 관련 직업이 다양하게 생성·분화되어 가고 있다. 그리하여 최근에는 김치 관련 직업만도 김치숙성 관리원, 김치 세소원, 무 세척원, 마늘 박피기 조작원, 고추 제분원, 양념 혼합원 등 11가지나 된다. 또한 생산방식도 소품종 대량생산서 다품종 소량생산 체제로 바뀌고, 시장구조는 대량화·대중화·거대화에서 소량화·전문화·세분화로 바뀌고 있다. 유통의 주역도 백화점이나 슈퍼마켓에서 전문점으로 변화하고 있어 이와 관련된 직업도 이에 따라 변화되어 가고 있는 추세이다.[38)]

38) 정철영(1999), "일과 직업세계의 이해", 한국진로교육학회 편, 『진로교육의 이론과 실제』, 서울 : 교육과학사.

9) 국제환경의 변화와 직업전망

21세기 사회는 서로간의 국경을 철폐하고 국가 간의 모든 인위적인 장애와 차단벽이 제거된 국경 없는 사회(borderless society)에서 무한경쟁의 시대가 될 것이다. 1995년 세계무역기구(World Trade Organization ; WTO)의 출범은 경제의 무한경쟁을 시사하며, 개방경제 체제로의 진입을 예고하는 것이라 볼 수 있다. 그리고 세계화(globalization)는 우리가 생각하는 것보다 훨씬 빠르게 진행되고 있으며, 기업의 세계에서는 이미 그 실현이 구체화되고 있다. 이제 세계시장에 사회주의와 자본주의, 동양과 서양 같은 식의 이분법은 없으며, 오로지 경제논리에 충실한 하나의 단일 시장만이 존재하고 있는 것이다. 세계의 모든 곳은 바로 마케팅의 대상이요, 서비스의 대상이다. 고객의 개념도 나라안 또는 국가를 넘어 지구촌의 모든 사람이 바로 고객인 시대로 바뀌고 있는 것이다.[39]

한편, 이러한 국제환경의 변화는 직업세계의 변화에 많은 영향을 미칠 것으로 예측된다. 향후 21세기를 향한 국제 환경의 변화는 세계무역기구를 축으로 하는 신국제 · 다자 경제 질서로의 전환이라고 볼 수 있다. 세계무역기구는 세계경제가 하나의 규범과 하나의 시장, 하나의 관할 기구 밑에 운영되는 한 지붕 경제권을 의미한다. 따라서 정치적 국경은 이제 경제적으로 그 의미를 상실하였으며, 개별 기업의 국적이 갖는 의미도 크게 퇴색하고 있다. 국제적 경쟁 또한 심화됨에 따라 기업 차원에서 경쟁력 강화를 위하여 노동과 자원, 기술, 기업활동 등의 여건에 부합되면 기업들은 장소와 시간에 관계없이 전략적 제휴를 추진하고 있다. 또한 세계화 · 개방화와 함께 특징적으로 나타나는 현상으로는 유럽공동시장(EC), 북미경제연합(NAFTA), 태평양경제연합(APEC) 등 지역경제 연합의 역할이 증대되고 있다는 점을 꼽을 수 있다. 그런데 이러한 지역경제 블록화 현상은 내부적으로는 자유무역의 성격이 강해지고 있는 반면에 블록들 사이에는 정부가 개입하여 관리하는 성격이 강해지고 있어 앞으로는 어느 나라이든 지역경제 블록에 구성원으로 참여하지 않으면 경제발전과 무역량을 늘리는 것은 어려워질 전망이다.

---

39) 박주신 편(1996), 『성공적인 직장생활』, 인천 : 인하대학교 학생생활연구소, pp. 7~14.

이와 같은 현상들에 의해 자본이동과 노동분업이 급속하게 진행될 것으로 예측된다. 그 결과 자본과 노동의 국제이동성에 대한 제약이 해소되어 감에 따라 자본과 노동은 국제경쟁력의 원천으로서의 중요도가 떨어질 것으로 보이며, 물적 생산요소인 자본이나 노동보다는 지식과 정보, 즉 지적 요소가 경제성장에 중요한 역할을 담당할 것으로 생각된다. 뿐만 아니라 시장의 세계화(globalization of markets)가 이루어지고, 기업의 생산 거점 또한 자국에서 지역적 이점이 있는 곳으로 계속 진행될 것으로 전망된다. 따라서 이러한 세계화 · 다양화 · 블록화 등의 사회환경 변화에 의하여 국제무역 합작투자나 기술도입과 같은 국제업무와 관련된 직종과 고 숙련인력의 수요가 계속해서 증가될 것으로 예상되며, 지식을 기반으로 한 신기술 관련 업종들의 중요성이 더욱 부각될 것으로 보인다.

참고 문헌

*.박주신(2001). 21세기 직업환경의 변화와 진로지도의 방향. pp. 65-133. 인하대학교 학생생활연구소. 부분을 요약, 첨가 및 재인용.

공성진(2001), "지식 기반 사회와 대학교육의 미래상", 『대학교육』 통권 109호(격월간), 한국대학교육협의회.

강기주(1992), "산업기술 인력의 양성체제", 『교육월보』 제121호, 서울 : 교육부.

김관수(1991), "졸업생의 취업확대 방안과 대책", 『대학생활연구자료집』 제3집, 전국대학학생생활연구소장 협의회.

김봉환 외 2인(2000), 『학교 진로상담』, 서울 : 학지사.

김유배 · 윤석천(1998), 『21세기 직업전망』, 서울 : 한국직업능력개발원.

김주섭 · 이상준(2000), 『학력과잉과 노동시장 불균형 실태분석』, 서울 : 한국직업능력개발원.

김충기(1994), "대학에서의 진로지도에 관한 연구", 『진로교육연구』 제2호, 서울 : 한국진로교육학회.

김하자 · 이경희(2000), 『전환기의 직업윤리』, 서울 : 성신여자대학교 출판부.

김형만 외 4인(1998), 『대졸 실업자 직업교육훈련 정책연구』, 서울 : 한국직업능력개발원.

김흥규(1996), "21세기를 전망하는 진로지도", 「학생생활연구」 제16집, 인천 : 인하대학교 학생생활연구소

노동부 중앙고용정보관리소 역(1998), 『미국직업전망서』, 서울 : 중앙고용정보관리소.

____________(1998), 『한국의 미래 유망직업』, 서울 : 중앙고용정보관리소.

____________(1999), 『한국직업전망서 1999』, 서울 : 중앙고용정보관리소.

류진국(1998), 『기업의 생존을 위한 구조조정 전략』, 서울 : 진한도서.

동아일보사 편집부(2000), 『대탐험 21세기』, 서울 : 동아일보사.

박광엽, "2000년대의 직업전망과 취업전략", 『대학생활연구』 제16호, 한양대학교 학생생활연구소, 1998.

朴州信(1996), 『성공적인 직장생활』, 인하대학교 학생생활연구소.

______(2000), "대학생과 진로선택", 『대학생과 대학문화』, 인하대학교 학생생활연구소.

______(2000), "진로상담의 이론과 실제", 『2000년 중등전문상담교사 직무연수 교재』, 인천광역시 교육연수원.

산업자원부(1999), 『21세기 한국산업의 비전과 발전전략』, 서울 : 산업자원부.

삼성경제연구소 편(2000), 『뉴밀레니엄의 의미와 과제』, 서울 : 삼성경제연구소.

이무근(1999), 『21세기 지식기반사회 구현을 위한 직업교육의 방향과 전망』, 서울 : 한국직업능력개발원 제1차 KIRVET HRD 정책포럼 자료집.

이재창(1994), "진로교육 발전방안 탐색에 관한 연구", 『진로교육연구』 제2호, 서울 : 한국진로교육학회.

______(2000), "지시정보하 사회와 진로교육", 『진로교육연구』 제11호, 서울 : 한국진로교육학회.

이정근(1988), 『진로지도의 실제』, 서울 : 도서출판 성원사.

이정재(1990), "대학생의 효율적인 진로지도방안", 『대학생활연구자료집』 제2집, 전국대학학생생활연구소장 협의회.

이종성(1999), "직업교육훈련 100년의 회고와 전망", 『직업교육훈련』 제2권 제3호(계간), 서울 : 한국직업능력개발원.

장석민(1994), "미래사회에 대비한 진로교육의 방향", 『진로교육연구』 제2호, 서울 : 한국진로교육학회.

장창원 외(1999), "우리나라 4년제 대학졸업자의 직업교육훈련 성과분석", 『직업능력개발연구』 제2권, 서울 : 한국직업능력개발원.

________(2000), "지식 · 정보화사회의 직업세계와 직업능력", 『진로교육연구』 제11호, 서울 : 한국진로교육학회.

성석빈(1998). 식업교육. 교육학대백과사전. 하우동설.

정철영(1999), "일과 직업세계의 이해", 한국진로교육학회 편, 『진로교육의 이론과 실제』, 서울 : 교육과학사.

최지희(2000), 『유망직업에 관한 기초연구』, 서울 : 한국직업능력개발원.

한국교육개발원(1995), 『고등학교 공업입문』, 서울 : 한국교육개발원.

한국노동연구원(1998), 『화이트칼라 유망직업 50선』, 서울 : 한국노동연구원.

________________, 『'99 실업대책 방향과 정책과제』, 서울 : 한국노동연구원.

한국산업연구원(1999), 『21세기를 대비한 산업구조개편 : 지식기반산업을 중심으로』, 서울 : 한국산업연구원.

한준상 외 4인(2000), "청년실업자 진로교육 기회로서의 인턴제 개선을 위한 연구", 『진로교육연구』 제11호, 서울 : 한국진로교육학회.
동아일보, 2000년 5월 16일자.
매일경제신문, 1998년 12월 28일자.
매일경제신문, 1999년 5월 4일자.
조선일보, 1999년 8월 26일자.
조선일보, 2000년 1월 20일자.
조선일보, 2001년 2월 15일자, 사설.
Bureau of Labor Statistics, U.S.A. Department of Labor(1998), Occupational Outlook Handbook.
Bureau of Labor Statistics, U.S.A, Department of Labor(2000), Occupational Outlook Handbook.
Farr J. Michael & L. L. Ludden(1998), The Best Jobs for the 21st Century, JIST Works Inc.
OECD(1998), Employment Outlook.
__________, Technology, Productivity and Job Creation : Best Policy Paris.
Joseph F. Coats & Jarratt(1995), Employment Relations Today, Spring, 1995.
Silvestri G. T.(1997), Employment Outlook : 1996-2006.

별첨 6 "고소득 직업 고정관념 버려" 운전수도 억대 연봉

샐러리맨들의 꿈인 '억대 연봉'이 더 이상 변호사, 의사, 금융 전문가 등 고학력 엘리트들 만의 몫은 아니다. 속기사 · 광산 현장감독 · 프레스기기 운전자 등도 자신이 하기에 따라 억대 연봉이 가능한 시대가 왔다.

사람들이 억대 연봉 직업에 대해 월스트리트에 근무하는 금융전문가를 먼저 생각하지만 미국에서는 1억원(10만달러) 이상의 소득을 올리는 다양한 직업들이 존재하고 있다는 것을 깨달아야 한다고 지적했다. 고학력의 엘리트가 아니더라도 숙련된 기술을 갖고 있거나 힘든 일을 견딜 수 있는 체력을 갖고 있다면 고소득을 올릴 수 있다고 조언했다.

장거리 트럭운전사 · 탄광 현장감독 · 인쇄 및 프레스기기 운전자 등은 가장 대표적인 '숨어있는 억대 연봉 직업들'이다. '이런 막노동으로 무슨 돈을 벌 수 있나'라는 생각을 할 수 있겠지만 실제 이들의 수입은 보통 사람들이 추측 수준을 훨씬 웃돈다. 실제 광산 현장감독의 평균 연봉은 10만 6,000달러에 달하고 초과근무수당 · 생명수당 등 부수입까지 포함하면 이보다 훨씬 많은 보수를 챙기고 있다

인쇄기기 운전자도 정규 작업시간에 시간당 32달러(약 3민원)를 벌지만 직업의 속성상 야근 또는 특근이 많아 연봉이 10만달러를 훌쩍 넘기는 경우가 많다. 힘든 조건에서 육체노동을 해야 하는 소위 '3D업종'인 만큼 인력난이 심하고 따라서 그만큼 높은 봉급을 받는 것이다.

타자를 남들보다 상당히 빨리 칠 수 있다면 속기사를 노려보는 것도 괜찮다. 별다른 자격증이 필요하지 않지만 분당 200 단어 이상 치게 되면 대도시에서 법원속기사 자리를 얻을 수 있다.

미국 노동부에 따르면 이정도의 능력을 갖춘 이는 희소성이 크다. 하지만 법원속기사 자리는 한정돼 있기 때문에 쉽게 찾기가 힘들다. 따라서 타자실력만 있다면 다른 직업을 구하는 것도 대안이다. 최근 정보통신기술이 발달하면서 실시간 방송자막 또는 인터넷 방송 보도 등에도 타자 기술이 적용되고 있다.

또 헬스코치나 사업전담코치 등과 같은 '전문 코치', 항공관제사 · 고급 레스토랑 매니저 · 기술소개사(테크 – 라이터) 등도 억대연봉이 가능하다. 하지만 이들이 쉽게 10만달러를 받는 것은 결코 아니다. 고객이 부를 때마다 만사를 제쳐놓고 찾아가거나(전문코치) 수많은 스케줄표를 보며 비행기를 차질없이 이 · 착륙시켜야 하며(항공관제사) 기술에 대한 인지도(기술소개사)도 꽤나 높아야 한다.

- 서울경제신문 2006-08-04

제 8 장

진로교육과 진로지도

지난 반세기에 걸쳐 우리나라가 이룩한 높은 성장은 세계에서 그 유례를 찾아보기 어려운 성공신화이다. 우리나라는 1960년대 초만 하더라도 1인당 국민소득이 80불이 채 안될 정도의 최빈국에 머물렀으며 산업기반 시설도 제대로 갖추어지지 않았다. 그러나 1960년대 초부터 본격화된 고도성장의 결과 1995년에는 국민소득 1만 달러 시대를 열었으며, 이제 규모면에서도 세계 10위권의 경제대국으로 부상하였다. 반도체, 자동차, 조선, 제철 등 일부 제조업 부분은 세계적 경쟁력을 확보하여 세계 초일류기업으로 속속 등장하고 있다. 이러한 산업사회로의 발달은 직업세계의 복잡화와 전문화를 가져오고 이로 인해 학생들은 진로선택에 상당한 어려움을 갖게 되었다. 인간은 누구나 행복한 삶을 원한다. 행복한 삶을 사는 방법은 사람마다 다르고 여러 가지가 있겠지만, 그중 하나는 자신에게 맞는 일을 하면서 의미와 보람을 느끼고 나아가 자아실현을 할 때 행복한 삶이 될 것이나. 교사들은 진로지도와 진로교육을 통하여 학생들이 이러한 삶을 살 수 있도록 도와야 할 것이다.

1. 진로교육의 개념

진로는 영어의 career를 말하며, 수레가 다니는 길을 따라간다(to roll along

on wheels)는 carro 에서 유래하였다. 사전에서는 '한 개인의 생애의 전 과정'으로 정의되어 있으며, '어떤 사람이 일하는 활동의 총체(all of a person's work activity)' (David W. Winefordner 등), '한 개인이 평생 동안 행하는 일의 총체(the totality of work one does in his or her lifetime)'(Kenneth Hoyt 등), '개인의 직업 혹은 직무 이상의 개념으로 자신의 인생전반에서 수행하게 되는 연속적인 일이나 여가 모두를 포함하는 '생활방식(McDaniel)' 등으로도 정의되고 있다. 이들을 종합해 보면, 진로란 보수를 받든 안 받든 일하는 사람 자신이나 사회에 이로움을 주기 위해 평생 동안 행하는 활동이며, 교육, 훈련, 정치, 직업 생활, 가사 활동 등이 모두 진로에 포함된다.

그런데 사람들은 나이가 들어가면서 일에 대한 가치가 발달되고 직업적 정체의식을 형성하며, 직업기회를 배우고, 시간제 혹은 전일제 직업과 여가 선용을 계획하고 실천해 보게 된다. 이러한 과정을 진로발달(career development)이라고 하며, 신체적 · 정신적 발달이 어린 시절에 시작되어 나이가 들어 은퇴한 후까지 평생 동안 지속되듯이 직업에 대한 지식, 태도와 기능도 평생 동안 발달한다. 진로발달은 일반적으로 진로지도와 진로교육을 포함한다.

진로지도(career guidance)는 사람들이 활동하는 생애 동안 그들의 진로발달을 자극하고 촉진하기 위하여 전문상담자나 교사 등과 같은 전문인들이 여러 다양한 장면에서 수행하는 활동들로서 진로계획, 의사결정, 적응문제 등에 조력하는 것을 의미한다.

진로교육(career education)은 개인의 진로선택, 적응, 발달에 초점을 둔 교육으로 각 개인이 자기 자신과 일의 세계를 인식 및 탐색하여 자기 자신에게 적합한 일을 선택하고 선택한 일을 잘 수행할 수 있도록 취학 전부터 시작하여 평생 동안 학교, 가정, 사회에서 가르치고 지도하고 도와 주는 활동을 총칭한다. 여기에서는 교육적 작용이 중시된다.

진로발달, 진로지도, 진로교육은 서로 밀접한 관련을 맺고 있다. 진로교육은 평생 동안 학업적 진로를 선택하는 과정 뿐만 아니라 모든 취업 및 직업적 지도를 함께 포함하고 있으며, 진로지도는 진로발달을 자극시키고 방향을 제시한다.

2. 진로교육의 필요성

직업생활의 성공은 모두에게 중요한 문제이다. 자신이 종사하고 있는 직업에 대한 만족도에 따라 개인의 삶의 질이 달라지고 행복도 결정되는 경우가 많기 때문이다. 그러나 전문적인 진로교육의 부재는 학생들로 하여금 충분한 준비와 계획 없이 진로를 결정하게 하고 나아가 직업생활을 성공적으로 이끌지 못하게 한다.

청소년들의 고민 사항이나 호소문제들을 살펴보면 '진로문제'가 상당한 비중을 차지하고 있다. 실제로 각 대학의 학생생활연구소를 찾는 많은 학생들이 장래문제를 포함한 진로 및 취업 문제를 호소하고 있다. 그러나 이러한 고민이 생겼을 때 상의하는 대상은 대체적으로 친구나 선배가 가장 많고, 스스로 해결하는 경우가 그 다음을 차지하고 있다(이재창 등, 1995).특히, 한국과 같이 학력이 중시되는 사회에서는 그저 공부만 잘하면 미래가 보장될 것이라는 생각에서 공부만 하거나 성적 올리기만을 강조하고, 학생의 적성이나 흥미는 무시된 채 부모나 교사의 권유로 또는 수능점수에 맞추어 유망하다는 학과로 전공을 결정하는 경우가 많다. 이와 같이 전문가에 의한 합리적이고 체계적으로 진로문제 해결이 아닌 경우 그만큼 오류를 범할 가능성도 많다. 인간이 생산적 사회성원이 되기 위해서는 직업적 문제 뿐 아니라 모든 인생 문제에 폭넓고 슬기롭게 대처할 수 있는 능력이 필요하다. 그러한 능력을 갖춰 자아실현을 할 수 있을 때 인간은 행복할 것이다. 따라서 진로교육은 학문과 직업교육의 통합, 결혼, 자녀양육, 취미, 오락 생활에 이르기까지 인생의 모든 문제를 통합하여 지도하는 교육이 되어야 한다.

현대사회는 노동시장이 급격히 변화되고 있다. 새로운 직업이 생기기도 하고 소멸하기도 하면서 직업의 세계는 계속적으로 변화해 가고 있다. 또한 '노동 시장의 유연화'는 평생직장의 개념을 사라지게 하며 잦은 이직으로 인하여 파생되는 실업의 불안을겪게 하고 있다. 더욱이 직업이 분화되고 전문화되면서 더 높은 직업적성을 개인에게 요구하고 있다. 각자의 직업 적성을 발견·개발하고 그에 맞는 직업을 선택하지 않으면 상대적으로 직업적 성공을 거두기 어려운 사회가 되었다. 선진국에서는 2~3만 종의 직업이 전문화되어 있고 우리나라의 경우도 빠른 속도로 전문화되고 있다. 그러나 우리의 청소년들이 알고 있는 직업의 종류는 30~50종 미만이다. 현재 그들 앞에 펼쳐져 있거나 미래의 유망한 전문적 직업에 대한 부족한 정보 속에서 청소년들은 안정적이고 출세지향적인 진로를 선택하고 있는 경우가 많다. 그 결과 대학의 학과도 인기학과로 몰리고, 사회에서의 직업도 인기직종의 분야는 인력이 남아 경쟁이 치열하고, 여타 사회 발전에 필요한 직업 분야는 인력이 부족하거나 전혀 없는 사태를 빚게 되었다(한국진로교육학회, 2000). 국가의 균형적 발달을 위해서는 다양한 분야에 필요한 인력이 개발되고 공급되어야 한다. 이에 진로교육은 학생들이 어려서부터 다양한 분야에서 적성과 능력을 키우고, 자기의 주어진 조건에 따라 유연성 있게 진로를 선택할 수 있도록 이루어져야 한다.

이와 같은 진로교육이 개인의 행복한 삶을 위한 개인적 차원 뿐 아니라 국가의 균형적 발전을 위해서도 필요하다. 즉 진로상담자나 교사들은 사회의 발전과 변화 그리고 시대적 흐름에 부응하는 전문인의 양성과 더불어 개인의 성공적인 직업생활을 통한 자아실현이 가능하도록 충실한 진로지도와 진로교육을 실시해야 한다.

3. 진로지도의 일반적 목표

1) 자신에 관한 보다 정확한 이해 증진

올바른 진로선택을 위하여 자기 자신에 대한 보다 정확하고 객관적인 이해가 필요하다. 현대사회는 과학기술의 발전으로 인하여 산업이 고도로 분화되고 발전하게 되었다. 이에 따라 직업의 종류도 수없이 많아지게 되었고, 계속해서 전문화되는 추세를 유지하고 있으며, 일의 내용도 복잡하게 되어 가고 있다. 또한 직업의 종류에 따라 요구되는 능력과 적성, 기능, 역할이 다양하다. 이와 같이 복잡한 직업세계에서 자기에게 가장 적합한 직업을 선택하고, 성공적인 직업생활을 영위하기 위해서는 무엇보다도 자기의 가치관, 능력, 성격, 적성, 흥미, 신체적 특성 등에 대하여 올바르게 이해하는 일이 필수적이다. 따라서 진로지도는 이러한 자기이해를 중요한 목표의 하나로 삼아야 할 것이다.

2) 직업세계에 대한 이해 증진

현대사회에서 진로를 선택하고 유지하기 위해서는 복잡하고 다양한 일과 직업의 종류 및 본질에 대한 객관적 이해가 요청되고 있다. 세계가 급속하게 산업화되어감에 따라 직업은 전문화, 고도화가 되어 가고 있다. 미래학자들의 예측에 의하면, 머지않아 현존하는 직업의 50% 정도는 없어지고, 새로운 직종이 생겨나며, 존속하는 직종의 경우도 일의 방법이 많이 바뀔 것으로 전망된다. 이러한 상황에서 장래성 있고, 자기에게 맞는 직업을 선택한다는 것은 쉬운 일이 아니다. 일과 직업의 세계에 대한 객관적인 정보와 이에 대한 체계적인 탐구를 바탕으로 일과 직업세계의 다양한 측면과 변화양상 등을 올바르게 이해할 수 있도록 하는 일은 진로지도의 중요한 목표가 된다.

3) 합리적인 의사결정 능력의 증진

진로지도의 마지막 결과는 진로를 결정하는 것이다. 자신에 대한 정보, 직업세계에 대한 정보 등을 가지고 최종적으로 진로를 선택하는 의사결정을 해야 한다. 이러한 의사결정을 합리적으로 잘 하느냐 그렇지 않느냐에 따라 자기에게 적합한 진로를 선택할 수도 있고 그렇지 못할 수도 있다. 아무리 훌륭한 능력과 정보를 가지고 있어도 이를 적절히 활용해서 최선의 선택을 할 수 있는 의사결정 기술을 갖추고 있지 않으면 올바른 진로결정을 하기가 어렵다. 합리적 의사 결정능력이 부족하여 불합리한 결정을 내리게 되면, 그 결정 결과에 불만을 갖게 되고 아울러 많은 부작용을 낳게 된다. 따라서 학생들에게 올바른 진로결정을 할 수 있도록 의사결정 기술을 증진시키는 일은 진로지도의 중요한 목표가 된다.

4) 정보탐색 및 활용능력의 함양

진로지도 및 진로교육에서는 '정보제공'이큰 비중을 차지하고 있다. 그 이유는 학생들로 하여금 직업세계에 대해서 정확히 알고 나서 선택을 하도록(informed choice) 도와 주어야 하기 때문이다. 이 때 교사는 학생이 원하는 정보를 알려주는 서비스를 제공해 주는 일도 해야 하지만, 학생 스스로가 필요한 정보를 탐색하고 활용하도록 안내하는 일도 중요하다. 교사 혼자서 많은 직업정보를 수집해서 학생이 원하는 상태로 가공하여 제공해 주기에는 분명히 한계가 있다. 따라서 학생들 스스로가 정보를 탐색할 수 있는 '방법'을 알려주고 실행에 옮기도록 안내하면, 학생들은 이러한 시도를 해보는 가운데 자기가 필요한 정보를 스스로 수집해서 활용하는 능력을 체득하게 될 것이다. 이러한 능력은 단지 진로정보 탐색에만 국한되지 않고 결국 삶의 모든 영역에까지 확장될 것이다. 이미 정보화 시대 속에 살고 있고, 앞으로 더욱 고도화된 정보화 시대를 살아갈 학생들이 자신에게 필요한 다양한 정보를 신속하게 수집 · 분석 · 가공하여 적절하게 활용하는 능력을 갖추는 것이 중요하기 때문이다.

5) 일과 직업에 대한 올바른 가치관 및 태도 형성

우리 사회는 직업을 사회봉사나 자아실현의 수단으로 보기보다는 돈과 권력, 혹은 명예를 획득하는 수단으로 보려는 경향이 있다. 그리하여 지위 지향적 직업관, 직업에 대한 귀천의식 등이 만연되어 있고, 그로 인한 편중된 입시경쟁을 가져오고 있다.

그러나 일은 생계수단 이상의 의미를 갖는다. 급여를 받는 일이든 받지 않는 일이든 일은 광범위한 사회적 · 심리적 욕구를 충족시켜 주며, 때로는 자신이 존재하는 이유를 주기도 한다. 일이 갖는 이러한 본래의 의미를 깨닫고 올바른 직업관과 직업의식을 갖도록 하며, 잘못되었거나 왜곡된 내용은 올바르게 수정해야 할 것이다. 나아가 일과 직업인에 대한 존경심을 발전시키고 가치 있고 지속적인 사회제도로서의 일에 대한 바람직한 태도를 형성시키는 교육이 되어야 한다. 이재창(2005)은 올바른 직업관과 직업의식을 형성하기 위하여 일을 출세를 위한 수단으로 보는 관점, 직업에 대한 편견, 성 역할 고정관념 등에서 벗어날 수 있도록 도와야 한다고 하였다.

4. 진로교육의 단계

진로교육의 단계에 대해서는 여러 모형이 제시되고 있다. 그런 가운데서도 일치되는 견해는 진로교육이 학생들의 발달 개념에 따라야 한다는 것이다. I. Clements(1977)는 진로교육을 진로 인식(career awareness), 진로탐색(career exploration), 진로방향 설정(career orientation), 진로준비(career preparation), 중등학교 이후 단계(postsecondary stage)의 5단계로 계열화하고 있다. 김충기(2001)는 초등학교 수준의 진로인식 단계, 중학교 수준의 진로탐색 단계, 고등학교 수준의 진로준비 단계, 대학 수준의 진로전문화 단계로 분류하였다. 그에 의하면 진로교육은 초등학교에서부터 시작하여 성인이 된 후에 이르기까지 계속되며, 하나의 유능한 직업인으로서 자신이 택한 직업에서 잘 적응하고 발전함으로써 성공적인 자아상을 구축할 때까지 계속되어야 한다. 이러한 진로교육의 단계와 목표는 기계적, 단절적으로 설정될 성질은 아니다. 고등학교에서도 학생들에게 진로인식이나 진로탐색의 교육이 이루어져야 할 것이고, 중학교에서도 진로인식이나 초보적인 진로준비 교육이 이루어질 수 있다. 여기에서는 각급 학교 수준에서 이루어지는 진로교육에 대하여 정리하였다.

1) 초등학교 : 진로인식 단계

진로발달이론에 의하면 초등학교 시기는 진로의 인식단계로 규정할 수 있다. 삶의 문제와 방향에 대하여 초보적 인식을 성숙시키는 단계이다. 이 시기의 진로교육은 직업선택에 필요한 기초적인 지식과 정보 및 기능의 습득, 일에 대한 기본적인 태도와 가치관의 형성을 주요 목적으로 한다. 구체적으로 살펴보면 다음과 같다.

(1) 자기 이해

자기의 소질이나적성, 성격, 흥미, 장래의 희망 등에 대하여 생각해 보고 발견하려는 노력을 할 수 있는 학습의 기회를 주어야 한다.

(2) 다양한 직업역할의 유형에 대한 인식

장래 직업선택을 위한 기초적 단계로 일과 직업세계에 대한 기초적 지식과 정보, 학습경험을 제공하여, 자기가 장래 선택하고자 하는 직업의 영역을 잠정적으로나마 선택해 보게 한다.

(3) 일에 대한 기본적인 태도와 가치관의 형성

일에 대한 태도와 가치관의 형성은 어려서부터 몸에 익히도록 하는 것이 좋다. 성인이 된 후에 학습하기는 매우 어렵기 때문이다. 따라서 초등학교 단계가 가장 효과적이다. 학교활동, 가정생활을 통하여 일에 대한 적극적인 태도와 가치관을 길러주고 일의 중요성을 인식케 하여야 한다. 또한 자기가 한 일에 대한 책임의식을 고취시키고, 협동적인 사회행동의 필요성에 대한 인식과 자세를 함양시켜야 한다.

초등학교에서 진로교육을 할 때 저학년에서는 형식적인 조작이 불가능하기 때문에 구체적인 방법, 예컨대 견학, 시뮬레이션, 시범, 필름, 슬라이드, 비디오 테이프의 상영 등으로 어린이들이 가능한 한 직접 보고, 만지고, 행동으로 표현해 볼 수 있는 지도방법을 활용하여야 효과적이다. 그러다가 고학년에 올라감에 따라 점차적으로 추상적 개념을 도입하도록 하는 것이 바람직하다(김봉환 외, 2000).

2) 중학교 : 진로탐색 단계

중학교 시절은 진로탐색의 시기로서, 초등학교의 진로인식 활동의 기반 위에서 고등학교의 진로준비 활동과 연계될 수 있도록 진로결정 기술을 확립하도록 지도하는 것이 핵심사항이다. 이 시기에서는직업군(occupational cluster)의 탐색과 잠정적인 진로계획 수립이 이루어진다. 직업군이란 일 또는 직업의 성질상 비슷한 종류에 해당하는 직업끼리 묶어 놓은 분류 형태를 말한다. 직업이란 무엇이고 어떤 성격을 가지고 있으며 직업의 종류와 직업군의 특성과 이에 관련된 직업은 어떤 것이 있는가를 알아보고 동시에, 긍정적인 지이개념의 발달과 의사결정 능력의 증진을 기하고, 학생들로 하여금 자신의 진로계획을 세워보도록 도와 준다. Zunker(1999)도 중학교 진로지도에서 다루어야 할 내용으로, 의사결정과 문제해결 기술의 증진, 자아개념을 교육 및 직업적 목표와 연계시키는 일, 학생의 장점과 능력을 다루는 일, 직업탐색 등의 네 가지로 제안하고 있다.

중학교에서의 진로지도는 초등학교 때보다 좀더 추상적인 방법을 사용할 수도 있다. 그러나 아직 학생들의 논리적 사고가 완전한 수준에 도달한 것은 아니기 때문에 추상적인 방법에 비해 구체적인 것이 효과가 더 큰 경우가 많다. 또한 직업의식이 성숙된 상태가 아니고 발달 과정 중에 있으므로 특정한 직업의 선택을 강요해서는 안 된다. 이 시기에는 직업의식의 발달을 돕기 위하여 자기의 소질과 적성, 인생관 등에 직업정보를 관련시켜 장래를 탐색하고, 자신의 감정과 태도를 자연스럽게 표현할 수 있는 기회를 제공해 주는 것이 좋다. 이는 개인별로도 실시할 수 있지만 경우에 따라서는 집단토의나 집단상담 혹은 관련 학습내용을 다루는 수업을 이용할 때 더 좋은 효과를 거둘 수도 있다.

3) 고등학교 : 진로준비 단계

고등학교는 직업적 진로를 선택하고 준비하는 진로준비 단계에 해당된다. 고등학교 때 선택한 진로가 평생토록 유지되는 필연성이 있는 것은 아니지만, 인생의 낭비를 막고 성공적인 직업생활을 위해서는 신중하게 진로를 선택하여야 한다. 그리고 선택한 진로에 대하여 충분히 준비를 하고 취업을 하거나 진학을 하여야 한다. 이 시기의 진로교육은 계속 교육을 위하여 상급학교에 진학할 것인지 아니면 직업세계에 입문할 것인지를 결정해야 하기 때문에 진학지도와 취업지도가 중요한 과제로 등장하게 된다. 자신의 능력, 적성, 흥미, 경제적 여건, 직업포부 등에 대하여 객관적으로 평가하고, 그 결과를 직업이 요구하는 자질과 특성에 관련지어 보고 그 직종에 나아갈 수 있는 진학과 취업을 준비하여야 한다. 이러한 결정이 합리적 의사결정과정으로 이루어지도록 돕기 위하여 일과 직업, 진학에 대한 정보뿐 아니라 합리적 의사결정기능에 대하여 교육하여야 한다. 또한 일과 직업에 대한 가치가 전체 가치 구조 속에 갈등 없이 내면화할 수 있도록 도와 주어야 하며, 자기가 선택한 진로의 장기적 전망, 삶의 질이나 형태에 대하여 예견해 볼 수 있도록 지도해야 한다. 진학을 위한 상급학교와의 유기적인 연계 강화 혹은 취업에 대비하여 현장실습이 가능한 산학협동 방안을 실현함으로써 그 효과를 증대시킬 수 있다.

4) 대학 : 진로전문화 단계

대학에서 이루어지는 진로발달 단계를 김충기(2001)는 진로전문화 단계라고 하였다. 그에 의하면 대학은 전문가, 기술자로서의 직무를 수행할 수 있는 준비과정으로서 학생들이 장차 직업세계에서 전공분야의 전문인이 될 수 있는 소양을 갖추게 하는 곳이다. 과거에는 대학이 특수계층만이 누리던 엘리트 교육이었으나 오늘날 대학은 양적으로 팽창하여 대학교육이 점차 대중화되어 가고 있다. 이제는 대학이 학문의 전당이나 엘리트 양성소의 기능보다 다양한 직업세계에서 전문직에 수용될 수 있는 전문인 양성기관으로서의 기능이 점차 확대되고 있는 추세에 있다. 더구나 중등학교에서 체계적인 진로지도가 이루어지지 않아, 자신의 적성과 장래 희망보다는 일단 대학에 들어가야 한다는 사회적 분위기 속에서 입학한 학생들이 진로문제에 많은 갈등을 나타내고 있다. 최근에는 학부제와 복수전공의 확대,

교과목 이수에 대한 자율성이 커진데 따른 수강과목 결정의 문제, 과학기술의 발달, 직업세계의 다양화와 전문화 등 변화하는 정보화 사회에서의 노동시장의 변화가 학생들에게 혼란을 주고 있다. 이러한 시대적 변화에 대응하여 대학생들에게 만족할 만한 미래 생활에 대한 준비와 아울러 직장생활에 잘 적응할 수 있도록 하는 새로운 진로교육이 요구된다. 대학에서 진로교육과 진로지도의 방향을 제시하면 다음과 같다(한국진로교육학회, 2000).

(1) 대상의 포괄성 및 다양성

앞으로의 대학교육은 다양한 배경을 가진 다양한 연령층을 가진 사람들을 대상으로 한다. 또한지역사회의 봉사기관 역할까지도 담당해야 하므로 대학에 정식으로 등록된 사람뿐 아니라 지역사회주민들까지 진로교육과 진로지도의 대상이 된다.

(2) 진로교육의 연계성

진로는 개인의 전 생애의 발달단계이므로 각급 학교에 따라 단절되는 것이 아니라 연속적이어야 한다. 진로교육은 평생학습 과정이므로 대학 이전의 단계와 연계되어야 하며, 대학 이후의 단계와도 연계되어야 한다.

(3) 현장중심 진로교육

산학협동체계의 강화로 현장중심의 진로교육이 활성화되어야 한다. 이 모형은 지역사회가 학생들로 하여금 일의 세계에서의 경험을 개별화할 기회를 제공하는 학습실험실 역할을 한다. 따라서 학생들은 지역사회에 있는 은행, 박물관, 회사, 공사장, 공장, 병원, 교도소, 관청 등의 각 정부기관이나 사회단체, 기업체 등의 각종 현장에서 성인들이 수행하는 일을 경험하며 동시에 학점도 따게 된다. 이 모형의 본질은 개별적 업무, 개별적 계약, 작업학습, 협동교육 등의 방법을 통해서 각 학생들로 하여금 경험을 개별화하는 것이다.

(4) 교육과정에 반영

대학의 교육과정에 진로교육과 진로지도를 반영해야 한다. '인간관계론'과 같은 교양과목에 '나의 인생설계'와 같은 독립된 교과목을 개설하거나 기존의 심리학 개론이나 인간관계론, 사회학 개론과 같은 교과목 속의 한 부분에 진로 관계 단원을 배치하는 방법도 있을 것이다. 또한 각 교과별로 산학협동 교육 프로그램을 개발하여 활용하거나 학생생활연구소, 취업정보센터 등에서 진로와 관련된 특별프로그램을 다루는 방법도 있다.

(5) 진로정보 체제의 구축

정보활동은 진로지도의 성공 여부를 결정지을 수 있는 진로지도의 핵심이다. 현대사회는 정보 사회이다. 폭증하는 정보를 즉각적 수집하여 적절하게 활용할 수 있어야 한다. 진로교육에서는 특히 교육정보와 직업정보에 관한 내용의 구축이 필요하다.

교육정보란 이수해야 할 교육과정, 특별과정, 입학요건과 학생생활에 관한 조건과 문제들을 포함하여 현재와 미래에 있을 수 있는 교육과 훈련기회에 관한 타당하고 유용한 자료를 의미한다. 예를 들면, 새로 입학한 학교에 대한 여러 가지 정보, 학생들이 선택한 여러 교과에 대한 정보, 장학금 및 기타 재정적 보조에 대한 정보, 다른 학교와 학과에 대한 정보, 그리고 효과적인 학습방법에 대한 정보 등이 포함된다.

직업 정보란 직무와 취업에 필요한 자격요건, 작업 조건, 보수, 승진유형, 현재와 미래에 있어서의 인력의 수요와 공급 그리고더 필요한 정보의 원천 등을 포함하는 직위, 직무, 직업에 관한 타당하고 유용한 자료를 의미한다.

이러한 정보는 다양한 형태로 구축되어야 한다. 인쇄매체는 물론, internet을 비롯하여 pc통신, CDROM 등 다양한 형태로 구축해서 쉽게 사용할 수 있어야 하며, 이러한 정보는 학교와 학교 간, 학교와 다른 기관 간에 서로 연계가 되어 있어야 한다.

5. 진로교육의 실제

1) 교과활동을 통한 진로지도

진로교육은 모든 교과 활동을 통하여 지도되어야 한다. 각 교과지도가 단순한 지식의 암기가 아니고 삶과 일의 세계를 경험하고 이해하는 과정이 되어야 한다. 그리하여 교과의 학습이 현실적인 삶의 문제와 장래의 진로 및 직업 문제에 어떻게 관련되며 도움이 되는가를 깨달을 수 있도록 한다. 이를 위해 해당 교과를 전공한 사람이 종사하는 직업을 조사·탐색하고, 그 교과에 대한 대학의 전공계열과 전공학과, 그 외 교육기관 등을 조사하도록 한다.

2) 학급활동을 통한 진로지도

담임교사는 학생들을 가장 많이 접하는 사람이다. 자기의 재량으로 학급학생들과 공유할 수 있는 시간을 만들 수 있으며, 함께 지낼 수 있는 공간인 교실이 있기 때문에 이들을 적절히 사용하면 훌륭한 진로교육을 수행할 수 있다. 조회나 종례시간에 수시로 진로정보나 교육자료를 제공할 수 있고 자율학습 등을 이용한 집단상담도 할 수 있다. 또한 학급게시판에 일정한 공간을 확보하거나 혹은 별도의 게시판을 만들어 진로와 관련된 정보를 게시하거나, 학생들이 각자 진로노트를 만들어 자신의 이해(자신의 장래희망, 심리검사결과 등), 일의 세계에 대한 정보 등을 정리할 수 있도록 한다. 진로와 관련된 각종 문제에 대해 서로 상이한 주장을 토론할 수 있는 기회를 마련하여 학생들의 의사결정 능력을 높이는 방법도 있으며, 각종 직업에 대한 소개 영화나 비디오 테이프를 입수하여 상영할 수도 있다.

3) 특별활동을 통한 진로지도

CA시간이나 동아리 활동과 같은 특별활동 시간에 자신의 소질과 흥미, 적성, 그리고 일의 세계에 대해 직접 경험하고 토론하며 알아가도록 안내한다.

4) 진로정보실의 운영을 통한 진로지도

진로정보실을 설치하여 일과 직업에 세계에 관한 각종 정보, 각급 학교에 대한 소개책자나 요람, 학과선택을 위한 자료, 컴퓨터 등을 게시 또는 진열하여 학생들이 자유롭게 보고 진로를 결정할 수 있도록 안내한다

5) 각종 검사활동을 통한 진로지도

적성검사, 흥미검사, 성격검사 등 각종 표준화 검사를 받을 수 있는 장소와 기회를 제공하여 자기이해를 높인다.

6) 행사활동을 통한 진로지도

학교의 행사활동을 진로교육과 관련하여 운영한다. 특히 진로교육의 효과를 극대화하기 위해서 진로의 날, 진로의 주간, 진로의 달 행사 등 별도로 마련하고 체계적으로 실시하는 것도 바람직하다. 이 때 학생들에게 소개하고 싶은 직업이나 관계기관에 종사하고 있는 선배 혹은 학부모, 지역 사회의 자원인사를 초청하여 강연을 듣도록 하거나, 여러 직업에 종사하는 선배 또는 학부모나 지역사회의 자원인사를 많이 초청하여 이들과 학생들이 개인면담을 할 수 있도록 주선한다. 또한 지역사회에 있는 공장이나 관공서 혹은 산업체를 직접 방문하여 그 직업에 종사하는 사람과 그들이 하는 일, 고용조건, 승진, 전망 등을 실제로 알아보게 한다. 이외에도 각종 전시회 개최, 심리검사 실시, 진로문제에 대한 토론회, 발표회(부모의 직업소개하기, 나의 주장발표, 나의 생애 발표, 자유 발표 시간 운영 등), 진로교육 프로그램 실시(심성수련을 통한 진로교육), 시사회(영화, 비디오 등), 연극 및 역할극(role-playing)등 다양한 내용을 행사 기간 중에 집중적으로 수행하는 것이다. 전체학생들을 대상으로 하는 것이므로 형식에 그치는 행사가 되지 않도록 주의해야 할 것이며 학교의 특수성과 지역사회의 자원, 학생과 학부모의 여건 등을 감안하여 운영하도록 하는 것이 필요하다.

참고 문헌

*.직업환경의 변화부분에 대한 자세한 내용은 '박주신(2001). 21세기 직업환경의 변화와 진로지도의 방향. pp. 65-133. 인하대학교 학생생활연구소'를 참조.

박주신(1996). 『성공적인 직장생활』, 인하대학교 학생생활연구소.

______(2000). "대학생과 진로선택", 『대학생과 대학문화』, 인하대학교 학생생활연구소.

______(2000). "진로상담의 이론과 실제", 『2000년 중등전문상담교사 직무연수 교재』, 인천시 교육연수원.

______(2001). 21세기 직업환경의 변화와 진로지도의 방향. 인하대학교 학생생활연구소.

장석민(1997). 진로교육의 이론과 실제. 서울교원연수원.

공성진(2001), "지식 기반 사회와 대학교육의 미래상", 『대학교육』 통권 109호(격월간), 한국대학교육협의회.

강기주(1992), "산업기술 인력의 양성체제", 『교육월보』 제121호, 교육부.

교육개혁위원회(1995). 신교육체제 수립을 위한 교육개혁방안.

교육개혁위원회(1996). 신교육체제 수립을 위한 교육개혁방안(II).

김광수(1991), "졸업생의 취업확대 방안과 대책", 『대학생활연구자료집』 제3집, 전국대학 학생생활연구소장 협의회.

김계현(1995). 진로문제와 상담. 상담심리학 : 적용영역별 접근. 학지사.

김봉환 외 2인(2000), 『학교 진로상담』, 학지사.

김봉환, 김계현(1997). 대학생의 진로결정수준과 진로준비행동의 발달 및 이차원적 유형화. 한국심리학회 : 상담과 심리치료 발표 자료.

김원중(1997). 청소년의 진로상담. 제2회 청소년지도자교육. 영산원불교대학교 소태산사상연구원.

김유배 · 윤석천(1998), 『21세기 직업전망』, 서울 : 한국직업능력개발원.

김종서(1996). 교육개혁안에 따른 진로교육 실천방향. 진로교육연구, 5, 1-12.

김주섭 · 이상준(2000), 『학력과잉과 노동시장 불균형 실태분석』, 한국직업능력개발원.

김진숙(1997). 대학생 진로지도에 있어서 집단상담의 활용. 한국대학상담학회 '97 동계학술대회자료집.

김충기(1994), "대학에서의 진로지도에 관한 연구", 『진로교육연구』 제2호, 한국진로교육학회.

김충기(2001), 진로교육과 진로상담. 동문사.

김하자 · 이경희(2000), 『전환기의 직업윤리』, 서울 : 성신여자대학교 출판부.

김형만 외 4인(1998), 『대졸 실업자 직업교육훈련 정책연구』, 한국직업능력개발원.

김흥규(1996), "21세기를 전망하는 진로지도", 「학생생활연구」 제16집, 인하대학교 학생생활연구소

노동부 중앙고용정보관리소 역(1998), 『미국직업전망서』, 중앙고용정보관리소.

____________________(1998), 『한국의 미래 유망직업』, 중앙고용정보관리소.

____________________(1999), 『한국직업전망서 1999』, 중앙고용정보관리소.

류진국(1998), 『기업의 생존을 위한 구조조정 전략』, 진한도서.

동아일보사 편집부(2000), 『대탐험 21세기』, 동아일보사.

박광엽(1998). "2000년대의 직업전망과 취업전략", 『대학생활연구』 제16호, 한양대학교 학생생활연구소.

산업자원부(1999), 『21세기 한국산업의 비전과 발전전략』, 산업자원부.

삼성경제연구소 편(2000), 『뉴밀레니엄의 의미와 과제』, 삼성경제연구소.

손경순(1998). 학교에서의 진로교육. 서울교원연수원.

이무근(1999), 『21세기 지식기반사회 구현을 위한 직업교육의 방향과 전망』, 한국직업능력개발원 제1차 KIRVET HRD 정책포럼 자료집.

이재창(1988). 생활지도 : 성장과 적응을 위한 접근, 문음사.

______(1991). 대학생의 진로지도. 학생생활연구(건국대학교), 2, 22-50.

______(1994). 진로교육 발전방안 탐색에 관한 연구. 진로교육연구, 2, 80-119.

______(1995). 대학생의 진로상담에 관한 연구. 교육연구, 12, 81-99.

______(1996). 교육개혁안에 따른 대학교 진로교육 실천방향. 진로교육연구, 5, 83-108.

______(2005). 생활지도와 상담. 문음사.

이재창, 김경창, 안희정, 한수미(1995). 홍익대학교 재학생 실태조사 연구. 홍익대학교 학생생활연구소.

이재창, 박부권, 유혜경, 최상근, 고진영(1981). 청소년문제 종합 진단연구 : 자아개념과 가치관을 중심으로. 한국교육개발원.

______(2000), "지식정보화 사회와 진로교육", 『진로교육연구』 제11호, 한국진로교육학회.

이정근(1988), 『진로지도의 실제』, 성원사.

이정재(1990), "대학생의 효율적인 진로지도방안", 『대학생활연구자료집』 제2집, 전국대학 학생생활연구소장 협의회.

이종성(1999), "직업교육훈련 100년의 회고와 전망", 『직업교육훈련』 제2권 제3호(계간), 한국직업능력개발원.

이현림 · 김봉환 · 김병숙 · 최웅용(2003). 현대진로상담. 학지사.

장석민(1994), "미래사회에 대비한 진로교육의 방향", 『진로교육연구』 제2호, 한국진로교육학회.

장창원 외(1999), "우리나라 4년제 대학졸업자의 직업교육훈련 성과분석", 『직업능력개발연구』 제2권, 한국직업능력개발원.

______(2000), "지식 · 정보화사회의 직업세계와 직업능력", 『진로교육연구』 제11호, 한국진로교육학회.

정철영(1999), "일과 직업세계의 이해", 한국진로교육학회 편, 『진로교육의 이론과 실제』, 교육과학사.

최지희(2000), 『유망직업에 관한 기초연구』, 한국직업능력개발원.

한국교육개발원(1995), 『고등학교 공업입문』, 한국교육개발원.

한국노동연구원(1998), 『화이트칼라 유망직업 50선』, 한국노동연구원.

______, 『'99 실업대책 방향과 정책과제』, 한국노동연구원.

한국산업연구원(1999), 『21세기를 대비한 산업구조개편 : 지식기반산업을 중심으로』, 한국산업연구원.

한국진로교육학회(2000), 진로교육의 이론과 실제. 교육과학사.

한준상 외 4인(2000), "청년실업자 진로교육 기회로서의 인턴제 개선을 위한 연구", 『진로교육연구』 제11호, 한국진로교육학회.

동아일보, 2000년 5월 16일자.

매일경제신문, 1998년 12월 28일자.

매일경제신문, 1999년 5월 4일자.

조선일보, 1999년 8월 26일자.

조선일보, 2000년 1월 20일자.

조선일보, 2001년 2월 15일자, 사설.

Bureau of Labor Statistics, U.S.A. Department of Labor(1998), Occupational Outlook Handbook.

Bureau of Labor Statistics, U.S.A, Department of Labor(2000), Occupational Outlook Handbook.

Farr J. Michael & L. L. Ludden(1998), The Best Jobs for the 21st Century, JIST Works Inc.

OECD(1998), Employment Outlook.

______, Technology, Productivity and Job Creation : Best Policy Paris.

Joseph F. Coats & Jarratt(1995), Employment Relations Today, Spring, 1995.

Silvestri G. T.(1997), Employment Outlook : 1996-2006.

제 9 장

학습자의 이해를 위한 심리검사

1. 심리검사의 이해[1]

모든 교육활동에 가장 우선적으로 이루어져야 할 중요한 것은 학습자들의 여러 가지 특성을 파악하는 일이다. 학습자를 다양한 측면에서 바르게 알고 이해할 때 그들에게 유용한 교육내용을 적절한 방법으로 제공할 수 있기 때문이다. 인간을 이해할 수 있는 방법은 다양하다. 검사도구를 이용하거나, 관찰, 면접, 혹은 사례연구 등을 통하여 이해할 수 있다. 이와 같이 학습자들의 특성을 파악하기 위해서는 다양한 방법들이 활용되고 있지만 비교적 객관적인 평가를 위해 심리검사를 사용할 수 있다. 이 장에서는 인간을 이해하는 중요한 수단으로서 심리검사가 무엇인지를 알아보기로 한다.

심리검사는 측정하고자 하는 행동의 표본을 체계적으로, 그리고 표준화된 방식에 따라 양적으로 측정하여 심리적 현상에서 개인차 비교 뿐만 아니라 개인내 비교도 가능하도록 한다. 학습자의 발달수준이나 능력 그리고 정서상의 특성에 대한 궁금증에 대하여 답을 제공해 줄 수 있는 도구로서 한 아동의 능력이나 특성을 직접 알 수 있거나 동일 연령의 다른 아동과 비교 하여 동일 연령에 속해

1) 심리검사에 대한 자세한 부분은 김성수 · 이영훈(2001). http : //www.educlick.co.kr 심리검사를 참조.

있는 다른 아동들에 비해 현재 어느 정도 수준의 능력과 어떤 다른 특성을 지니고 있는 지에 대한 답을 제공해 준다. 또한 심리검사를 통해 특정영역에 대한 발달수준 뿐만 아니라 다양한 영역에 걸친 종합적인 결과를 얻을 수 있다.[2)]

심리검사는 지적 능력을 측정하는 지능검사, 발달 정도를 측정하는 발달(수준) 검사, 학습할 준비가 되어 있는지를 알아보기 위한 학습준비도 검사, 그리고 성격이나 자아개념, 사회성 등을 측정하는 정의적 특성 검사로 구분해 볼 수 있다.

1) 지능검사

국내에서 가장 많이 개발되어 있는 검사가 지능검사이다. 누구나 '심리검사'하면 가장 먼저 떠오르는 것이 지능검사이다. 그만큼 심리검사 중에서 가장 오랜 역사를 가지고 있으며, 과학적으로 가장 발달한 검사이기도 하다. 지능검사는 주로 선천적으로 가지고 태어난 소질이면서 비교적 변화하지 않는 지적 능력을 측정하려는 것이지만, 지능이란 것이 과연 무엇이냐에 대해서는 아직까지도 논란이 계속된다. 지능은 어떤 시각에서 보느냐 그리고 어떤 요인들을 포함시키느냐에 따라서 각각 다르게 정의된다.

우리는 일상적으로 '머리가 좋다'거나, '똑똑하다'는 말을 사용한다. 이러한 말 속에는 이미 지능의 개념이 포함되어 있다고 할 수 있지만, 사실 개인의 지적인

---

2) 학습자가 정상적으로 성장하고 있는지에 대해 궁금해 하는 것은 자연스러운 일이다. 아이의 발달이 나이에 비해 늦은 것은 아닌가?, 다른 아이도 우리 아이와 같은 문제행동을 가지고 있는가?'와 같은 의문을 갖게 된다. 특히, 지나치게 수줍음을 탄다든지, 욕을 잘 한다든지, 화를 잘 내고 친구를 때린다든지, 주위가 산만하다든지, 정리정돈을 못한다든지, 손가락을 빤다든지, 툭하면 운다든지, 지나치게 청결하다든지, 자주 삐진다든지, 도벽이 있다든지, 부정확하고 부적절한 말을 사용한다든지 혹은 남들보다 말을 늦게 한다거나 숫자 감각이 더디다고 느껴지는 경우 부모들은 대기만성(大器晩成)이라는 말로 위안을 삼지만 그래도 혹시 아이에게 어떤 문제가 있는 것은 아닌지 불안해한다.

대부분은 발달상의 개인차 때문에 다른 아동들에 비해 조금 늦어지는 경우이지만 부모들은 그래도 조바심을 내곤 한다. 이러한 조바심 때문에 아직 발달상으로 준비가 되어 있지 않은 아동에게 강압적으로 공부를 시키거나 훈련을 시킨다면 아동은 스트레스를 받을 뿐만 아니라 공부에 대한 혐오감과 같은 또다른 정서상의 문제를 낳게 할 수도 있다. 교사들 또한 부모들로부터 아동의 문제행동이나 발달수준, 그리고 능력에 관한 질문을 받는 경우가 종종 있다. 교사들도 역시 아동들의 독특한 행동이나 문제행동을 접할 때마다, 저 아동이 발달상 정상적인가 아니면 전문가의 특별한 도움을 필요로 하는 것은 아닌가? 하는 의문을 가질 때가 있다.

능력을 점수로 표시한다는 것은 복잡하고 어려운 일이다. 즉, 아이의 키를 재는 것처럼 간단히 지능을 잴 수는 없는 것이다.

그러나 몇몇 지능에 대한 정의를 살펴보면 지능이 무엇인지를 알 수 있다. 일찍이 Binet와 Simon(1916)은 '지능이란 판단력, 실제적인 감각, 주도성, 환경에 적응하는 능력이며, 잘 판단하고, 이해하고, 추리하는 것이 지능의 활동이다.'라고 하였다. 즉, 지능을 단순히 감각적 변별능력으로써가 아닌 판별력, 이해력, 추리능력 등 고등 정신기능으로 간주하였다. 한편, Terman(1921)은 지능을 '추상적인 사고를 할 수 있는 능력'이라고 정의 하였으며, 지능이 '추상적 사고능력'이라는 생각은 그 후 여러 학자들의 지능에 대한 정의에서 빼놓을 수 없는 핵심적인 개념이 되었다.

지능의 정의에서 강조되는 또다른 측면은 '환경에 적응할 수 있는 능력'이다. Freeman(1955)에 의하면 '지능은 전체환경에 자신을 적응시키는 능력, 다시 말해서 새로운 사태에 적절하고 효과적으로 자신의 행동패턴을 재조직하는 능력'이라고 하였다. 또한 Sternberg(1986)도 지능을 '개인의 실생활환경에 목적을 가지고 적응하며, 환경을 변형시키고 선택할 수 있는 정신적 활동'이라고 정의하고 있다.

지능이란 용어에 내포된 또다른 개념은 '학습할 수 있는 능력'이다. 일찍이 Spearman(1923)은 학습하는 능력을 곧 지능으로 보았으며, Guilford(1985)도 지능을 학습할 수 있는 능력으로 개념화하였다.

이와 같이 알려진 지능에 대한 정의를 종합해 보면, 새로운 환경에 적응하는 능력 또는 학습할 수 있는 능력이다. 이에 덧붙여 최근에는 초인지 능력을 포함하기도 한다. 초인지 능력이란 쉽게 말해 자신의 지적인 능력과 문제해결 방법에 대해 자기 스스로가 얼마나 알고 있는지에 관한 능력을 일컫는다.

지능검사를 실시하는 이유는 아동의 지적 능력 수준을 알고자 하는 것이고, 그 아동의 학습에 대한 요구수준을 정하는데 있다. 지능은 학습의 기초적인 능력이므로 학업성적을 결정하는 중요한 하나의 조건인 것은 이미 알려진 사실이지만, 그것만으로 학업성적이 결정되는 것은 아니다. 본인의 노력, 성격, 부모의 양육태도와 같은 가정환경 요인, 건강상태, 교사의 지도방법 등도 중요한 조건이다.

지능검사는 또한 개인의 잠재 능력과 인지적 특성(장점과 단점)을 발견하는데 사용되기도 한다. 흔히, 지능지수가 130점 이상으로 매우 높거나, 창의적이고, 미술이나 음악에서 뛰어날 경우 등에는 영재성이 있다고 보고 있다. 전체 인구 중에서 이 범주에 속하는 사람은 대략 5% 미만으로 추정된다. 한편 정신지체 진단을 위해 지능검사를 사용하는 경우는 특히 주의를 해야 한다. IQ가 낮게 나오는 경우 이는 검사 수행능력이 평균 이하임을 의미할 뿐, 지적 결손자체를 반영하는 것은 아니다. 낮은 IQ점수는 정서적 문제, 낮은 자존감, 주의집중장애, 그리고 자폐증이나 청각장애 등에 의해 나타날 수 있으므로 정신지체라고 명확하게 진단하기 위해서는 다른 검사와 관찰을 통해 수집된 정보들을 종합하여 판단해야 한다.

2) 발달수준 검사

심리학적으로 발달이란 '개인이 환경에 적응해 나가는 과정'이라고 할 수 있다. 발달검사는 아이가 나이에 맞게 정상적으로 발달하고 있는지의 여부를 신체, 정서, 사회, 언어, 인지 등 각 영역별로 객관적으로 평가할 수 있는 도구이다.

정상적인 발달과정을 밟고 있다는 것은 신체적인 측면뿐 아니라, 지적, 정서적, 그리고 사회적으로 잘 자라는 것을 의미한다. 또한 다른 또래 아이들과 비슷한 수준의 기능이나 능력을 지니고 있는 상태를 말한다. 이를 통계적으로 보면 동일한 연령집단의 크기를 100으로 보았을 때 중간 68%에 속하는 경우이다. 곧 상, 하위 16%에 해당되는 아이는 빠르건 늦건 간에 일단은 정상을 벗어난 것이라 볼 수 있다. 발달상의 문제나 행동상의 문제라고 할 때 이는 결핍이나 과잉을 의미한다. 따라서 상위 16%는 과잉상태이며 하위 16%는 결핍상태라 볼 수 있다. 그렇다고 모든 것에 있어 과잉이나 결핍이 정상이 아닌 이상(異狀)을 의미하지는 않는다. 예를 들어, 언어에 있어서 발달 속도가 빨라 동일연령 아이들에 비해 어휘력이 월등하다는 것은 정상을 벗어난 과잉을 의미하나 발달상의 문제라고 보지는 않는다. 그러나, 반대의 경우는 결핍에 따른 문제라고 할 수 있다. 다른 예로, 한순간도 쉴 사이 없이 움직이는 아이는 과잉상태이고 반면에 지나치게 조용하고 움직이지 않는 아이는 결핍상태라고 말할 수 있다. 이 경우는 모두 문제라 할 수 있다.

정상적으로 발달이 진행되고 있는가를 확인하는 일은 필요하다. 발달검사는 아이의 발달적 진전을 정상적인 학습자들의 행동에 비교하여 기술하고, 발달적으로 지진 또는 이탈의 여부를 판별하며, 나아가 미래의 성취를 예측하고자 하는 것이다. 그러나 검사 결과가 미래의 발달 수준을 예측하는 경우 정확성이 떨어진다고 알려져 있다. 예를 들어, 영아의 발달 속도는 무척 빠르며 불과 몇 개월 사이라도 그 폭이 상당히 크기 때문에 성장 후의 발달 정도를 미리 예언하는데 한계가 있다.

발달검사가 장애아의 진단을 목적으로 사용되는 경우, 의학적 진단과 마찬가지로 가능한 조기에 검사를 통해 진단되는 것이 중요하다. 발달검사가 현장에서 자폐아나 정신지체아와 같은 장애아를 판별하는 목적으로 주로 사용되기 때문에 정상아들이 검사받는 것을 꺼리는 경향이 있다. 그러나 발달검사는 반드시 장애를 가진 아동만 받아야 하는 것은 아니다. 정상아의 경우라도 예방 차원에서 혹은 조기 발견을 위해 한번 쯤 받는 것이 좋다. 특히, 다른 또래 아이들에게는 볼 수 없는 특이하거나 지나친 자녀의 행동에 대해 걱정이 된다면 발달검사를 통해 확인해 보는 것도 좋을 것이다. 일반적으로 판별을 주 목적으로 하는 발달검사 도구들은 다른 심리검사에 비해 그 절차가 간편하고 신속하며 검사자의 훈련도 용이하여 광범위하게 적용되고 있다.

발달에 대해 반드시 기억해야 할 것은 발달상의 개인차이다. 즉, 아이들마다 각기 다른 속도로 성장·발달한다는 점이다. 설사 다른 또래 아이들보다 발달이 좀 늦다 하더라도 지나치게 걱정할 필요가 없다. 참을성 있게 기다리면 대부분의 경우 곧 아이들에게 새로운 변화가 나타난다.

3) 학습준비도 검사

'학교에 가서 제대로 따라갈 수 있을까?' 이런 걱정을 하는 경우를 주변에서 어렵지 않게 찾아볼 수 있다. 특히, 평소에 다른 아이에 비해 인지적, 신체적, 정서적, 또는 사회적 발달 중 어느 하나 이상에서 뒤떨어진다고 생각되는 경우 대부분 이러한 걱정을 하게 된다. 학습준비도 검사란 바로 이러한 경우에 사용될 수 있는 검사이다. 즉, 학교에서 학습할 준비가 되어 있는지에 대한 검사가 곧 학습준비도 검사이다. 일반적으로 '준비도(readiness)'란 학습의 거의 모든 발달수준에 적용되는 용어이다. 심리검사 전문가인 Anastasi와 Urbina(1997)는 준비도를 "아동이 학교학습으로부터 최대의 효과를 거두기 위해 요구되는 선수학습 기술, 지식, 태도, 동기, 그리고 기타 적합한 행동특성을 습득한 정도"라고 정의하고 있다. 즉, 수업을 받기 위해 필요로 하는 기초적인 지식과 기능을 갖추고 있는 정도이다. 따라서 여기에는 3R's라 불리우는 읽기(reading)나 쓰기(writing), 셈하기(arithmetic) 뿐 아니라 사회 정서적인 측면의 준비 정도도 포함된다. 준비도 검사의 결과는 동일한 연령집단 내의 다른 아이들의 수준과 상대적으로 비교하여 해석하는 검사(일종의 상대평가)도 있고 다른 아이의 수준과는 상관없이 일정한 목표달성 수준에 비추어 학습에 필요한 특성이 준비되어 있는지를 판별하는 검사(절대평가)도 있다.

4) 정의적 특성을 측정하는 심리검사

일반적으로 정의적 특성이라 하면 성격, 정서, 흥미, 태도, 가치관, 자아개념, 동기 등의 내용을 포함하고 있다. 요즈음 부모들은 자녀가 다른 친구들과 잘 사귀지 못한다거나, 지나치게 수줍어 한다거나, 자신감이 부족해서 새로운 과제를 시작하지 않으려 하는 등의 행동에 대해 많은 관심을 가지고 있다.

그들에게는 지적인 특성이나 발달 수준을 재는 것보다 사회성, 적응력, 자아개념 등과 같은 정의적 특성을 알아보는 것이 교육적으로 더 유용할 수 있다. 그리고 지적인 영역의 학습보다는 아이들에게 자신감이나 친구들과 잘 어울려 놀 수 있는 사회성과 협동성, 그리고 자신에 대한 긍정적인 개념을 심어주기 위한 프로그램들이 중요하다.

정의적 특성에 관련된 검사들은 지적 영역을 측정하는 검사와는 차이가 있다. 우선 검사상의 문항들이 정답을 가지고 있지 않기 때문에 검사에서 고려되는 중요한 문제는 어떻게 하면 아동들이 생각하고 느끼는 그대로의 반응을 얻을 수 있을 것인가에 집중된다. 특히 상황에 따라 쉽게 태도가 변한다거나, 좋게 보이려고 노력한다거나, 정확히 잘 모르는 질문에 대해서는 무조건 '예'라고 답을 한다거나 하는 등 행동과 태도에 있어서 일관성이 없는 문제를 지닐 수 있다. 따라서 정의적 특성을 측정하는 경우 심리검사 결과에 전적으로 의존해서는 안 된다. 지속적인 관찰과 면접 등의 다른 수단을 통해 보다 정확하고 객관적인 행동 특성을 수집하는 일을 함께 해야 할 것이다.

이상에서 살펴본 여러 가지 유형의 심리검사는 그 활용시기나 상황에 따라 적절히 실시되어야 한다. 무조건 심리검사를 실시하는 것은 바람직하지 않다. 행동으로부터 이상한 점이 반복적으로 발견된다거나 혹시라도 정상적으로 성장하고 있는지에 대해 걱정이 된다면 심리검사를 받기에 앞서 아동의 행동을 일정기간 유심히 관찰할 필요가 있다.

2. 심리검사의 교육적 활용과 문제점

최근 들어 각종 심리검사가 온라인(on-line)상이나 오프라인(off-line)상에서 널리 보급되고 있다. 어떤 것은 비교적 철저한 제작 절차를 따라 만들어졌는가 하면, 어떤 것은 그렇지 못하고 임의적으로 만들어진 것도 있다. 다시 말해 좋은 심리검사가 있는가 하면 그렇지 못한 심리검사가 있다. 좋은 심리검사를 선택해서 실시하고, 그 결과를 활용할 때 학습자들에 대해 보다 적절한 이해를 할 수 있을 뿐만 아니라 교육적으로도 올바른 지도가 가능하다. 그렇지 않았을 때 그 문제점은 크다. 심리검사의 교육적 활용과 활용시 일어날 수 있는 문제점과 유의해야 할 점은 다음과 같다.

1) 심리검사의 교육적 활용

심리검사는 언제 하는 것이고, 구체적으로 어떻게 활용하는 것일까? 심리검사는 ① 임상적 진단을 명료화하고 세분화하기 위해 ② 증상과 문제의 심각도를 구체화하기 위해 ③ 피검자의 자아 강도를 평가하기 위해 ④ 인지적 기능을 측정하기 위해 ⑤ 적절한 치료 유형을 제시하기 위해 ⑥ 치료전략을 기술하기 위해 ⑦ 피검자를 치료적 관계로 유도하기 위해 ⑧ 치료적 반응을 검토하고 치료효과를 평가하기 위해 실시하는 것이다. 이러한 생각은 지극히 임상적인 관점에서 그렇다고 볼 수 있다.

한편, 발달에 문제가 있는 학습자의 치료교육을 위해 검사를 실시할 때 다음과 같은 질문에 대한 해답을 얻는 것이어야 한다. ① 기초 기능면에서 아동의 현재 발달수준, 또는 기능 수준은 어떠한가? ② 아동에게 특정한 영역에서 발달, 또는 기능상 결함이 있는가? ③ 아동에게 무엇을, 어떻게 가르쳐야 하는가? ④ 아동이 갖고 있는 강점, 또는 덜 손상받은 영역은 무엇인가? ⑤ 아동에게 어떤 치료교육 프로그램을 제공하고 치료교육의 출발점은 어디인가? 이러한 질문에 대한 답을 찾기 위해 심리검사가 활용될 수 있다.

그렇지만 일반적으로 심리검사를 교육적으로 활용하고자 할 때 심리검사는 첫째 개인의 지능 수준이나 지적 잠재력, 그리고 각종 인지적 기능들에 대한 평가를 위해서 필요하다. 예를 들면, 또래 아동들에 비해 학습속도가 떨어질 때, 과연 그것이 정신지체(지능 부족) 때문인지, 주의력이나 집중력 또는 기억력이 떨어져서인지, 다른 심리적 문제(예 : 정서 불안) 때문인지를 파악하여 적절한 판단 및 상담을 하고자 할 때 심리검사가 필요하다. 둘째는, 개인의 성격 특성 및 적응양식을 파악하기 위해 심리검사가 필요하다. 예를 들면, 친구가 없거나, 사회적으로 부적응 행동을 보일 때, 그것이 친구를 사귀는 기술이 부족해서인지, 아니면 다른 아동들에 대해 관심이 없어서인지, 혹은 소심한 성격 때문인지, 아니면 다른 사람들의 평가가 두려워서인지를 살펴봄으로써 문제의 본질을 파악하고 그 대책을 수립하고자 할 때 심리검사가 필요하다. 셋째는, 아동의 발달 수준과 사회적 적응능력을 평가하는데 필요하다. 언어 이해력이나 자기에 대한 표현력이 떨어지거나 또래들과 잘 어울리지 못할 때, 이런 문제가 자폐증과 같은 심각한 증상 때문인지, 아니면 아동의 발달 수준에 비추어 보아 정상적인 반응인지를 평가할 수 있다. 마지막으로, 아동의 각종 심리적 혹은 행동적 문제를 치료하는데 있어 도움이 되는 정보들을 알아내기 위해서 필요하다. 예를 들면, 주의력이 산만한 경우 그 문제가 성격적인 문제인지 아니면 가정환경의 문제인지, 아니면 부모의 양육태도가 문제인지를 파악해서 치료에 적절한 정보를 얻고자 할 때 심리검사가 필요하다.

2) 심리검사의 활용상의 문제점

심리검사의 활용은 아동 개인의 심리적 혹은 행동적 특성에 대해 깊이 있게 이해할 수 있는 중요한 방법이지만 양날을 가진 칼과 같다. 유용하게 잘 사용했을 때는 교육적으로 좋은 결과를 가져오지만 잘못 사용한다면 다음과 같은 여러 가지 문제들이 있을 수 있다.

첫째, 심리검사를 단지 학습자의 능력이나 특성에 대한 판별을 위한 목적으로 사용했을 때 문제가 있을 수 있다. 교사나 부모는 학습자들의 능력이나 특성을 판별하는데 많은 관심을 갖는다. 그리하여 검사 결과를 올바로 해석할 수 있는 능력을 갖추지 않은 상황에서, 예를 들어, 인터넷 사이트 등에 들어가 무턱대고 심리검사를 실시하고, 컴퓨터로 출력된 검사 점수표와 결과에 근거해서 아동을 판단한다. 그러나, 아무리 정확한 검사라고 하더라도 한번의 검사 혹은 한 가지 검사만으로 어떤 결론을 도출하는 것은 위험한 일이다.

둘째, 심리검사의 결과를 토대로 아동의 능력수준이나 특성에 대해 명명하거나 낙인을 찍을 때 문제가 될 수 있다. 심리검사는 개인의 특정한 영역의 능력이나 특성을 측정하는 것이지 그 개인을 전인(全人)적으로 평가하는 것은 아니다. 그럼에도 불구하고 어느 한 검사에서 좋지 않은 결과가 나타났다고 하여 그 아동의 다른 특성 마저도 그런 것으로 판단하는 오류를 범할 수 있다.

셋째, 검사결과를 토대로 기대수준이 달라지는 문제가 있을 수 있다. 심리검사 점수는 간단 명료한 숫자로 표시되기 때문에 숫자가 지니는 강한 첫 인상은 교사나 부모로 하여금 아동에 대한 선입견을 갖게 하고 이에 따른 자기충족예언(self-fulfilling prophecy)을 하게 한다. 예를 들어, '우리 아이는 지능이 낮으니까 아무리 열심히 가르치고 노력해도 소용이 없어'라는 예언은 피해야 한다. 부모나 교사 모두 검사에서 나타난 결과에 맞추어 기대수준을 결정하게 된다. 로젠탈과 제이콥슨(Rosenthal & Jacobson, 1968)은 아동에 대한 교사의 기대, 태도, 감정이

극적으로 학습자에게 영향을 준다는 사실을 확인하였다.[3)]

넷째, 검사 결과가 아동 자신이나 타인에게 알려지는 데서 오는 문제가 있을 수 있다. 검사결과가 좋은 방향으로 나타난다면 자만감에 빠질 염려가 있고, 검사결과가 안 좋은 결과로 나타났을 때 심한 마음의 상처를 받고 자존감을 상실할 수도 있다. 또한 다른 아이들이 이 결과를 알았을 때는 놀림의 대상이 될 수도 있다. 아동 중에는 낮은 지능이나 신체적 결함 때문에 학업성취가 낮은 것이 아니라 아동 자신이 학습능력이 모자란다는 부정적 자아개념으로 인하여 학업성취에 문제가 발생하는 아동이 있다. 일단의 아동들에게 글짓기를 시행하고 쉬운 단어든지 혹은 어려운 단어든지 매 페이지마다 일정한 수의 철자가 틀린 것으로 계속 조작하였던 바, 아동들은 그 후 실제로 자신들의 철자 실력을 그것에 의하여 결정하고 있음을 밝혔다. 이처럼 심리검사 결과가 부정적으로 나타났을 때, 아동들이 이로 인해 부정적 자아를 갖게 된다면 이는 커다란 문제가 될 수 있다.

이상의 문제들은 결국 심리검사를 받은 아동의 능력이나 특성을 제한하는 결과를 초래할 수 있다. 따라서 심리검사를 활용하는데 있어 다음과 같은 것들을 신중하게 고려할 필요가 있다.

3) 심리검사의 해석 및 활용상의 유의점

(1) 전문적인 자질과 경험을 갖춘 사람이 검사결과를 해석

검사결과의 해석은 검사의 실시나 채점보다 더 많은 전문적 지식과 경험이

---

3) 두 연구자는 학년 초에 전교생에게 학력검사를 실시하고 각 학년에 능력별로 3학급을 구성한 다음 무작위로 20%의 학생을 추출하여 명단을 작성하였다. 이 명단을 18명의 교사에게 놀라운 지적 성장을 보일 학생들이라는 말과 함께 전해 주었다. 물론 교사들에게 이 연구 중에 실시된 학력점수나 지능검사의 결과는 통보되지 않았다.
임의로 선정된 20% 학생들의 두 차례 학업성취도 검사결과는 놀랍게도 현저하게 상승하였고, 특히 지능검사에서도 의미있게 향상되었다. 그러나 그 다음 학년에서 새로운 담임교사에게 배치된 후 1년간의 학습에서는 그러한 능력신장의 효과는 나타나지 않았다. 이 연구에서 밝혀진 사실은 교사의 기대와 태도가 학습자들에게 자기능력 실현에 대한 기대효과(the effect of self-fulfilling prophecy) 일명 피그말리온 효과(Pygmalion effect)를 가져온다는 것이다. 학습자에게 놀라운 진전이 있을 것으로 기대되면 실제로 그들에게 학업면에서나 지능면에서 놀라운 신장이 있게 된다는 것이다. 특히, 좋지 않은 쪽으로 검사결과가 나타났을 때는 그 기대효과는 나쁜 쪽으로 나타날 수 있다.

요구된다. 대부분의 객관식 검사는 특별한 전문적 지식이 없는 사람도 표준화된 실시절차나 채점기준을 따라 검사를 실시하고 채점할 수 있다. 그러나 검사결과를 해석하는 데는 검사 및 검사와 관련된 심리학 분야에 대한 지식이 요구된다. 전문지식과 경험의 부족은 검사결과를 과잉 해석하여 피검자에게 잘못된 정보를 제공할 수 있고, 검사결과로부터 별다른 해석을 제공하지 못하는 경우에는 검사를 실시한 목적을 충분하게 달성하지 못할 수 있다. 따라서 검사결과의 해석은 임의롭게 하기보다는 전문가에 의해 행해지는 것이 바람직하다.

(2) 규준에 따라 해석

검사 점수의 해석은 점수가 피검자에게 무엇을 말해 주는 것인가를 제시하는 것이다. 따라서 검사 점수의 의미를 정확하게 전달하기 위해서는 검사의 목적을 분명히 알고 검사요강에 제시된 규준자료를 참고로 하여 검사결과를 해석해야 한다. 검사의 원래 목적 이외의 해석을 하는 것은 피검자에게 공평하지 못한 결과를 초래할 수 있다. 다만 검사요강에 제시된 규준을 읽을 때, 규준집단의 표집과정과 규준제작에 관한 부분을 숙지하여야 한다. 규준표를 만들기 위하여 표집된 규준집단의 대표성 및 크기, 그리고 규준제작의 시기를 확인하여야 한다. 검사결과를 해석할 때 규준점수가 의미하는 바를 충분히 알아서 오해의 소지를 없애야 한다.

(3) 다른 검사나 관련자료를 함께 고려하여 결론

컴퓨터로 출력된 검사 점수표와 결과를 그대로 판단하지 말고, 여러 가지 다른 검사결과나 면접, 발달사 자료, 행동관찰 등 관련자료들을 함께 모아서 종합적으로 해석해야 한다. 다양한 검사결과와 관련자료들을 함께 고려하는 종합적 심리검사가 이루어질 때도 측정의 오차를 고려하여야 하고 검사자는 자신이 내린 해석의 한계와 제한점에 대해 충분히 인식해야 한다.

(4) 아동을 명명하거나 낙인 찍지 말 것

검사결과를 가지고 아동의 능력수준이나 특성에 대해 단언적으로 명명

(labeling)하거나 판단해서는 안 된다. 심리검사는 개인의 특정한 영역의 능력이나 특성을 측정하는 것이지 그 개인을 전인적으로 평가하는 것이 아니다. 또한 검사점수는 실시 방법, 상황 등 여러 요인에 의하여 영향을 받는다. 따라서 다양한 방법을 사용해서 정보를 수집한 후에 그 결과를 종합적으로 해석해야 한다. 또한 인성검사의 결과 비정상적인 병리성향이나 부적응의 증후가 보이면 전문가에 의뢰하여 정밀검사를 받도록 권장하고 성급한 판단을 해서는 안 된다. 심리검사의 결과는 확실성이나 구체적 예언보다는 오히려 가능성의 관점에서 제시되어야 한다.

(5) 자기충족을 예언하지 말 것

검사 점수는 간단 명료한 숫자로 표시되기 때문에 숫자가 지니는 강한 첫 인상은 교사나 부모로 하여금 피검자에 대한 선입견을 갖게 하고 이에 따른 자기충족예언(self-fulfilling prophecy)을 하게 한다. 예를 들어, '우리 아이는 지능이 낮으니까 아무리 열심히 가르치고 제 자신이 노력해도 소용이 없어'라는 예언을 하게 한다. 이러한 예언은 학습자에게 지대한 영향을 주므로 피해야 한다.

(6) 검사결과를 악용하지 말 것

검사결과는 피검자에 관한 사적인 내용을 담고 있는 것이다. 따라서 개인의 사생활을 침해할 수 있는 검사결과의 사용이나 공개는 금해야 한다. 아동의 검사결과를 발표할 경우에는 반드시 부모의 승인을 얻거나 익명성을 보장해야 한다.

심리검사는 아동의 다양한 발달적 측면에 대한 객관적인 판단 자료를 제공함으로써 교육과정을 계획하는데 중요한 수단이다. 따라서 심리검사는 그 결과를 확인하는 것으로 그치는 것이 아니라 결과에 따라 적절한 조치가 주어져야 한다. 그럼에도 아직까지 단순한 결과의 확인을 위해서 심리검사를 활용하는 경우가 많으며, 결과를 잘못 해석한다거나 적절하게 활용하지 못하는 경우가 많다. 이는 심리검사에 대한 전문적인 지식이 없는 상태에서 심리검사를 활용하고자 하는데 그 문제가 있다고 볼 수 있다. 이러한 문제를 최소화하기 위해서는 무엇보다 좋은 심리검사를 선택해야 하며, 올바른 해석을 해줄 수 있는 전문적인 기관이나 전문가에게 검사를 의뢰하는 것이 중요하다. 학습자들은 모든 면에서 얼마든지 발전 가능성이 있다. 그 발전 가능성을 단지 한번 혹은 하나의 심리검사 결과만을 가지고 제한할 수는 없는 것이다.

3. 인터넷을 통한 심리검사

현대사회에서는 인터넷을 통해서 수업이 이루어지고, 온라인 상에서 시험을 치루고 그 결과를 바로 확인할 수도 있다. 뿐만 아니라 교육 및 심리 상담관련 사이트를 통해서 자신을 이해하고, 진단하고, 도움을 구할 수 있는 다양한 심리검사 서비스들이 인터넷을 통해 제공되고 있다. 이러한 인터넷 서비스는 인간이 자신의 문제에 대해 보다 능동적으로 접근할 수 있는 기회를 제공한다는 점에서 고무적이라 할 수 있다. 이미 많은 외국 사이트들이 간단한 심리검사부터 보다 전문적인 심리검사를 제공하고 있으며 이러한 사이트들은 계속 늘어나고 있는 추세이다 (Barak, 1999).[4)]

국내의 심리검사 사이트들도 최근 들어 인터넷 사용자들에게 널리 알려지고 있는 추세이다. 자신의 성격을 알아보는 것부터 검사결과에 대한 상세한 개인프로파일과 함께 전문가의 조언을 담은 해석결과를 알려주는 사이트까지 다양하다.

과거 심리검사는 주로 교육장면에서 집단으로 실시되어 왔으며, 그 결과에 대한 교육적 활용여부가 의문시되어 왔다. 개인적으로 검사를 받고자 하는 경우는 심리검사 관련연구소나 상담소를 직접 방문해야 하는 불편함과 번거로움 때문에 일반인들에게 심리검사는 그리 친숙하지 못했던 것이 사실이다. 이에 비해 원하는 시간과 장소에서 인터넷을 이용하여 직접 실시하고 그 결과를 즉각적으로 피드백(feedback)받을 수 있다는 장점으로 인하여 일반인들의 인터넷을 통한 심리검사

4) Barak, A.(1999). Psychological Applications on the Internet : A Discipline on the Threshold of a New Millennium. Applied and Preventive Psychology, 8, 231-246. http : //construct.haifa.ac.il/~azy/appr.htm.

는 발전하고 있다.

교육기관에서도 검사실시의 번거로움과 비용의 문제 때문에 심리검사의 활용이 그리 활발하지 못해 왔던 것도 사실이다. 이는 다른 면에서 볼 때, 다양한 심리검사들을 쉽게 접근하기 어렵다는 정보접근성의 문제와 더불어 부모나 교사들이 직접 검사를 수행하고 채점 · 해석하기 위한 지식과 기술을 갖추고 있지 못하다는 점도 그 이유로 들 수 있을 것이다. 인터넷은 이러한 걸림돌을 제거해 줄 수 있는 좋은 대안이기도 하다.

특히 컴퓨터가 지니고 있는 다양한 인터페이스(예를 들면, 음향, 동영상, 그래픽 등)는 아동들에게 흥미롭고 친숙한 상태에서 검사를 받을 수 있는 환경을 마련해 줌으로써 검사실시에 대한 집중력을 향상시킬 수 있다. 또한 적지 않은 심리검사가 언어능력의 제한으로 인해 교사나 부모에 의한 관찰을 통해 이루어지기 때문에 아동이 아직 컴퓨터에 친숙하지 않더라도 교사나 보호자가 최소한의 컴퓨터 활용능력만 지니고 있다면 충분히 검사가 수행될 수 있다. 이미 여러 연구를 통해 컴퓨터를 이용한 심리검사가 지필검사에 못지않은 검사의 양호도(신뢰도, 타당도 등)를 지니고 있다는 연구결과들이 보고됨으로써 인터넷 심리검사의 활용 가능성은 이미 부분적으로 검증되어 왔다고 볼 수 있다.

1) 인터넷 심리검사의 특징 및 장 · 단점

인터넷의 보급으로 인해 일반인들에게도 다양한 심리검사를 보다 쉽게 접할 수 있는 기회가 확장되고 있다. 심리검사 이용자는 편리한 시간과 장소에서 인터넷을 통해서 검사를 받고 그 결과를 즉시 확인할 수 있게 되었다.

초기 인터넷 검사나 질문지는 일련의 문항을 나열하고 채점의 기준과 간략한 설명만 제시되어 있었으나 요즘은 컴퓨터를 이용한 자동 채점 그리고 결과에 대한 해석과 제안도 함께 제공하게 되었다. 비록 이러한 절차가 선다형 문항이나 평정척도에 가장 적합하기는 하나 빠른 이메일 전송을 통한 개방형 검사(open-ended test)에서도 가능하다. 또한 인터넷상에서는 서버(server)에 소프트웨어가 설치되어 있기 때문에 사용자의 컴퓨터에는 특정한 소프트웨어를 별도로 설치할 필요없이 최소한의 컴퓨터 기능만을 가지고도 검사를 받을 수 있다. 간혹 검사시간이 사전예약에 따라 결정될 수 있기는 하나 대부분의 검사들이 시간을 제한하지 않는 경우가 보다 보편적이다. 대부분의 검사에서 사용자들은 인터넷문서(html) 형식의 화면상에서 자신들의 반응을 마우스로 클릭하도록 되어 있으며, 결과는 수 초 안에 제시된다.

이미 살펴본 바와 같이 지능검사, 특수한 학업능력검사, 지각검사, 인성검사, 직업흥미검사와 태도검사 등의 다양한 유형의 검사들이 현재 인터넷상에서 제공되고 있다. 어떤 것들은 지필검사의 인터넷 버전이지만 그 외의 것들은 웹검사를 위해 새롭게 제작된 것들이다. 인터넷 검사는 여러 면에서 지필검사 방식과는 차이점을 지니고 있다. 이러한 차이점을 인터넷 검사의 장·단점을 통해 알아본다.

(1) 인터넷 심리검사의 장점

인터넷 심리검사가 지필검사에 비해 지니는 장점들은 다음과 같다(Barak, 1999).

첫째, 피검사자는 사생활을 침해받지 않는 공간에서 자신이 편리한 시간에 쉽게 인터넷 심리검사 사이트에 접근하여 검사를 받을 수 있다. 검사자 입장에서도 직접 시간을 내서 검사를 실시할 필요없이 자동적으로 검사결과 자료를 받아 저장할 수 있다.

둘째, 피검사자들에게 즉각적인 피드백이 제공될 수 있다는 점이다. 지필검사의 경우 검사 실시 후 채점에 요구되는 시간이 오래 걸리는 반면, 인터넷 검사에서 사용자는 단지 검사에 답하고 그것을 업로드한 다음 자동으로 수 초 이내 검사결과에 대한 피드백을 제공받을 수 있다.

셋째, 익명성이 보장됨으로써 피검사자들의 응답결과는 비교적 안전한 방법으로 수집되고 개인의 프라이버시를 보호하며 기밀성을 확보한다. 대부분의 경우 피검사자에 대한 인적 사항을 요구하지 않기 때문에 검사결과에 대한 프라이버시 침해가 발생하지 않는다.

넷째, 인터넷 검사는 검사도중 답을 빠뜨리는 것을 막을 수 있으며, 자신의 속도에 따라 실시할 수 있고, 반응의 성실성이 높다. 종종 사용자는 직접 검사 실시자에 의해 검사를 받는 것보다 인터넷상에서 자신들에 관한 민감한 답을 제공하는 것에 편안함을 느낀다. 만일 피검사자가 교육이나 가이던스를 목적으로 인터넷 검사를 실시하는 경우, 익명으로 치루어진다면 프라이버시 요인은 실제로 민감한 문제에 대한 반응의 성실성을 증가시킬 것이다.

다섯째, 점수가 빠른 시간 내에 자동으로 정확하게 계산된다. 이러한 과정은 사람이 채점할 때 일어날 수 있는 사소한 실수를 방지할 수 있고, 시간을 절약하게 되는데 특히 채점과정이 복잡한 검사에서는 더욱 편리하다.

여섯째, 인터넷 검사가 어떻게 제공되느냐에 따라 지필검사보다 더 불법복제를 하기가 어렵다. 채점하는 방법을 모른 채 검사도구가 사용될 수 없기 때문이다. 지필검사는 검사지와 검사실시 요강 모두 쉽게 복제될 수 있으나, 저작권이 있는 인터넷 검사에서는 다른 사람들에게 그 검사의 채점 절차를 제공하지 않음으로써 불법으로 사용되는 것을 막을 수 있다.

이 외에도 쓸데없는 자원의 낭비를 줄일 수 있으며, 검사비용이 적게 들고, 검사를 실시하기 편하다. 또한 모든 절차가 자동화되어 있기 때문에 검사의 실시과정이 보다 표준화될 수 있다. 또한 검사 개발자에게는 개인의 검사결과가 자동으로 후속 연구를 위해서나 규준 개정을 위해 저장됨으로써 많은 시간과 비용, 그리고 노동력이 절약될 수 있다. 또한 컴퓨터의 그래픽 인터페이스의 장점을 살려 지필검사에서는 불가능한 삼차원 공간,지각능력 등의 새로운 심리적 속성을 측정할 수 있는 검사도구의 개발도 가능하다.

요약하면, 인터넷 검사는 구성, 수정, 보급, 표준화가 편리하며, 연구자에게 비교적 짧은 시간 내에 많은 자료를 수집할 기회를 제공한다. 이러한 유형의 검사는 또한 사용자들에게도 검사를 치르고, 채점하고 피드백을 받는데 편리하다. 이러한 많은 장점에도 불구하고 물론 주의를 기울이지 않으면 지필검사가 지니는 동일한 단점을 지닐 수 있다.

(2) 인터넷 심리검사의 단점

인터넷 검사의 다양한 장점에도 불구하고 다음과 같은 단점이 지적될 수 있다

(Barak, 1999).

첫째, 피검사자에게 최소한의 컴퓨터 작동에 관한 기본 지식이 요구된다. 피검사자들에게 해당 검사에서 측정하고자 하는 능력과 관계없이 최소한의 타이핑 속도나 마우스 사용법과 같은 컴퓨터 기술을 요구한다.

둘째, 만일 검사가 사용자의 가정에서 실시되는 경우 검사과정에 대해서 전혀 모니터링이 이루어지지 않는다. 지필검사에서 전혀 감독이 이루어지지 않는 경우와 같이 부정행위(cheating)가 가능하다.

셋째, 면대면(face-to-face) 검사와는 달리 종종 사용자들이 지시문을 적절히 읽지 않는다거나 무시한다거나 할 수 있다. 또한 검사결과에서 나타난 전문가들과의 상담의 필요성에 대해 무시할 수도 있다. 지시대로 따르지 않는 대상을 모니터링하는 것은 거의 불가능하며, 드문 경우지만 심리적 문제를 지닌 경우 필요로 하는 도움을 제공하는 것이 불가능할 수도 있다. 예를 들어, 만일 한 개인이 검사결과 인성적으로 높은 불안상태와 자살의 가능성을 지니고 있는 경우 도움이 불가능하다는 것이다.

넷째, 사용자들은 종종 합법적이고 전문적인 검사도구와 흥미위주의 성격퀴즈를 구별하기 쉽지 않다. 사실 후자의 경우가 인터넷에서 보다 일반적으로 행해지고 있다. 이것은 검사 사용자와 실시자가 이러한 차이점에 대해 무지하다면 오용의 가능성에 노출되어 있다는 것이다. 따라서 사용자들이 평판있는 사이트만을 사용한다거나 사용자들에게 그 검사의 심리측정학적 질(quality)에 대해 상세한 정보를 제공하는 것이 중요하다.

다섯째, 컴퓨터 불안 증세를 갖고 있는 경우는 적합하지 못하다. 이로 인해 관련없는 오류변량이 검사결과의 타당도를 손상시킬 수도 있기 때문이다. 이는 나이에 따라 그 정도가 다른데 성인들의 경우는 남자에게 보다 여자에게, 그리고 나이 어린 사람보다는 나이 많은 사람들에게 주로 나타난다. 이 문제는 특히 속도를 요하는 검사인 경우 심각하게 고려될 필요가 있다.

여섯째, 인터넷의 기본적 특징과 관련된 문제로서 인터넷 검사가 다양한 문화권에서 제공되고 있는데 특정한 문화권에서 제작된 검사는 다른 문화권에서 사용되어서는 안 된다. 따라서 번역된 검사를 다른 문화권에서 검증없이 사용되는 것은 바람직하지 못하다.

일곱째, 웹공학적 문제이다. 특히 피검사자의 브라우저나 모니터, 또는 비디오 카드가 검사 개발자의 그것과 다른 문제이다. 결국 이 같은 문제 때문에 검사 개발자는 가장 일반적이고 다양한 피검사자들의 컴퓨터가 접근할 수 있도록 디자인해야 한다.

여덟째, 사용자의 인터넷 접속 속도 및 안정성이다. 늦은 속도의 모뎀은 분명 온라인 검사의 의미를 손상시킨다. 이것은 사용자가 컴퓨터의 기술적 실패(technical failure) 때문에 검사를 재시작할 경우 이러한 비정상적인 절차에 대해 검사 점수를 조정하거나 통제하는 방법이 없기 때문이다.

이 밖에도 인터넷 검사를 개발하는 데 요구되는 웹전문성의 문제나 검사도구 개발에 드는 시간과 비용, 그리고 복잡한 검사의 컴퓨터 자동해석에 프로그램의 개발 문제 등도 단점으로 지적될 수 있다.

위에서 언급된 인터넷 검사의 단점들은 실제 장면에서는 그 문제가 보다 심각할 수도 있고 그렇지 않을 수도 있다. 검사실시상의 모니터링이나 사용자가 지시문을 제대로 읽지 않는 문제, 검사 해석상의 문제, 좋은 심리검사를 판별하는 문제 등은 검사 제공자가 특별히 주의를 기울여 사용자들에게 주지시키는 방법을 통해 문제를 최소화시킬 수 있는 것들이다.

결론적으로, 정보의 바다라 불리우는 인터넷 세계의 무궁무진한 가능성은 인터넷 검사에서도 마찬가지라 할 수 있다. 인터넷 심리검사 개발자 및 제공자들이 지속적으로 인터넷 심리검사의 질을 향상시키고 사용자들이 현명하게 사용할 수만 있다면 지금보다 훨씬 발전적으로 변화될 수 있는 가능성이 충분하다. 이제 우리에게 남아있는 과제는 아동들의 건강한 성장과 발달을 위해 이를 어떻게 교육적으로 활용할 수 있는지를 고민하는 것이다.

2) 인터넷 심리검사의 검토 및 평가

인터넷 심리검사를 실시 · 활용하기에 앞서 다음과 같은 사항들을 면밀하게 검토한 후 실시·활용 여부를 결정해야 한다.

첫째, 널리 알려진 교육·심리·상담관련 연구기관에서 운영하는 사이트가 아니고, 개인 홈페이지나 상업용 사이트일 경우 해당 사이트 운영자의 개인 프로필을 확인해야 한다. 만일 심리검사 제공자가 전문상담가나 교육심리분야의 전문가가 아닌 경우 그 곳에서 제공하는 심리검사를 상담장면에서 활용하는 것은 바람직하지 못하다.

둘째, 검사의 특성과 목적이 분명한지를 확인해야 한다. 즉, 검사에서 측정하고자 하는 바가 무엇인지 그리고 어떤 연령집단에게 적합한 검사인지를 명확하게 밝히고 있는지 확인해야 한다.

셋째, 검사의 출처와 개발시기, 개발과정에 관한 정보를 제공하고 있는지도 확인해야 한다. 검사의 제작자와 발췌된 논문 등에 관한 최소한의 정보가 제공된 경우에 한해서 검사결과를 신뢰할 수 있을 것이다. 또한 많은 검사도구가 외국 심리검사를 번역, 수정, 보완한 것들이기 때문에 개발과정에서 어떻게 수정, 보완되었는지에 대한 정보를 확인할 필요가 있다.

넷째, 검사의 양호도(타당도, 신뢰도 등)에 관한 정보도 확인해야 한다. 좋은 검사도구는 이러한 내용에 대해 비교적 상세한 정보를 제공하는 것이 일반적이다.

다섯째, 검사 실시상의 주의사항과 실시 방법에 대해서 검사실시에 앞서 분명하게 주지시키고 있는지를 확인해야 한다.

여섯째, 표준화 검사인 경우 규준집단의 특성, 크기, 대표성 및 표집과정에 관한 정보와 함께 하위 규준집단 여부 및 특성에 관한 정보가 있는지도 확인해야 한다.

일곱째, 검사 실시과정에서 피검사자가 응답을 빠뜨릴 경우 피검사자에게 그러한 사실을 알려주는지의 여부도 확인해 보아야 한다. 만일 전체 문항에 대해 모두 응답하지 않았는데도 검사결과가 자동적으로 제시된다면 정확한 결과를 얻을 수 없기 때문이다.

여덟째, 검사 결과에 대한 피드백을 제공할 경우 결과에 대한 자세한 설명과 타당한 해석이 함께 제공되는지도 확인해야 한다.

아홉째, 기타 검사 실시상 궁금한 사항을 해당 사이트의 웹마스터(webmaster)

나 검사 제공자에게 직접 e-mail이나 게시판을 통해 문의가 가능한지도 확인해야 한다.

이상의 요건들을 두루 갖춘 심리검사를 선택해서 실시하고, 그 결과를 활용할 때 학습자들을 보다 적절하게 이해하게 할 수 있고, 교육적으로도 올바른 지도가 가능하다.

참고 문헌

국립교육과정평가원(1996). 유치원 교육평가연구. - 유아발달수준검사-. 국립교육과정평가원 초등학교학력평가실.

김계현 외(2000). 학교상담과 생활지도. 학지사.

김재은 · 유기섭 외(1979). 심리검사의 활용. 중앙적성출판사.

서울대 교육연구소 편(1998). 한국 교육심리검사 총람. 프레스빌.

이은해(1995). 아동발달의 평가와 측정. 교문사.

이희경(2001). 유아교육의 이해. 동문사.

임승권(1995). 교육의 심리학적 기초. 학지사.

한국교육평가연구회(1996). 한국표준화 심리검사의 문제와 전망. 한국교육평가연구회.

Anastasi, A. & Urbina, S.(1997). Psychological Testing(7th ed.). NY : Prentice-Hall.

Cronbach, L. J.(1990). Essentials of Psychological Testing(5th edition). NY : Harper & Row Publishers.

Freeman, F. S.(1955). Theory and practice of psychological testing. New York : Holt.

Gregory, R. J.(1996). Psychological Testing : History, Principles, and applications(2nd Edition). Boston : Allyn & Bacon.

Guilford, J. P.(1985). The Structure-of-Intellect Model. In B. B. Wolman(Ed.), Handbook of Intelligence : Theories, measurements, and applications(pp. 225-266). New York : John Wiley.

Goldschmid, M. L., & Bentler, P. M.(1968). Manual : Concept Assessment Kit-Conservation. San Diego, CA : Educational and Industrial Testing Service,

Hamachek, D. E.(1975). Behavior Dynamics in Teaching, Learning, and Growth. Boston : Allyn & Bacon.

Katz, L. G.(1994). How Can I Assess the Development of my preschooler ? . Eric Digest.

__________(1997). A Developmental Approach to Assessment of Young Children.

ERIC Digest.

Rosenthal, R. & Jacobson, L.(1968). Pygmalion in The Classroom. New York : Holt.

Sattler, J. M.(1992). Assessment of children(3rd ed.). San Diego, CA : Sattler Publisher.

Sternberg, R. J.(1986). Intelligence applied : Understanding and increasing your intellectual skills. San Diego : Harcourt Brace Jovanovich.

Talbott, J. A., Hales, R. E. & Yudofsky, S. C.(1988). The American Psychiatric Press Textbook of Psychiatry. Washington DC., AP Press, Inc.

Terman, L. M.(1921). A symposium : Intelligence and its measurement. Journal of Educational Psychology, 12, 127-133.

제 10 장

정신건강과 심리치료

1. 정신건강(精神健康)[1]과 건강심리학

인간이 갖게 된 여러 질병들은 신체상의 결함에서 오기도 하지만, 정신적으로 불합리한 상태에서도 기인한다는 사실이 밝혀짐에 따라 사람들은 더욱 행복한 개인생활과 사회생활을 위해 건강한 정신상태를 유지하고자 한다.[2]

건강은 전통적으로 '질병에 걸리지 않은 상태(absence of disease)'로 정의되어

---

1) 학교는 학생들의 정신건강을 다루기 위한 가장 계획적인 실천기관이다. 교사는 많은 학생들과 안정감 있는 접촉을 가지는 전문가이다. 학생들은 초 · 중 · 고 12년간의 학교생활의 과정동안 약 14,000시간 내지 16,000시간을 학교에서 보낸다

2) 건강하면 장수하고 장수하면 행복하다는 말이 통념화되어 있지만 건강이 무엇이냐고 묻는 질문에 대해서는 포괄적이고도 적절한 정의(定議)나 해답을 내리기가 쉽지 않다. 흔히 우리는 인생의 오복(五福)을 이야기하며 그 가운데서 수(壽)를 으뜸으로 꼽는다. 그런데 장수는 곧 건강을 전제로 한다. 오늘날 사람들이 과학과 기술의 발달의 힘입어 자연을 정복하고 우주시대를 열어놓았다고는 하나 수명을 인간의 힘으로 좌우하지 못한다. 따라서 건강의 정의가 완전하지 못하다는 말은 수긍하기가 어렵지 않다.
사람이면 누구나가 바라는 것이 건강과 장수인데도 그 뚜렷한 정의가 없다함은 역설적인 이야기가 아닐 수 없다. 그런데 우리가 관심을 두고 있는 정신건강은 육신의 건강과 불가분의 관계에 있으면서도 그 나름대로의 독자성을 지니고 있으니 비단 개인의 관심사로서만 아니라 학문적으로도 큰 도전이 되고 있다. 그뿐만 아니라 정신건강의 문제는 그 원인(病因)이 나타나는 모습(病症), 심한 정도(病勢), 처치(治療) 기간, 방법, 예후(豫後) 등의 측면에서 다양한 차이를 나타내는 데에 그 심각성이 있다. 그리고 이러한 정신적인 문제로 인하여 일상생활에 대한 적응력 장애를 겪는 사람들이 많이 있다는 데서 그 심각성은 더욱 크다고 할 수 있다.

왔다. 이러한 전통은 정신건강의 경우에도 마찬가지여서, 정신건강은 오랫동안 단순히 '심리적 장애가 없는 상태(absence of psychopathology)'로 정의되어 왔다. 그러나 이와 같은 건강 및 정신건강에 대한 좁은 의미의 정의는 건강과 질병을 동일선상의 양쪽 끝에 있는 개념으로 보는 오류를 범하고 있으며, 지나치게 의학적 모형(medical model)에 기초하고 있다는 비판을 받아 왔다. 이에 따라 건강을 단순히 질병에 걸리지 않았거나 질병으로부터 회복된 상태만을 의미하는 것이 아니라, 그 이상으로 향상될 수 있으며 또 향상되어야 하는 개념으로 보아야 한다는 논의가 일어났다.

정신건강의 긍정적 측면에 대한 관심이 증가하면서 정신건강에 대한 개념은 기존에 비해 넓은 의미로 확장되었다. 정신건강의 긍정적인 측면에 대한 관심과 연구는 의학계에서보다는 사회 및 행동과학 분야에서 더 활발하게 이루어져 왔으며, 심리－사회적 안녕감(sence of psychological and social well-being), 적응적 기능(adaptive functioning), 긍정적 대인관계(positive interpersonal interactions), 자신감(feelings of confidence), 사회적 유능감(social competence), 스트레스 대처능력(ability to copy with stress), 적응 유연성(resilience) 등의 표현이 정신건강의 긍정적 측면에 포함된다. 즉, 넓은 의미의 정의에서는 정신건강을 단지 심리적 장애를 갖고 있지 않은 상태뿐만 아니라, 개인이 일상생활에서 충분히 기능하며 나아가 어떠한 환경에도 잘 적응해 나갈 수 있는 능력을 갖추는 것까지도 포함한다.[3)]

건강심리학에서는 건강유지와 건강증진, 병 그리고 병과 관련된 문제들의 예방과 치료, 병인론, 보건정책 및 제도 등의 분야에 심리학적인 소양, 지식, 연구방법을 적용한다. 즉, 건강심리학은 의학과 심리학의 접목이라고 할 수 있다. 원래 심리학과 의학은 관련이 없었다. 심리학에서 '건강'을 이야기할 때는 '신체적 건강'이라기보다는 '정신건강'을 뜻하였기 때문이다. 그러나 신체적인 건강과 병에도 심리적 변인들이 중요한 역할을 한다는 것을 깨달으면서 심리학과 의학이 접목되기 시작하였다.[4)] 이와 같이 건강상태에 대하여 전통적인 의학적 모델에서 무시되었던

---

3) 정현희(1997). 청소년기의 정신건강과 예방. Vol. 16. No. 1, p. 98-119. 한국심리학회지.
4) 김미리혜(1996). 현대심리학 입문. 정민사.

심리적, 사회적 요인들의 역할이 인식되면서 건강심리학이 급격히 발달하고 있다.

인간을 지칭하여 흔히 사회적 동물이니 감정적 동물이라고 하면서 이들의 질병은 생물학적 지식만으로 진단하고 치료하려고 고집하는 것은 이치에 맞지 않는다. 이러한 시대정신은 건강과 질병에 대한 새로운 이해를 필요로 하고 있다. 그동안 질병은 병균에 의해서만 생기는 것으로 생각되었다. 물론 질병과 병균은 밀접한 관계가 있다. 그러나 병균과는 전혀 무관하게 발병하는 질병도 많다. 즉, 불합리한 사회적 여건이나 불안정한 정서 등도 질병을 유발하고, 더 나아가서는 그 진행과정에 직접, 간접적으로 큰 영향을 미친다. 또한 개인의 성격이 건강을 좌우한다는 주장도 있다.[5)]

질병의 발병과 진행과정에서 박테리아나 바이러스가 차지하는 비중 못지않게 큰 비중을 차지하는 것이 개인의 성격요인이고, 성격요인의 특징에 따라 발병은 물론 질병의 진행과정과 치료효과도 크게 달라질 수 있다는 것이다. 우리의 건강이 잘못된 성격 때문에 손상되는 경우에, 약을 복용하고 의사의 진료를 받는 것이 질병치료의 전부가 될 수 없다. 그것보다는 개인의 성격특성을 이해하고 수정하면서 더 효과적으로 질병을 치료할 수 있을 것이다.

질병에 걸리는 것과 마찬가지로 우리의 건강을 촉진시키는 것도 개인의 성격이다. 즉, 항상 자기생활에 만족하고 모든 것을 긍정적으로 생각하는 사람이 불구자가 되었다든지 혹은 불치의 병으로 자리에 누웠다는 사례는 극히 드물다. 그와는 달리 항상 근심 걱정이 많은 사람은 궤양 때문에, 그리고 공격적인 사람은 두통 때문에 심한 고통을 받는 사례는 많다. 심신양면으로 건강한 사람은 마음이 느긋하고 쓸데없는 욕망에서 벗어나 절제하는 생활을 할 수 있게 된다. 이는 곧 마음이 즐겁고 근심걱정이 없어진다는 것을 의미한다. 이것이 결과적으로 질병을 이기고 건강을 되찾는 가장 가까운 길이다.

—당신의 질병은 성격 때문에 생긴 것이니 먼저 성격을 변화시켜 보라. 그러면 질병은 효과적으로 치료될 것이다.—우리는 이러한 조언을 들을 때가 멀지 않았다.

5) 이현수(1994). 성격이 건강을 좌우한다. pp. 15-21. 학지사.

한편 2차 대전 이후로 서양의 실존주의 및 인본주의 철학자들이 정신건강의 기준을 찾을 때 동양문화권(東洋文化圈)에서 다루는 건강법을 소개하였는데 이것은 정신건강에 대한 동서간의 접근이 시작되었다고 볼 수 있다.

동양(東洋)의 건강법이란 도시 생활하는 문명인들의 반자연적(反自然的)인 생활에 대하여 합자연(合自然)의 이치를 풀이해 주는 이른바 자연환원법(自然還元法)이라 할 수 있다. 그것은 자연(自然) 속에 건강과 불로(不老)의 원칙이 있다는 것을 강조하는 것이다. 이러한 강조는 서양사람들에게 건강과 불로법(不老法)은 결코 고량진미와 비싼 약으로만 얻는 것이 아니라 정신수양과 절제로서 얻어진다는 인식을 불어넣었다. 사실 동양(東洋)에서는 도(道)를 닦는 수양의 효과로서 얻는 것이 무질각노(無疾却老)의 결과임을 강조하기도 한다.

아직도 동서문화권의 절충으로 정신건강의 정의가 일치를 보일 전망은 요원하지만 이들 인본주의 및 실존주의 학자들이 언급한 정신이 건강한 사람들의 특징에 대하여 살펴보면 다음과 같다(박아청, 2002).

로저스는 정상적으로 건강한 성격을 하나의 고정된 상태가 아닌 '되어 가는 과정'으로 본다. 즉, 자아실현은 계속 진행하는 과정으로 완료되었거나 정체된 상태가 아니다. 그는 건강한 사람의 특징을 다음과 같은 다섯 가지로 설명하였다.

① **경험에의 개방성** : 삶이 제공하는 경험을 수용하고, 지각과 경험의 새로운 길을 열기 위해 활용할 때에도 융통성이 있다.

② **실존적 삶** : 매 순간 일어나는 모든 일에 대해 개방되어 있고 적응력이 있다.

③ **자신의 유기체에 대한 신뢰** : 상황에 대한 유기체적 감각 전체를 신뢰할 수 있다.

④ **자유감** : 선택이나 행동에 자유로움을 경험한다.

⑤ **창조성** : 자기 실존의 모든 영역에서 독창적 사고력과 창조적 삶으로 스스로를 표현한다.

프랭클은 정신적으로 건강한 사람들의 특성을 따로 제시하지는 않았으나 일련의 그의 연구에서 정리해 보면 다음과 같다.

첫째, 자기행동 과정을 자유롭게 선택한다.
둘째, 자기의 운명을 보는 태도에 책임의식이 있다.
셋째, 외부의 힘에 의해 제한받지 않는다.
넷째, 자기에게 적합한 삶의 의미를 가지고 있다.
다섯째, 자기 생활에 의식적 통제력이 있다.
여섯째, 창조적, 경험적, 태도적 가치를 포함할 수 있다.
일곱째, 자신으로 향하는 관심을 초월하여 미래를 향한다.

2. 정상(正常)과 이상(異常)

우리는 정신건강을 다른 사람의 행동과 비교하여 논한다. 그래서 다수의 행동에서 이탈되는 행동을 하는 사람을 이상한 사람이라고 한다. 그렇다면 정상이란 무엇인가 하는 의문이 생기며, 사실 그것에 대한 뚜렷한 논의도 확실치 않다. 어찌 보면 이상보다는 정상의 기준을 정하는 일이 더 어려워 보이기도 한다.

정상의 기준으로서 우리는 두 가지를 들게 된다. 하나는 통계적 기준(statistical norm)이고 다른 하나는 이상적 기준(ideal norm)이다.

정상에 대한 일반적인 접근방식은 통계적 준거를 사용한다. 이러한 표준에 의하면, 정상적인 행동은 다수가 행하는 것에 따라 정의된다. 개인이 평균행동과 유사할수록 개인은 더욱더 정상적인 것으로 여긴다. 예컨대, 상당수의 성인을 대상으로 하여 신상과 체중을 측정하고 그 분포를 그려보면 대체로 평균을 중심으로 하여 좌우로 흘러내리는 정상분포 곡선의 모양을 볼 수 있게 된다. 여기서 좌우로 너무 치지지 않는 중심부를 가리켜 우리는 정상부위라고 부르고 이것이 통계에 의한 기준이 된다.

한편 이상적 기준이라 함은 개인이나 집단이 소망하는 이상적 상태를 염두에 두고 보는 경우인데 때로 그것은 과학적 사실에 근거를 두기도 하며 또한 민속적 문화전통이나 종교적 신앙에 근거를 두기도 한다. 예컨대, 작은 고추가 맵다는 통념에서 작은 키를 이상적이라 할 수 있으며 또한 팔등신의 조화를 따져 늘씬한

키를 이상적이라고 받아드릴 수도 있겠다. 그런데 이러한 기준으로 말하는 정상이 반드시 통계적 정상과 일치하지 않는다는 사실을 우리는 알고 있다.

우리는 통계적 정상을 말하는 기준치를 도외시함도 문제이지만 너무 거기에 집착하는 것도 문제가 된다는 사실에 유의할 필요가 있다. 종합병원에서는 입원하는 환자에게 먼저 종합검사부터 실시한다. 통계적 정상을 기준으로 하는 측정치를 얻어내는 것이 질병의 정확한 판단에 필요하기 때문이다. 이러한 검사자료에 근거를 두지 않는 의사의 소견은 그 나름의 억측일 수도 있으므로 위험한 일이 아닐 수 없다. 그러나 이것이 지나치면 문제는 더욱 심각해진다. 환자의 상태를 무시하고 검사만을 위해서 환자를 혹사하는 사례도 많다. 이는 인간활동의 모든 분야에서 과학과 진리는 거의 동의어(同義語)로 받아들이는 데서 기인한다. 과학적 진리에 압도되는 나머지 주관적 의식(主觀的意識)을 열등시하는 그릇된 인식이 우리의 사고(思考)를 지배하게 되었고, 그리하여 관찰·조작 가능한 사실을 체계적으로 묶는 데서 과학적 진리를 발견하며 이러한 지식의 체계를 가지고 정신건강의 문제를 다룬다고 주장한다. 그러나 우리는 과학적 공식화(科學的公式化)를 내세우는 이러한 입장을 경계해야 한다. 개인의 주관적 경험(主觀的經驗)의 내용과 이를 객관적으로 다룰 수 있는 과학적 연구의 결과가 합쳐질 때 그 개인의 내면세계(內面世界)와 함께 외현적 행동(行動)에 대한 진정한 이해가 비로소 가능하여지기 때문이다. 더구나 사람들은 실패, 결격, 부끄러운 소행을 밝히려 하지 않는 심리적 제지(psychological inhibition) 때문에 개인의 행동을 객관적인 관찰로서만 평가하려는 시도는 현실적으로 어려운 일이다.

따라서 과학중시의 풍조에 압도되어 모든 행동의 해석을 통계적 기준의 틀에서만 다루는 안이한 태도는 버리고 정신건강의 참된 뜻을 바르게 인식하는 일이 중요하다.

3. 정신이상(精神異常)

우리는 질병을 신체기관의 장애에서 생기는 이상이며, 또한 정서(情緖) 및 기능

(機能)적 장애를 제외하고 모든 질병은 세포(細胞)의 이상 때문에 생긴다고 규정한다(Robbins, 1974). 그러나 의학분야의 많은 연구의 결과에도 불구하고 질병에 대한 통일된 정의는 아직 없다. 마찬가지로 질병의 기준도 임의적이며 정설이 없다.

정신과 의사들은 정신이상을 질병이라고 부르는데 이는 병리학자들의 질병 정의와는 부합되지 않는다. 1938년 설리반(H. S. Sullivan 1892-1949)이 창간한 미국의 정신의학 전문지 「Psychiatry」의 "대인관계의 과정연구(The Study of Interpersonal Process)"에서는 정신이상의 기준은 과학 외에도 종교, 역사, 법률, 정치, 철학, 심리학, 인류학 등이 망라되어야 된다고 하였다. 해인리(Hanley, 1985)는 내과의(內科醫)가 심장계통의 전문가인 것처럼 정신의학에서 다루는 기관계통은 미땅히 뇌계통 전문가여야 하지 않느냐고 반문하고 있다. 그러나 정신장애를 뇌병리의 결과라고 하고 그것을 마음의 병이라 부를 때 우리는 뇌와 마음이 동의어냐고 묻게 된다. 그러나 마음이 답답하고 마음이 울적한 것이 뇌에 무슨 손상이 있어서 그런 것은 아니므로 이 경우에 뇌와 마음을 동의어로 취급할 수는 없다. 그러므로 정신장애, 정신이상, 정신질환이라는 말은 신체적 질환의 경우처럼 병리해부학적 유관성을 따져서 하는 말이지만 이를 뒷받침하는 뇌손상의 실증적 근거가 없기 때문에 단지 의학적 모형을 빌어서 쓰는 비유의 말에 불과한 것으로 풀이된다(Szazs, 1987). 미국 정신의학회가 펴내는 「정신장애의 진단 및 통계요강(Diagnostic and Statistical Mannual of Mental Disorders)」의 저자들도 정신질환의 일차적 기준으로 병리해부학이나 병리생리학적 장애의 유무를 가리지 않고 있다.

이와 같이 정신질환 혹은 정신이상의 기준에 대한 견해들을 종합하기가 쉽지 않다. 그러나 대체로 이상행동과 정상행동을 구별하는 준거는 다음 네 가지를 고려하는 경우가 많다.

첫째, 이상행동은 심리적인 고통을 동반한다. 심리적 고통은 개인의 주관적 감정 차원이며, 심한 불안감, 우울감, 분노, 정신적인 혼미 등을 말한다. 고통이

심할수록 그리고 고통을 스스로 조절하거나 해결할 수 없어 일상생활, 대인관계, 직업적인 업무수행에 어려움이 있고 그로 인하여 삶의 만족이 저해될수록 이상행동이 심하다고 한다. 그러나 고통의 존재만으로는 이상행동이라고 말할 수 없다. 예를 들어, 조증(mania) 상태에 있는 사람은 의기양양하고 현실성이 없는 포부를 실현될 것으로 확신하며 희망과 즐거움에 차 있다. 이는 분명 이상행동이지만 고통은 없다. 또한 아끼고 사랑하던 혈육을 잃었을 때 당연히 심한 고통을 느낄 것이다. 이때 느끼는 고통은 정상이다. 이와 같이 고통은 정상과 이상을 분간하는 데 고려되는 요소이기는 하지만 그 자체로 이상행동을 정의할 수는 없다.

둘째, 행동이 부적응적일 경우이다. 적응적 행동이라 함은 그 사람 자신의 생존을 증진시키고 개인과 사회의 안녕을 증진시키는 행동을 말하는 것으로, 개인이나 사회에 나쁜 영향을 미칠 때 이상행동이라고 할 수 있다. 즉 개인이나 사회적으로 용납될 수 없는 문제행동을 빈번하게 일으키는 경우, 예를 들어 약물 남용, 폭력, 도박, 가출, 성 문제, 알코올 중독 등이 여기에 해당된다. 이러한 문제들은 거의 개인의 성격적인 문제가 깔려 있는 경우가 많다.

셋째, 스스로 심리적 불편을 느끼지 못하나 정신의학적 증상 분류에는 명백히 해당되는 경우이다. 예를 들어, 정신질환 상태에서는 스스로 불편감을 자각하거나 자신의 문제에 대한 통찰이 거의 없는 경우가 많다. 오히려 자신이 문제가 아니라 자신을 이상하게 보는 주변 사람이 이상하다고 이야기한다.

넷째, 통계적으로 볼 때 정상의 기준에서 일탈되어 있을 때를 말한다. 여기에서 말하는 일탈은 통계적으로 드물거나 평균이나 정상범주에서 심하게 일탈되어 있을 경우를 말하며 이러한 기준은 개인을 측정하는 검사를 통해 정신질환을 평가할 때 적용된다. 지능이 정상에 못 미쳐 정상적인 학급에서 공부할 수 없는 경우를 그 예로 들 수 있다. 그러나 극단적으로 지적이거나 극단적으로 행복한 사람도 이상으로 분류한다.

4. 심리치료란 무엇인가?

심리치료란 언어교류(verbal interchange)를 통한 정신치료, 즉 심리장애의 해소, 감소, 조절을 가져오는 처치과정이다. 말하자면 심란한 상태를 다스리는 처치요, 기법이다. 여기서 심란한 상태(disturbed psyche)가 무엇을 뜻하느냐에 대해서는 여러 가지 견해가 있을 수 있다. 프랭크(1978)는 사람이 생활의욕을 잃을 때 심리치료를 받게 된다고 하였다. 이런 사람들은 대체로 외부의 도움 없이는 자제력과 마음의 평정을 회복, 유지할 수 없다고 본다. 이와 같은 생활의욕 상실은 성장초기의 가족관계와 현재의 사회생활 과정에서 지속되는 대인관계에서 쌓인 긴장 때문에 오는 것으로 보는데 당사자가 이런 마음의 상태를 어떻게 감내하며 표출하느냐가 심리치료를 받는 여부와 높은 관계가 있다(Frank, 1978). 이와 같이 심리치료란 사고, 감정, 행동 면에 심리적 장애(psychological disorder)가 나타난 현상을 보고 심리치료 전문가가 적절한 기법으로 그것을 다스려서 내담자(환자)의 심리적 장애상태를 극복, 제거, 감소하도록 도와 주는 전문적 과정이라고 말할 수 있다.

우리나라의 도(道)와 불교는 다분히 심리치료적이다. 노자사상의 도에서는 가능성을 가지고 태어난 인간이 타인의 인정을 받고 싶은 욕구나 감각적 쾌락에서 벗어나서 자연스런 본래의 모습대로 사는 것을 중요시했다. 현상을 욕망의 투사대상으로 보지 않고 그 자체로서 이해해야 한다는 것이다. 또한 불교에서는 집착으로 인한 헛된 생각이나 감정을 제거하여 진정한 자기를 실현하여 해탈의 경지에 이를 것을 강조했다.

그러나 최근 긍정심리학이 떠오르면서 심리치료가 '질병 모델(disease model)'에서 벗어나 내담자가 긍정적으로 변화할 수 있도록 희망이나 자기 효능감과 같은 내담자의 성장 동기를 살려 주어야 한다는 주장이 제기되고 있다(김선중, 2005). 긍정심리학의 목표는 인간의 생애에서 최악의 것을 극복하는 것 뿐 아니라 최상의 것을 만듦으로써 변화를 촉진시키는 것으로, 마음의 병을 치유하고 예방하는 것은 강점을 만드는(building of strength) 작업을 통해서 이루어진다. 즉, 심리치료는 문제를 중심으로 이루어지기 보다 내담자들의 강점과 긍정적인 측면을 다루어 주어야 한다는 것이다. Stotland(1969)도 정신적인 질병은 무망감(hoplessness)과 관련이 있고, 치료는 긍정적 측면인 희망(hope)을 회복시켜 주는 것이라고 하였다.

종합하면 심리치료(psychotherapy)는 심리적 문제로 고통받는 사람이 고통을 제거하도록 도와 주는 과정일 뿐 아니라, 개인 성장을 도와 주는 수단이기도 하다. 따라서 심리치료자는 내담자의 장애 교정과 건강 증진을 위한 두 가지 노력을 함께 해야 할 것이다.

오늘날 심리치료 이론은 많이 있다. 미국의 경우 The Psycho-therapy Handbook (Herink, 1980)을 보면 심리치료의 기법이 무려 280가지나 소개되어 있어서 사람들은 미국을 심리치료의 수퍼마켓이라고 조소하기도 한다. 이 장에서는 대표적인 이론 몇 가지를 제시한다.

1) 정신분석 치료

(1) 인간에 대한 기본 관점

프로이드는 사람들의 일거수 일투족을 결정하는 것은 사람들 마음 속에 존재하는 정신적 과정이라고 하였다. 이를 정신적 결정론이라고 한다. 정신적 결정론에 의하면 사람들이 겪는 심리적 문제는 사람 내부에 존재하는 어떤 정신적 원인이 작용한 결과이다. 따라서 이 원인이 작용을 멈출 때 비로소 심리적 건강을 되찾을 수 있다.

또한 정신분석이론에 의하면 인간은 무의식적인 존재이다. 사람들은 자신에 대해 극히 일부분만을 깨닫고 있을 뿐이며, 깨어있는 부분도 우리의 정신세계 대부분을 차지하는 무의식의 지배를 받는다. 사람들은 의식상태에서 견디기에는 너무 고통스럽거나 위협적인 경험들을 잊고자 하지만 완전히 사라지지 않고 무의식에 저장되는데 마음의 방어력이 약해진 틈을 타서 의식상태로 올라와 심리적 증상을 형성한다. 즉, 심리적 증상은 무의식의 활동 결과인 것이다. 정신분석은 무의식에 대한 건강한 깨달음을 추구하며, 이러한 관점은 인간에게 나타난 어떤 현상과 원인에 대해 타당한 이해를 얻을 때까지 계속하여 분석하는 태도를 요구한다.

(2) 심리적 문제의 발생과 치료

정신분석이론에서는 성격이 원초아, 자아, 초자아의 세 가지 구성 요소로 이루어진다고 하였다. 이들은 각기 다른 원리에 의해서 작동하기 때문에 마찰과 갈등이 일어나게 된다. 원초아는 본능적 욕구를 직접적으로 충족시키려 하고, 자아는 현실에 비추어 이를 저지하려 한다. 초자아는 원초아와 자아가 이상과 도덕에 위배되는 행위를 하는지 감시한다. 이들이 서로 조화를 이루지 못할 때 나타난 갈등이 심리적 문제의 근원이 된다. 이 때 자아는 성격구조들 간의 갈등을 중재하고 조정하는 역할을 한다. 자아는 자아를 보호하고 원초아의 요구와 초자아의 명령을 다루기 위해 여러 가지 방어의 방법, 즉 방어기제를 사용하면서 현실에 적응한다.

그러나 방어기제를 사용하여도 정신적 갈등을 다루지 못할 때 자아는 최후의 방어 수단으로 심리적 증상을 형성한다. 심리적 증상, 그것 자체로도 고통스러운 일이긴 하지만 원초아적 충동이 그대로 실현되었을 때 예상되는 위험에 비하면 심리적으로 아파 버리는 것이 더 낫기 때문이다.

정신분석적으로 치료하는 것은 자아의 기능을 강화하여 심리적 증상과 관련된 정신적 갈등을 해소하는 데 있다. 즉, 대부분 자아로 형성된 의식의 범위를 확대시키는 것이다. 자신도 모르는 채 자신의 감정이나 행동, 생각 등에 영향을 미치는 무의식적 요소들을 의식의 영역으로 이끌어냄으로써 더 이상 무의식이 왜곡된 방식으로 현실에 영향을 미치지 못하게 하는 것이다. 정신분석에서 무의식을 의식화하는 작업은 어둠에 빛을 비추는 것에 비유된다. 자기에 대한 무지로부터 벗어나 자신을 철저히 이해하는 것, 자신을 맹목적이고 비이성적인 본능적 충동에 휘말리도록 내버려두는 것이 아니라 이성의 힘으로 그것을 다스리는 것, 바로 그것이 정신분석적 심리치료가 지향하는 궁극적 목표이다.

(3) 주요 방법

① **자유연상** : 자유연상은 정신분석 기법 중에서 가장 핵심적인 것으로 어떤

대상과 관련하여 마음에 떠오르는 생각, 감정, 기억들을 아무런 수정도 가하지 않고 이야기하도록 하는 것이다. 이때 증상과 관련된 과거의 경험이나 기억들이 차츰 드러나게 되며, 치료자는 이를 통해 내담자의 증상이 무의식적으로 어떤 의미를 지니는지 이해할 수 있다.

② **꿈의 분석** : 꿈은 무의식이 표출된 것이다. 따라서 치료자는 내담자의 무의식적 자료를 꿈을 통해서도 얻을 수 있다. 잠을 자는 동안에 무의식에 대한 자아의 방어가 약해지게 되므로 억압된 욕구와 본능적 충동들이 의식의 표면으로 보다 쉽게 떠오른다. 치료자들은 꿈의 내용 속에 나타나는 것을 분석함으로써 억압된 동기와 잠재된 무의식적 본능을 이해할 수 있다.

③ **해석** : 해석은 치료자가 꿈, 자유연상, 저항, 전이 등의 의미를 내담자에게 지적하고 설명하고 가르치는 것이다. 이러한 치료자의 해석을 통해 내담자는 몰랐던 무의식적 내용들을 차츰 의식적으로 이해하고 받아들일 수 있게 된다.

✿ 전이의 해석

전이란 내담자가 과거의 중요한 인물들에게 느꼈던 감정이나 생각을 치료자에게 투사하는 현상이다. 치료가 진행됨에 따라 내담자의 어린 시절의 경험과 갈등들은 무의식 속에서 의식의 표면으로 떠오르기 시작하고 내담자는 여러 감정들을 치료자를 대상으로 해서 재경험하게 된다. 이 때 전이가 발생한다. 즉, 과거에 경험했던 갈등의 대상에게 맺혔던 감정이 치료자에게 옮겨져 내담자에게는 치료자도 똑같은 인물로 여겨진다는 것이다. 이러한 전이 현상은 내담자의 무의식이 표면으로 올라오고 있음을 나타낸다. 현재의 치료자를 자신에게 중요했던 과거의 인물과 심리적으로 혼동하는 것은 그만큼 과거의 인물에 대한 미해결된 갈등이 내담자에게 중요하게 남아 있다는 것을 의미한다. 이러한 혼동이 생기는 이유를 하나씩 탐색해 나감으로써 무의식 속에 잠재된 과거의 인물들에 대한 갈등을 의식이 작용하는 현재의 관점에서 해결해 나갈 수 있는 것이다.

✿ 저항의 해석

저항이란 내담자가 치료에 협조하지 않는 모든 행위를 말한다. 대개 사람들은 고통스러운 것은 피하려 한다. 저항은 고통스런 무의식적 자료가 의식의 표면으로 올라오려 하고 있음을 나타낸다. 치료에 대한 협조는 고통스러운 무의식에 직면해야 함을 의미하며, 반면에 비협조는 고통스러운 무의식을 직면하지 않으려는 내담자의 태도를 반영하는 것이다. 따라서 치료자는 내담자가 보이는 저항의 의미를 이해하고, 이를 내담자에게 적절히 해석해 줌으로써 치료에 대한 내담자의 협조를 이끌어 낼 수 있어야 한다.

2) 인간중심 심리치료

(1) 인간에 대한 기본 관점

로저스에 의하면, 인간은 자신의 잠재력을 실현하려는 경향성을 가지고 태어난다. 인간은 태어날 때부터 자신이 되고자 하는 것이 될 수 있는 가능성과 잠재력을 가지고 있다는 것이다. 어떤 사람이 현재 시점에서 좌절을 겪고 있다면, 그것은 가능성이나 잠재력이 부족해서 그렇게 된 것이 아니고, 자신의 가능성을 발견하지 못하여 제대로 실현하지 못했기 때문이다. 그러나 인간이 지닌 실현 경향성은 부적응 상태를 극복하고 정신적 건강 상태를 되찾을 수 있는 능력을 갖고 있다. 따라서 인간중심적 심리치료에서 치료자는 내담자의 문제를 해결해 주는 것이 아니라, 내담자 스스로가 사진의 문제를 해결해 나가도록 촉진해 주는 역할을 한다. 왜냐하면 문제해결 능력, 즉 자아실현 경향성은 이미 내담자 내부에 있기 때문이다.

또한 존재의 의미는 '거기와 그때'(there-and-then)에 있는 것이 아니라 '여기와 지금'(here-and-now)에 있다. 여기 그리고 지금에서 사람이 어떻게 생각하고 느끼느냐가 행동을 결정한다. 바로 어제까지 세상에 관한 온갖 비관적인 생각으로 가득 차 있었다 하더라도, 현재의 나를 결정짓는 것은 어제 가졌었던 비관적인 생각들이 아니라 바로 지금의 현상적 장(phenomenal field)에서 가지고 있는 나와 세상에 대한 희망이다. 따라서 현재의 자기 속에서 참된 가치와 의미를 발견하는 것이 중요하다.

여기와 지금에서 사람들이 발견하는 의미가 그가 원래부터 가지고 태어난 실현 경향성과 부합하는 것일 때 발전과 성장이 가능하다. 반대로 여기와 지금에서 발견하는 의미가 실현 경향성과 일치하지 않게 되면 심리적 문제가 발생한다.

(2) 심리적 문제의 발생과 치료

사람들에겐 자기에 관해 긍정적으로 생각하려는 욕구가 있고, 자신을 긍정적인 존재로 여길 수 있기 위해서는 다른 사람으로부터 긍정적 존중을 받는 것이 필요하다. 즉, 다른 사람들이 자신을 긍정적으로 대하면 자기 개념 또한 긍정적일 수 있고, 반면에 다른 사람들로부터 계속 부정적인 평가를 받게 되면 자기 개념은 부정적인 쪽으로 형성된다. 따라서 아이들의 행동과 사고방식은 어른들의 애정과 칭찬을 받는 쪽으로 발전하게 된다. 그렇게 해야 어른들로부터 긍정적인 존중을 받을 수 있고, 또한 자신을 가치 있는 존재로 여길 수 있기 때문이다. 결국 아이들은 어른들의 가치체계를 내면화하게 된다. 이러한 가치 조건과 자아실현 경향성이 조화를 이룬다면, 아이들은 성장을 촉진하는 분위기 속에서 자신의 가능성과 잠재력을 발견하고 실현해 나갈 수 있게 된다.

그러나 외적으로 부여된 가치 조건에 따라 형성된 자기 개념이 여기와 지금에서의 경험을 부정하고 왜곡하게 되면 심리적 문제가 발생한다. 대체적으로 어떤 감정을 받아들이지 못하는 것은 자라나는 과정에서 부여된 가치 조건들에 강하게 구속되어 있기 때문이다. 즉, 내담자가 어떤 감정이나 생각들을 부인하거나 왜곡하는 것은 그것이 가치 조건에 들어맞지 않기 때문이며, 따라서 그것을 인정하고 받아들일 경우 위협을 느끼기 때문이다. 치료자는 이러한 가치 조건들을 해제시켜 주어야 하고 내담자는 발달시킨 가면을 벗어야 한다. 치료자가 전적으로 내담자의 내면 경험을 내담자의 입장에서 이해하고 공감해 주며, 어떤 특정한 가치 조건에 입각해서 판단하는 것이 아니라 무조건적으로 수용하고 존중해 줄 때, 가치 조건은 해제될 것이다. 치료자의 이러한 조력에 힘입어 내담자는 자신을 의미 있게 만드는 것은 바로 자신이며 외적인 가치 조건들이 아니라는 것을 깨닫게 된다. 그 결과 내담자는 어떠한 외적인 구속도 받지 않고 자신이 스스로에게 부여하는 의미에 따라 자기를 형성시켜 나갈 수 있는 참된 성장의 길로 나아가게 된다.

(3) 치료자와 내담자와의 관계

인간중심적 심리치료는 내담자의 문제를 해결하는 것이 아니라 내담자 자체에 초점을 맞추어 내담자가 자기를 실현하도록 돕는다. 치료자가 내담자의 성장을 촉진하는 적절한 양육 환경을 만들어 주기만 하면, 내담자는 스스로 문제를 해결할 수 있는 능력을 발휘할 수 있다는 내담자에 대한 신뢰와 믿음이 깔려 있다.

이러한 성장을 촉진하는 양육 조건은 내담자를 대하는 치료자의 태도, 즉 치료관계를 통해 생성된다. 치료기법을 따로 열거하거나 강조하지 않고 내담자의 심리적 문제의 해결과 인간적 성장을 위해서는 치료자의 세 가지 태도들이 필요하며, 치료자가 내담자와의 관계에서 이러한 세 가지 태도를 일관적으로 유지해나갈 때 내담자의 긍정적인 성격 변화는 충분히 일어난다고 보았다. 세 가지의 치료자 태도는 진솔, 무조건적 긍정적 존중, 그리고 공감적 이해이다.

① **진솔성** : 진솔성이란 치료자가 내담자를 대함에 있어서 가식이나 왜곡, 겉치레가 없는 것을 말한다. 진솔성에는 두 가지 측면이 있다.

첫째는 내용이 어떤 것이든 간에 치료자는 내담자를 대하면서 드는 생각이나 느낌에 솔직하고 충실해야 한다. 그것을 더하거나 빼지 않고 있는 그대로 느끼고 경험하는 것이 중요하다.

둘째는 내담자와의 관계에서 느껴진 것을 있는 그대로 표현하는 것이다. 내담자에 대해 느껴지는 것들 중 긍정적인 내용만 표현하고 부정적인 내용은 숨겨버리는 것은 진솔한 태도가 아니다.

진솔성의 중요성은 자기와 경험간의 불일치를 줄여나가는 데 밑거름이 된다. 치료자가 내담자를 진실하고 솔직하게 대하는 태도를 일관되게 유지하게 되면 내담자 또한 그것을 거울삼아 자신의 경험에 대해서도 진솔한 접촉을 해나갈 수 있게 된다. 따라서 치료자의 진솔성은 내담자 자신의 경험에의 개방과 접촉을 촉진하는 것으로 작용한다.

② **무조건적 긍정적 존중** : 가치 조건의 해제에 핵심적인 것은 무조건적 긍정적 존중이다. 여기에서 긍정적 존중이란 내담자를 한 인간으로서 긍정적인 존재로 대한다는 것을 의미한다. 또한 무조건적이란 말은 내담자를 긍정적인 존재로 존중

을 하되, 그것에 아무런 전제나 조건도 달지 않는다는 것을 뜻한다. 따라서 무조건 긍정적 존중이란 "나는 당신이 ~할 때에만 괜찮은 사람으로 인정하겠소"가 아니라 "나는 당신의 모습을 있는 그대로 존중하겠소"라는 태도와 같다.

즉, 내담자를 치료자의 가치 조건에 비추어 판단하거나 평가하지 않고, 그가 무엇을 말하고 느끼든 또한 그가 어떠한 행동을 하든 내담자라는 인간은 가치롭고 존중받을 만하다는 태도를 일관되게 유지한다는 것이다. 치료자가 이런 태도를 일관되게 유지할 때 내담자 또한 기존의 가치 조건으로부터 벗어나게 되며, 따라서 자신을 있는 그대로 느끼고 표현할 수 있는 자유로운 존재가 될 수 있다. 이렇게 되면 심리적 문제의 해결은 물론이고 이제까지 숨겨지고 왜곡되어 왔던 가능성과 잠재력이 발현되게 되어 내담자는 참된 성장과 성숙의 길로 접어들게 되는 것이다.

③ **공감적 이해** : 공감적 이해는 여기와 지금에서 나타나는 내담자의 감정과 경험을 치료자가 민감하고 정확하게 이해하는 것을 뜻한다. 즉, 내담자의 현재의 내면적 감정을 그것이 마치 치료자 자신의 감정인 것처럼 느끼는 것이다. 치료자의 공감적 이해를 통해 그동안 의미가 제대로 이해되지 않았던 내담자의 감정은 비로소 진정한 의미가 드러나게 된다. 이런 점에서 공감적 이해는 내담자가 자신에 대한 진정한 경험과 접촉을 확대시켜 나가도록 하는데 도움이 된다. 이제까지 부정되고 왜곡되어 왔던 자신의 모습을 있는 그대로 보고 느끼고 수용하도록 하는데 공감적 이해가 큰 도움이 되는 것이다.

공감적 이해를 잘하기 위해서는 치료자는 내담자의 입장에 서 보는 것이 중요하다. 내담자가 무엇을 느끼고 생각하는지 이해하기 위하여 치료자는 심정적으로 그리고 인간적으로 자신과 내담자를 동일한 입장에 세우는 풍부한 정서적 상상력이 필요하다. 그러한 상상력을 동원해서 내담자의 마음의 세계를 있는 그대로 관찰하고 경험하는 것이 공감적 이해의 첫 걸음이다.

3) 인지행동 심리치료

인지행동 심리치료는 1960년대 초에 등장한 비교적 최근 이론이다. 정신분석

심리치료가 주로 장기 치료인데 반해, 이 접근은 대체로 단기로 진행되는 경향이 있다. 즉, 심리치료의 진행 기간이 짧다는 것이다. 또한 인간중심 심리치료가 내담자라는 인간에 초점을 맞추는 것과는 달리, 이 접근은 주로 문제 자체의 해결에 초점을 둔다. 인지행동 심리치료에서 내담자의 인간적 성장과 발달, 그리고 성격의 기본적 변화가 전혀 고려되지 않는 것은 아니지만, 내담자가 직접적으로 호소하는 심리적 문제의 해결이 우선적인 관심사이다. 성격 변화와 인간적 성숙은 심리적 문제가 해결된 다음에 고려되는 보다 궁극적인 차원의 목표인 것이다. 그리하여 인지행동적 접근은 심리적 문제의 해결에 필요한 아주 다양하고 구체적인 치료 기법들이 잘 발달되어 있다.

(1) 인간에 대한 기본 관점

인지행동 접근에서는 인간의 여러 측면 중 인지가 가장 우선적이며 가장 중요하다는 입장을 갖는다. 감정이나 행동도 물론 중요하지만, 그것들은 모두 사람들이 어떻게 생각하느냐에 따라 영향을 받는다는 것이다. 이러한 입장을 인지의 우선성 또는 인지적 결정론이라 한다. 이러한 관점은 어떤 사람에게 나타나는 특정한 감정과 행동은 그 사람이 특정한 생각을 하기 때문이라고 보는 것이다. 따라서 부적응을 겪는 사람들을 변화시키기 위한 가장 효율적인 방법은 그 사람의 생각을 변화시키는 것이다. 그렇게 함으로써 잘못된 행동과 감정은 저절로 변화될 수 있다고 믿는다. 그러나 실제로 문제해결의 장면에서는 인지의 재구성 뿐 아니라 구체적 대처행동의 훈련을 복합적으로 사용한다.

(2) 엘리스의 합리적 정서치료

엘리스의 합리적 정서치료는 정서적 문제를 유발하는 것은 생활 사건 자체가 아니라 그 사건에 대한 왜곡된 생각 때문이라는 가정에서 출발한다. 그리고 이러한 왜곡되고 잘못된 생각의 뿌리에는 비합리적인 신념들이 깔려 있다고 본다. 예를 들면, 맞선 본 남성으로부터 딱지를 맞은 여성이 기분이 상한 이유는 딱지를 맞은 사건 자체에 있는 것이 아니라 '나는 남성으로부터 딱지를 맞아서는 안돼!' 라는 생각에 있다. 이러한 생각은 스스로에게 다짐하는 일종의 자기말(self-talk)로서, 살아가면서 겪게 되는 여러 가지 스트레스에 대처하기 위해 스스로 발전시켜 온 것이다. 이와 같이 어떤 사건을 해석하는 방식이 비합리적일 경우 정서적 문제는 불가피해진다. 즉, 사람들이 겪는 심리적 문제의 기저에는 합리적이지 못한 생각들이 깔려 있다.

비합리적 신념은 융통성과 현실성이 없다. '모든', '항상', '반드시', '꼭', '결코', '당연히', '~이어야만' 등과 같은 단어가 들어가는 생각들로 융통성이 없고, 어떠한 예외도 인정하지 않는다. 그러나 예외 없는 규칙은 없다. 이러한 예외적 경험들을 자신의 생각과 기대에 부합하지 않는다고 받아들이지 않게 되면 정서적 혼란을 피할 수 없게 된다. 현실적으로 달성하기 불가능한 당위적 생각들을 많이 가질수록 정서적 문제를 더 많이, 그리고 더 심각하게 경험하게 되며, 반대로 현실적으로 달성 가능한 융통성 있는 선호나 소망 또는 기대들을 가지고 있으면 정서적 문제로부터 상당 부분 자유로워질 수 있다. 결국 사람들을 심리적으로 괴롭게 만드는 것은 사건 자체가 아니라 그들이 가진 생각인 것이다.

합리적 정서치료는 정서적 문제에 기저하는 비합리적 생각들을 확인하고, 그것들을 보다 합리적인 생각들로 대체해나간다. 다시 말하면 치료의 과정에서 치료자는 내담자의 비합리적 신념(irrational Beliefs, irB로 표시)을 확인하고 그 부당성을 적극적으로 논박(D)하여 그것을 합리적인 신념(rational Beliefs, rB로 표시)으로 변환시킴으로써 정서적 건강을 되찾게 하는 효과(E)를 얻는다는 것이다. 이때 치료자의 논박이 내담자의 인격을 모독하여 내담자가 치료 자체에 부정적인 느낌을 갖지 않도록 주의해야 한다. 즉, 치료자는 내담자가 가진 비합리적 신념에 대해서는 통렬한 논박을 가할 수 있지만, 내담자 개인은 고귀한 인격체로서 존중하는 태도를 유지해야 한다.

(3) 베크의 인지치료

원래 인지치료 이론은 우울증을 치료하는 이론으로 출발하였으나, 점차 불안과 공포증 등을 포함한 정서적 문제와 사람들의 성격적 문제를 치료하는 이론으로까지 확장되었다. 우울증을 위한 인지치료 이론은 베크에 의해 개발된 이래 적용범위가 날로 확대되어 가는 발전 과정 중에 있는 이론이다.

베크의 인지치료 이론에 따르면, 사람들은 대개 어떤 사건에 접하게 되면 자동적으로 어떤 생각들을 떠올리게 되는데, 이를 자동적 사고(automatic thoughts)라 한다. 사람들이 스트레스 사건을 경험했을 때 자동적으로 떠올리는 자동적 사고의 내용이 부정적이면 심리적 문제가 발생하는 것이다. 그런데 이러한 생각들은 자신의 의지와는 상관없이 부지불식간에 떠오르게 된다. 따라서 심리적 문제를 경험하는 당사자의 입장에선 이러한 생각을 했다는 것조차 자각할 수 없는 경우가 대부분이다. 그럼에도 불구하고 이러한 생각들은 존재하며, 심리적 문제를 일으킨다.

부정적인 내용의 자동적 사고를 활성화시키는 것은 역기능적 인지도식의 내용들이다. 사람들은 살아가면서 자기 나름대로 자기와 세상을 이해하는 틀을 발달시킨다. 그것을 인지도식이라 한다. 그런데 사람들이 살아온 삶의 과정과 그 과정 속에서 경험한 내용들이 각자 다르기 때문에 인지도식의 내용은 사람에 따라 다르다. 개인의 인지도식의 내용이 부정적인 성질일 때 이러한 인지도식을 역기능적 인지도식이라 한다. 이는 심리적 문제를 초래하는 근원적 역할을 한다. 즉, 살아오는 과정에서 부정적인 내용들로 인지도식을 구성할 경우 심리적 문제에 매우 취약하게 되기 쉽다는 것이다. 즉, 역기능적 인지도식을 가지고 있는 사람이 일상생활에서 스트레스 사건을 경험하게 될 때 부정적인 내용의 자동적 사고를 자신도 모르게 떠올리게 되며, 그 결과로 심리적 문제가 발생한다는 것이다

역기능적 인지도식은 자동적 사고를 발생시키는 역할 뿐 아니라 인지적 오류를 발생시키기도 한다. 인지적 오류(cognitive errors)란 현실을 제대로 지각하지 못하거나 사실 또는 그 의미를 왜곡하여 받아들이는 것을 뜻한다.

어떤 사람들은 사실과 사실에 대한 자신의 주관적 해석을 혼돈하는 경우가 있다. 어떤 사건에 접해서 그 사건의 실제적 의미를 확인하지도 않고 성급하게 어떤 결론에 도달하는 것은 사실과 동떨어진 결론이 될 가능성이 매우 크다. 왜냐하면 사건에 접했을 때 드는 생각은 사실로 확인되기 전까지는 어디까지나 잠정적인 추측일 뿐이지 사실 자체는 아니기 때문이다. 베크의 인지치료 이론에서는 개인의 임의적인 추측을 사실 또는 현실과 혼동하는 것은 일종의 오류 또는 잘못이며,

사람들이 이러한 오류를 많이 범할수록 심리적 문제를 겪게 될 가능성이 더 커진다고 본다. 사람들이 이러한 인지적 오류를 범하는 이유는 과거의 경험들을 통해 차곡차곡 쌓아온 인지도식 때문이다.

특히 역기능적 인지도식을 지닌 사람들은 일상 생활에서 경험하는 여러 사건들의 의미를 왜곡해서 지각하는 인지적 오류를 갖게 될 가능성이 높고, 또한 어떤 사건에 접해서 부정적인 내용의 자동적 사고들을 떠올리게 될 여지가 매우 크다. 그리하여 심리문제를 경험하게 된다.

베크의 인지치료에서 치료자는 크게 두 가지 과제를 달성해야 한다. 하나는 내담자의 부정적인 자동적 사고를 찾아내어 이를 보다 적절한 적응적인 사고로 대체하는 것이고, 다른 하나는 부정적인 자동적 사고의 기저를 이루는 근원적인 역기능적 인지도식을 찾아내어 그 내용을 보다 현실적인 것으로 바꾸어나가는 것이다.

치료자가 가장 중요하게 고려해야 하는 것은 현실과 현실에 대한 내담자의 주관적 해석을 철저히 분리하는 일이다. 현실에 비추어 객관적으로 검증되지 않은 개인의 주관적 해석은 결코 사실과 같을 수가 없다. 앞서 살펴본 바와 같이 내담자들은 이를 혼동함으로 인해 심리적 문제를 경험한다. 따라서 치료자는 내담자가 가진 자기와 주변 인물, 그리고 세상에 대한 여러 가지 생각들의 타당성을 객관적 사실에 비추어 얼마나 타당한지를 끊임없이 검토해야 하는 것이다. 그리고 그러한 검토 과정에는 내담자의 적극적인 참여를 유도하는 것이 필수적이다. 베크의 인지치료 이론에서는 이와 같은 과정을 거쳐 내담자가 보다 현실에 부합하고, 사실에 근접한 방식으로 사고하게 될 때 심리적 건강이 회복될 수 있다고 믿는다.

참고 문헌

김미리혜(1996). 현대심리학 입문. 정민사.

김정규(2002). 심리치료와 자신의 발견. http://www.sungshin.ac.kr/~jkkim

서성제(1998). 현대인의 건강관리. 서울교원연수원.

윤호균(1983). 삶, 상담, 상담자. 문지사.

이남표(1991). 정신건강과 심리치료. 원탑문화.

이장호 외(1999). 상담심리학의 기초. 학지사.

장연집 · 박경 · 최순영(1997). 현대인의 정신건강. 학지사.

정현희(1997). 청소년기의 정신건강과 예방. Vol. 16. No. 1 pp. 98-119. 한국심리학회지.

부록

- ❖ 부록 1 : 교수－학습과정의 이론모형
- ❖ 부록 2 : 수업설계와 학습지도안

부록 1

교수-학습과정의 이론모형

학습자의 특성(개인차)에 맞는 적절한 교수-학습의 원리를 어떻게 발견할 것인가 하는 문제는 교육에 종사하는 사람이면 누구든지 생각하게 될 필수적인 명제이다.

교육의 과학화의 추세에 맞추어서 교육의 원리를 철학이나 神學에서가 아니라 심리학에서 찾으려고 시도하였고, 교수 또는 학습지도의 원리를 심리학적인 학습이론에서 찾으려고 했다. 심리학에 기초한 학습이론이나 지식이 학교학습의 질적 개선을 위해 크게 이바지해 왔고, 학습의 극대화를 촉진시키는데 많은 시사를 주었다는 사실을 인정하지 않을 수 없다.

그러나 학습이론을 학교학습의 이론으로 곧바로 적용할 수 있느냐 하는 점에 반문과 의문을 가지면서 별다른 연구활동이나 사고 없이 이러한 원리를 그대로 교실상황에 이용하는 방안모색에만 급급해 왔다는 사실도 부인할 수 없다. 에스테스(Estes)는 학습이론을 유효하게 응용하기 위해서는 실험실의 연구에 근거한 이론은 교실에서는 검증할 수 없다는 점을 이해하여야 하고, 어느 분야에 있어서도 그 가정에 맞도록 꾸며진 조건에서 확인된 이론은 그와 다른 조건에서는 반증될 수가 없으며, 또한 우리는 어떠한 심리학 이론도 학습과제의 우선 순위를 정할 수 없다는 점을 알아야 한다고 했다.

학습이론 그 자체는 학교의 교육을 위해서는 불충분할 뿐만 아니라 교수 또는 학습지도를 위해서는 학교에서 실제로 적용할 수 있는 자체 내의 어떤 이론을 발견해야 한다는 필요성을 말해 주고 있다(홍성윤 · 진위교, 1992, p. 25-29).

교실장면에서 적용이 가능한 교수이론의 필요성과 이론적인 배경이 끊임없이 제기되었다. 지금까지 알려진 대표적인 교수모형을 살펴보면 다음과 같다.

1. 글레이스의 수업과정 모형

Glaser는 수업이 진행되는 교수과정을 하나의 체제(system)로 보고, 체계적이고 조직적인 교수모형을 처음으로 개발하였다. Glaser의 교수모형은 수업목표, 출발점 행동, 수업절차, 성취도 평가의 4개의 요소로 구분하여 설명되고 있다. Glaser의 교수모형을 도식화하면 다음 [그림 1]과 같다.

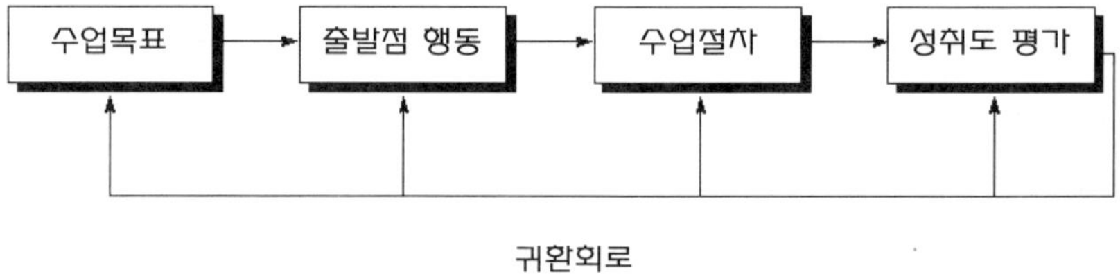

[그림 1] Glaser의 교수모형

이 모형의 특징은 수업의 한 단계 한 단계가 바로 뒤따르는 후속단계의 활동을 결정하는 계속적인 결정과 수정의 모형이다. 즉, ① 한 학습단원의 수업의 목표가 결정되면 ② 이 수업목표의 달성에 관련된 학생들의 출발점행동의 양상이 정확히 예진되며 ③ 그에 따라 이 학생들에게 어떤 학습지도가 주어져야 할 것인가 처방되며 ④ 최종적으로 학습지도의 성과가 평가되도록 되어 있다.

수업목표가 설정되면 바로 학습지도에 들어가는 것이 아니라 이 수업목표에 관련된 학생들의 현재의 학습수준이 먼저 진단되고, 수업목표와 진단된 학생들의 현재의 학습수준 간의 격차를 메꾸기 위해서는 어떤 학습지도가 어디서부터 출발되어야 할 것인가에 관한 학습지도의 처방이 내려진다. 각 단계가 피드백(feedback)선에 의하여 유기적으로 서로 관련되어 있다. 즉, 일련의 수업활동이 끝났다는 뜻에서 평가가 아니라 수업목표가 학습지도의 처방에 의하여 실지로 어느 정도 달성되었는지가 평가되며, 그 결과는 수업의 각 단계로 송환효과가 되어 수업의 각 단계를 어떤 모양으로든 수정한다. 이 모형은 전적으로 수업목표가 무엇이며 그것을 학습하는 학생들의 출발점 행동이 어떠한가에 따라서 좌우된다. 수업과정의 각각의 요소는 다음과 같다.

1) 수업목표(instructional objectives)

수업목표는 교육이 궁극적으로 달성해야 할 가치실현의 인간행동을 포함하는데 수업목표는 관찰, 측정, 기술이 가능한 행동으로 세분화하는 것으로부터 시작한다. 수업목표는 도착점 행동(terminal behavior)으로 설명될 수 있다. 도착점 행동이란 어떤 교수과정이 끝났을 때 학생들이 보여줄 수 있는 성취를 의미한다.

2) 출발점 행동(entering behavior)

투입행동(input behavior)이라는 말로 사용되는 것으로 '학생들이 새로운 특정 도착점 행동을 습득하기 전에 이미 습득해 있어야 할 행동'을 가리킨 것이다. 즉, 준비성의 개념과 유사하다.

주요하게 고려되는 출발점 행동은 선행학습의 정도, 적성, 지능, 학습자의 정의적(情意的)인 요인이다. 학습자의 정의적인 요인은 흥미, 태도, 자아개념과 같은 특성으로서 학습의 결과에 중요한 영향을 미친다. 수업절차에 앞서서 출발점 행동의 진단을 위한 진단평가를 실시하여 학습결손아를 발견하고 처치방안을 강구할 필요가 있다. 그리고 수업절차에서의 학습지도 방법이 모색되어야 한다.

3) 수업절차

수업절차는 교사의 수업전개의 활동을 내포한다. 학생의 출발점 행동에서 시작하여 학생이 학습상황을 떠나는 사이의 과정으로 학습지도의 장면을 의미한다. Glaser는 설정된 수업목표에 점진적으로 접근시킬 수 있는 보조행동의 활용을 강조한다. 이 단계에서는 학습지도 방법과 형성평가에 의한 교정학습이 중요시된다.

4) 성취도 평가

수업절차가 끝난 다음, 설정된 수업목표에 비추어 학습성과의 평가를 의미한다. 이 때의 평가는 총합평가로서 도착점 행동의 성취를 알아보는 것이다. 이러한 과정체제에서 평가에 의한 계속적인 피드백이 행하여진다.

2. 가네의 교수모형

Gagné는 어떤 학습과제를 성공적으로 학습하기 위하여서는 여러 가지로 구성되어 있는 하위차원의 전단계를 거쳐야 한다고 보고 있다. 이는 인간의 모든 능력은 몇 개의 하위능력으로 형성되어 있는데, 이 하위능력도 재하위능력을 전제로 하고 있다는 가정에서이다. 인간의 학습 또는 능력은 단순한 것에서 복잡한 것으로, 단편적인 것에서 일반적인 것으로, 저차원에서 고차원으로 위계(hierarchy)를 이루고 있고, 한 단계의 학습 또는 능력은 다음 단계의 학습에 필수적인 선행요건이 되고 있다는 학습위계설은 교수목표분석, 학습과제분석, 교수이론 정립에 기여하였다.

효율적인 학습을 하기 위해서는 학습해야 할 최종적인 학습과제를 정하고 이 최종 학습과제를 학습하기 위해서는 어떠한 과제를 먼저 학습해야 하는가를 발견하고, 이 하위 학습과제를 학습하기 위한 또다른 재하위 학습과제를 발견해야 한다는 학습과제 분석법을 제시하였다. 이와 같이 세분화된 학습과제를 학습소인(learning set)이라 하고, 이것들이 구성된 하위구조를 학습구조(learning structure)라 하며, 구조화된 학습과업을 학습위계(learning hierarchy)라 하였다.

Gagné의 기본과정은 어떤 학습과제든지 세분화할 수 있으며 세분화된 내용단위는 서로 상, 하의 위계관계를 가지고 형성되는 구조를 이룰 수 있다는 것이다. 그러므로 하위능력에서부터 순차적으로 학습할 것을 주장하여 다음과 같은 행동목록을 제시하였다.

① 단순 연결(simple connection)
② 연쇄 혹은 연계(chain or sequence)
③ 동일성 인식(identification)
④ 개념(concept)
⑤ 원리(principle)
⑥ 고차적 원리 혹은 일반원리(higher order principle or general principle)

Gagné의 행동범주는 단순한 것에서 복잡에로, 단편에서 일반적인 것으로 발전되는 지식차원을 인지조작할 수 있는 능력들로 분류되었다. 이러한 개념체계를 바탕으로 다음과 같은 8개의 학습유형을 제시하고 있다. 8가지의 학습유형은 위계를 이루고 있다. 이 유형에서 가장 단순하고 위계상에 최하위에 있는 것이 신호학습이며, 가장 복잡하고 최상위에 있는 것이 문제해결 학습이다. 이들은 서로 위계적인 관계에 있기 때문에 하위의 학습이 이루어져야만 상위의 학습이 가능하다.

1) 신호학습(signal learning)

이것은 Pavlov의 조건반사의 형식에 의하여 이루어지는 학습으로 무조건 반응을 기초로 한 것이다. 어떤 신호에 의하여 주어진 자극에 대하여 반사적 반응을 함으로써 학습이 이루어지는 것이다. 예컨대, 학교의 종소리를 듣고 수업의 시작과 종료를 알게 되며, 굳은 표정을 보고 화가 났다는 것을 알게 되는 등의 학습을 말한다. 이것은 주어진 자극에 대한 자의적인 반응이라고는 할 수 없다. 신호에 의한 반응의 학습은 자발적으로 일어난 반응이 아니라 강요된 반응의 학습이라는 점에서 나머지 7개의 학습과는 다르다.

2) 자극반응학습(stimulus response learning)

Skinner의 조작적 조건화의 원리에 의해 학습되는 형식을 뜻한다. 학생이 이미 가지고 있는 반응 가운데서 바람직하다고 생각되는 특정의 반응이 생기도록 교사가 자극함으로 학습된다. 이는 자의적인 반응으로 나타나게 하는 과정이다. 예컨대, 학교 운동장에서 청소를 하니까 선생님이 칭찬함으로써 청소를 습관적으로 하게 되는 것은 자극반응학습을 설명해 주는 예이다.

3) 연쇄학습(chaining learning)

자극과 반응의 연결로 관념과 관념 사이에 연합이 이루어지게 하는 학습으로 기억작용이 위주가 된다.

4) 언어연합학습(verval association learning)

언어연합학습은 개별적 언어가 순서에 알맞게 연결됨을 뜻한다. 학습된 개별적 언어들은 기억 속에 남아있게 되고 기억의 창고로부터 적당한 시기에 적절하게 서로 연결됨으로써 문장을 형성하게 된다. 예컨대, '개'라는 단어와 '뛴다'라는 단어가 연결되어 '개가 뛴다'로 되면 맞았다는 보상을 받게 되고 그 결과 '개가 뛴다'는 문장이 확립되면 그 후부터는 '뛴다 개가' 로 말하지 않게 된다.

5) 다변별학습(multiple discrimination learning)

두 개 이상의 자극을 주어 그들 자극 사이의 구별을 요구하는 학습형태이다.

교육 정도의 수준이 높아지면 그들이 배운 지식과 반응의 수가 늘어나게 된다. 이렇게 되면 복수의 지식과 반응들을 서로 특정 차원에서 구별할 수 있어야 한다. '개가 뛴다'는 옳지만 '자동차가 뛴다'라기 보다는 '자동차가 달린다'로 구별해서 쓸 줄 알아야 한다.

6) 개념학습(concept learning)

개념학습은 개별적 사상들이 가지고 있는 외적 특성이 서로 다르다 할지라도 그들이 가지고 있는 본질적 공통성을 발견하며, 개별적 사상에 반응하는 것이 아니라 종합적으로 반응하는 능력을 배우게 되는 것을 말한다. 형태가 서로 다른 일련의 집합에 속하는 자극에 대하여 동일한 반응을 보이는 능력을 학습하는 것이다. 다변별학습과 다른 것은 언어가 동원된다는 것이다.

7) 원리학습(principle learning)

두 가지 이상의 개념간의 관계를 진술하는 것이며, 그 원리를 이용할 수 있게 되는 것을 원리학습이라고 한다. 개념들 사이의 관계가 연결됨으로써 학습됨을 말한다.

8) 문제해결학습(problem solving learning)

배운 원리를 항상 원리 자체로만 이해하고 있는 것은 의미가 없다. 배운 원리를 광범위하고 다양한 새로운 상황에 적용할 수 있어야 한다. 문제를 주고 그 해결과정을 통하여 지적, 기술적, 태도적 학습을 시키려는 것이다

3. 캐롤의 학교학습 모형

1) Carroll의 학습모형

Carroll은 학교에서 이루어지는 지적 학습을 결정하는 변인들을 추출하여 이론화하는 데에 있었지만 완전학습의 가능성을 뒷받침하는 이론적 기초를 찾아볼 수 있다. Carroll은 학습의 전제조건인 능력과 적성을 새로운 입장에서 규정하고, 이러한 적성과 학습에서의 타변인과의 관계를 밝히고 있다.

학교학습에 관한 연구는 부분적인 측면에 관해서 많이 이루어져 왔으나 교육의 전과정을 포함하는 연구는 Carroll에 의해서 제시되었다. 그가 제시한 것이 전체교육의 과정에 관심을 둔 학교학습 모형이다. 그의 모형은 주로 인지적, 기술적 학습을 위한 것이지 정의적 학습에까지는 미치지 못하고 있으며, 그리고 학습성취를 위한 학교학습의 경제에 더 관심을 두고 있어 그 자신도 그의 모형은 학교학습의 계량경제학이라고 부를 수도 있다고 하였다.

Carroll은 학습자들의 학습의 정도에 영향을 미치는 변인으로서 다섯가지를 들고 있으며, 이러한 변인들을 수업변인과 개인차 변인의 두 가지로 분류하고 있다.

(1) 수업 변인

① 수업의 질(과제제시의 적절성)

② 학습기회

(2) 개인차 변인

③ 과제학습을 위한 학습자의 적성(학습자가 과제를 일정한 기준까지 학습하는데 필요한 시간량으로 측정한다)

④ 수업이해를 위한 학습자의 능력(일반 지식과 언어능력이 복합된 것)

⑤ 학습자의 '지속력'(학습자가 학습을 위해서 스스로 사용하려는 시간량)

Carroll은 이 다섯 가지 변인을 가지고 학교학습의 여러 관계를 규정해 간다. 이런 관계 중에서 완전학습의 이론 수립에 직접적으로 관련되는 학습의 정도와 이러한 다섯 가지 변인과의 관계는 다음과 같은 방정식으로 표시된다.

$$\text{학습의 정도} = f\frac{(\text{학습에 사용한 시간})}{(\text{학습에 필요한 시간})}$$

학습의 정도를 백분율로 표시한다면, 그것은 학습자가 주어진 과제를 기준점까지 학습하는 데 필요한 시간에 비해서 실제로 학습에 얼마만큼의 시간을 사용했느냐에 의해서 결정된다.

학습에 필요한 시간은 학습자의 적성과 수업 이해력과 수업의 질이라는 세 가지 변인에 의해서 결정된다. 수업의 질이 낮아질수록 요구되는 수업이해력이 커지며, 그에 따라 학습에 필요한 시간이 늘어난다.

2) Carroll 모형의 전개

Carroll 모형에서 중요한 역할을 하는 변인은 적성, 지속력, 학습기회, 수업의 질, 수업 이해력이다. 학습에 필요한 시간을 결정하는 변인에는 적성,수업 이해력, 수업의 질이라는 세 가지 변인이 포함되고, 학습에 사용된 시간을 결정하는 변인은 학습기회와 지속력이라는 두 가지 형태의 변인으로 구분되고 있다. Carroll은 적성, 수업 이해력, 학습 지속력을 개인차 변인(individual variables)이라 하였고 수업의 질과 학습기회를 수업 변인(instructional variables)이라 하였다.

이들 다섯 가지 변인을 학습의 정도=f (학습에 사용한 시간)/(학습에 필요한 시간)이라는 방정식에 대입하면 학습의 정도는 다음과 같이 표시된다.

$$\text{학습의 정도} = f\frac{(\text{학습기회} \cdot \text{지속력})}{(\text{적성} \cdot \text{수업 이해력} \cdot \text{수업의 질})}$$

(1) 적성(aptitude)

학습자의 학습적성이 완전한 학습을 하는데에 필요한 시간량을 결정해 준다는 생각이다. 학습자의 적성이 학습에 필요한 시간량을 결정해 준다는 증거는 여러 학습장면에서 관찰된다.

(2) 지속력(preseriance)

일정한 수준의 성취를 할 때까지 학생이 학습에 적극적으로 사용하려고 하는 시간을 뜻한다. 학습에 실제로 사용한 시간과는 구별된다. 지속력은 학습동기나 흥미와 밀접한 관계를 가진 개념이다.

(3) 학습기회(opportunity)

특정한 학습을 위해서 학습자에게 실제로 주어지는 시간을 말한다.

(4) 수업의 질(quality of instruction)

학습과제(내용)와 학습의 단계, 교사의 교수방법 등을 포함하여 교수하는 내용과 방법과 학습을 쉽게 해줄 수 있도록 정비되어 있느냐의 문제이다. Carroll은 수업의 질을 특정한 학습자에 대한 '학습과제의 제시 설명 및 구성이 최적선에 접근된 정도'로 정의한다.

(5) 수업 이해력(ability to understand instruction)

학생들이 교수내용이나 교사의 설명을 이해하는 능력이다. 수업 이해력은 학습해야 할 과제의 성질과 학습절차를 이해하는 학습자의 능력으로 정의된다. 이러한 수업 이해력은 학습자의 일반능력과 언어능력으로 대표된다. 수업 이해력과 적성과의 차이점은 수업 이해력은 일반적인 능력(general ability)인 반면에 적성은 특수적인 능력(specific ability)이다.

이상 5개 변인을 학습에 필요한 시간과 학습에 투입되는 시간으로 분류하였다.

① 학습에 필요한 시간에는 적성, 교수 이해력, 교수의 질의 변인이 직접 관계되

고 있다.

② 학습에 투입되는 시간에는 학생의 지구력과 학습의 기회가 직접 관계된다.

또 하나의 분류는 교수변인과 개인차 변인으로, ① 교수변인 속에는 교수의 질과 학습기회를 포함시키고 ② 개인차 변인 속에는 적성, 지구력, 교수 이해력을 포함시키고 있다.

4. 브루너의 교수이론과 발견학습

(1) Bruner의 교수이론

Bruner의 교수이론은 규범적(normative)인 성격을 띠고 있다. 예컨대, '6세의 어린이는 아직도 가변성 개념을 갖지 못한다.'라는 것은 발달이론이나 학습이론에서 주장하는 하나의 사실적 기술이지만 교수이론은 가변성 개념을 어린이가 이해할 수 있도록 해 주는 최선의 방법을 찾는데 도움이 되는 지침을 제시해 주는 것이어야 한다고 하였다. 즉, 교수이론은 학생들에게 지식이나 기능을 학습시키는 가장 효과적인 방법에 관한 원리와 규칙을 제시해 주는 것이다. 그러나 교수이론과 학습이론은 서로 모순되는 것이 아니고 조화를 이루어야 한다고 하였다. Bruner에 의하면 교수이론에는 다음과 같은 4가지의 본질적인 요소가 있다.

(1) 학습의욕, 학습경향성(predisposition)

학습하고자 하는 의욕이나 경향으로 준비성의 개념과 유사하다. 교수이론은 문제해결에 적합한 학습의욕을 학생들에게 가장 효과적으로 심어줄 수 있는 구체적인 경험들을 명백히 제시할 수 있어야 한다.

학습경향성에 관하여 Bruner가 가장 중요시하는 것은 '여러 가지 가능성을 탐색하는 경향'이다(이홍우, 1987). 교수활동에서는 이 경향을 극대화하는 조건을 마련해야 한다는 것이다. 이 조건은 세 가지로 나누어 설명할 수 있다. 즉, 가능성의 탐색을 자극하는 것(activation), 그 영향을 계속 유지하는 것(maintenance), 그리고 가능성 탐색의 방향감을 주는 것(direction)이다.

가능성의 탐색을 자극하는 조건으로서, 가장 중요한 것은 모종의 해결되어야 하는, 또 해결될 수 있다고 생각되는 '문제' 또는 Bruner의 용어로, '적절한 수준의 불확실성'이 있어야 한다. 호기심이란 바로 이러한 상태에서 생긴다. 만약 교사가 모든 대답을 명백하게 미리 제시해 버리면 학생들은 가능성을 탐색할 필요가 없을 것이다

(2) 지식의 구조(structure of knowledge)

학생들이 한 영역의 지식을 쉽게 학습할 수 있도록 구조화하는 구체적인 방식을 제시할 수 있어야 한다. 한 분야에 있어서의 지식의 구조는 세 가지 특징으로 기술될 수 있다. 즉, 표현방식(mode of representation), 경제성(economy), 그리고 생성력(power)이다. 잘 구조화된 지식이란 올바른 방식으로 표현되고 경제성과 생성력이 있도록 조직화된 지식을 말한다(이홍우, 1987).

(3) 학습계열(sequence)

효과적인 학습을 하기 위하여 학습의 계열을 명백히 시사해 줄 수 있어야 한다. '계열'이란 학생들이 학습내용을 이해, 변형, 전이하는데 도움이 될 수 있도록 학습과제를 순서대로 조직, 제시하는 원칙을 말한다. 계열에 따라 학습과제를 조직하는 문제는 학생들의 '선행학습, 발달단계, 자료의 성격, 개인차' 등을 고려하여 실제적으로 해결되어야 할 것이다.

(4) 강화의 방법(form and pacing of reinforcement)

교수와 학습의 과정에서 적용될 상벌의 성격과 그 적용방법을 명시해 줄 수 있어야 한다. 이것을 강화체제(reinforcement system)라고 한다. 강화를 외적 보상에 의한 것과 내적 보상에 의한 것으로 구분할 때, Bruner는 내적 보상에 의한 강화를 강조하고 있다. 학습에 대한 순수한 즐거움에 연결되는 발견의 기쁨,

성취의 만족을 바탕으로 하는 내적 보상이 지니는 강화의 힘이 강하다는 것이다. 강화에 대하여 Bruner는 다음과 같은 명제를 제시하고 있다(Brunner, 1966 ; 홍성윤 · 진위교, 1991).

첫째, 상이나 벌이 외적인 것(교사나 부모)에 의해서 통제되는 정도만큼 성취로부터 오는 보상에 감소가 온다.

둘째, 학습에 실패한다는 것은 다음의 성취 혹은 향상을 위한 가치있는 정보를 구하는 길이 된다.

셋째, 성공에 따르는 강한 외적 보상은 성공한 바로 그 행동을 다음에도 계속하게 하는 역할을 할 가능성이 많다.

넷째, 외적인 보상이 따르는 오류는 행동을 와해시킬 가능성이 높으며 시정과 향상을 위한 기반이 되기는 힘들다.

다섯째, 교수이론에서 강화의 기능을 활용할 경우, 외적, 내적 보상의 균형적인 고려를 해야한다.

5. 블룸의 완전학습 모형

완전학습(mastery learning)이란 학급 내의 약 95%의 학생들이 주어진 학습과제의 약 90% 이상을 완전히 학습해 내는 학습이라고 정의할 수 있다. 학급집단에서 어떤 교과이건 신체적 또는 능력적인 면에서 큰 결함이 있는 5% 정도의 학생을 제외하고 각 개인에게 최적한 교수조건이 마련되어 거의 대부분이 안전한 학습을 해낼 수 있다는 것이다. 그러므로 대부분의 학생이 소정의 학습을 완결하도록 돕는 방법을 찾아내는 것이 교수활동의 임무라고 주장하였다. 이러한 가정에서 고안된 것이 Bloom의 완전학습을 위한 교수전략이다.

1) 완전학습 전략의 요인

Bloom의 완전학습의 전략은 Carroll의 학교학습 모형을 토대로 하고 있다.

즉, Carroll 모형의 적성, 지구력, 학습기회, 교수의 질, 교수 이해력의 변인을 그대로 적용하면서 그의 특유한 이론이 가미되었다.

(1) 적 성

학습에 대한 적성은 학습의 종류에 따라 다르며 학습의 소요 시간으로 적성을 정의한다. 완전학습의 기본 전략은 학습에 소요되는 시간을 단축시키는데 있으므로 소요 시간을 단축하는 방법으로는 적성수준을 높여 주는 일과 학습조건을 개선하여 주는 일이다. Bloom은 학습을 위한 적성에 관해서 다음과 같은 4가지의 명제를 제시하고 있다(박영주, 1980).

첫째, 학급의 종류에 따라 적성은 다르며, 여러 종류의 학습을 위한 적성검사의 결과는 학습의 성취도를 예언해 줄 수 있다. 그러나 이것은 동일한 학습시간을 전제로 한다.

둘째, 적성을 그 과제의 완전학습에 소요되는 시간으로 정의할 때 무학년제*의 경험으로 보아 지속될 수 있으며, 만일 이 정의가 지지되면 충분한 시간의 허용으로 대부분의 학생에게 완전학습을 기대할 수 있다.

셋째, 대부분의 학생에게 완전학습을 기대할 때 교수전략의 기본문제는 완전학습에 소요되는 시간을 어떻게 하면 줄이느냐에 있다.

넷째, 학습에 소요되는 시간을 단축시킬 수 있는 방안으로서는 적성수준을 높여주는 일과 학습조건을 개선시키는 일이다. 적성수준의 향상은 적절한 훈련에 의해 가능하며 특히 저학년에서는 가능성이 크다.

(2) 지구력

학습을 위하여 끈기있게 시간을 사용하고자 하는 지구력 자체를 높여주는 것도 필요하지만 그것보다도 교수방법과 학습방법을 적절히 조작해 주는 것이 더 효과

* 무학년제(non-graded system) : 무학년제란 학년 단계나 계열에 관계없이 개별학생들의 흥미와 능력에 맞는 수준의 과정을 밟을 수 있도록 여러 가지 조건을 마련해 주는 체제를 의미한다. 따라서 학생집단의 수준표시는 학년으로 하지 않고 교육과정을 몇 단계로 나누어 편성하고 학급조직도 능력별로 편성하여 이것에 맞는 교육과정을 부여함으로써 교육의 효과를 극대화하는 데 목적이 있다.

적이다. 즉, 학습자료를 학생들의 개인차에 알맞게 조절해 줌으로써 교수의 질을 높여 지구력의 절대량을 감소시키는 것이 완전학습에 더욱 효과적이다.

(3) 학습기회

적성과 학습속도는 반드시 일정한 관계를 유지하지 않는다는 것과 학습에 투입된 시간과 학습성적의 관계도 반드시 비례하는 것이 아니다. 오히려 시간을 어떻게 활용하느냐가 학습속도 및 학습성취에 영향을 미친다. 즉, 투입된 시간량과 학업성적이 정적관계를 이루는 것이 아니라 주어진 시간을 얼마나 유효 적절하게 사용했느냐에 따라 완전학습이 좌우된다.

(4) 교수의 질

교수의 질을 높이는 방법으로서 학습의 개별화가 가장 중요시되어야 한다. 현재의 성취수준에서 개인차에 맞는 다양한 교수방안이 마련되어야 한다. 전통적인 일제학습으로는 학습자 개개인의 행동특성에 맞출 수가 없다. 개별화된 교수를 하기 위해서는 학생의 여러 가지 행동특성, 예컨대, 덕성, 이전학습의 경험, 학습장애, 성격, 흥미 및 동기와 같은 것에 대한 정보를 파악하고 이를 기초로 하여 교수계획을 수립하고 수업을 진행해 나가야 한다.

(5) 수업 이해력

수업 이해력을 높이기 위해서는 언어능력의 증진과 아울러 교수의 질을 높이는 것이 필요하다. 교수의 질을 높이기 위해서는 학습자 개개인의 수업 이해력에 맞도록 교수해야 하고, 필요하면 소집단을 구성하여 학습과정의 어려운 점을 서로 검토하고 개선하는 기회를 마련하며, 경우에 따라서는 개인교수를 통하는 방법도 있다.

수업 이해력을 증진시키기 위해서는 설명 방법과 그 수준이 서로 다른 다양한 교과서의 활용이라든지, 프로그램 학습자료의 활용, 시청각 교구 등 여러 가지 보조자료를 활용하는 것도 도움이 된다.

2) 완전학습을 위한 수업전개의 절차

Bloom의 완전학습을 위한 수업전략은 주로 수업목표의 명료화, 형성평가에 의한 학습장애의 발견과 그 개별지도, 소집단별의 상호협력을 통한 복습 등의 방법들로써 구성되어 있다.이러한 수업전략은 다인수학급이라는 제한을 가진 우리나라의 수업장면에서는 상당한 수정과 보완을 받아야 할 것이다(김호권, 1987).

완전학습 교수모형의 전체적인 흐름(flow)과 특징을 도표로 제시하면 [그림 2]와 같다.

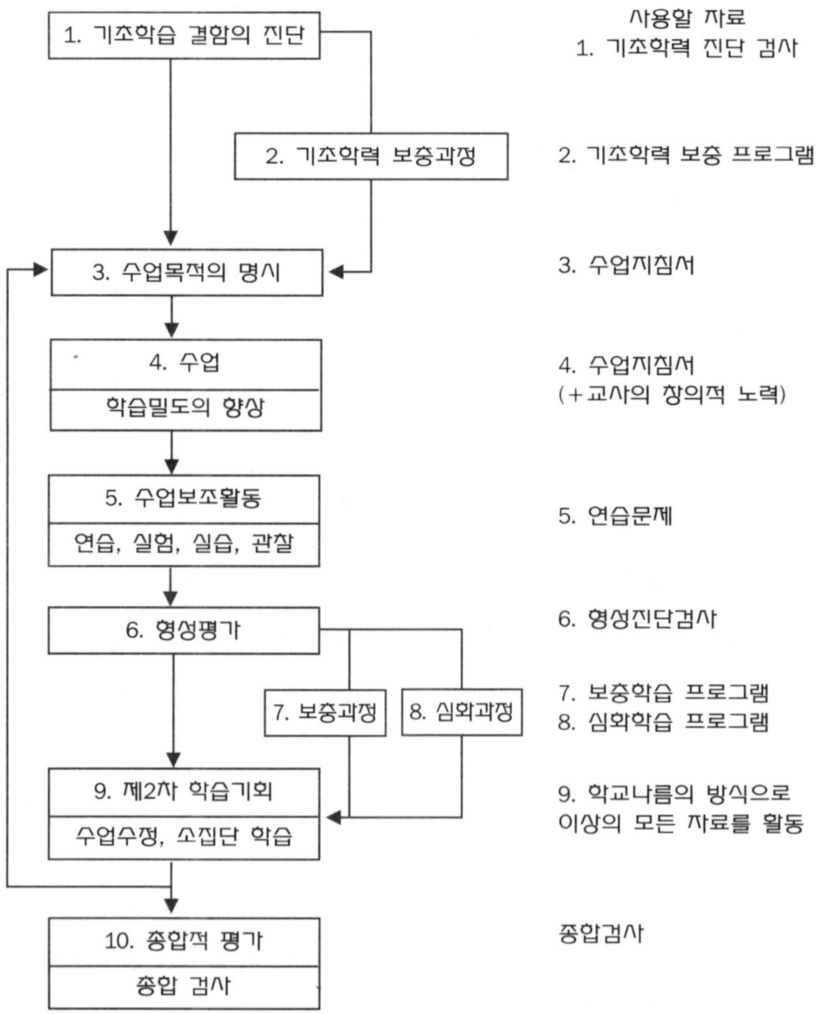

[그림 2] 완전학습을 위한 한국행동과학 연구소의 계획

순서도(flow chart)에서 2. 기초학력 보충과정 7. 보충과정 8. 심화과정은 학급내의 일부분의 학생들만 참여하는 활동이고, 나머지는 전체 학생이 참여하는 활동이다. 각 단계의 활동내용을 요약하면 다음과 같다.

❁ 수업 전 단계

(1) 선행학습 결손의 발견(학습결손의 진단)

학습단원은 일정한 정도의 선행학습을 전제로 하여 전개된다. 따라서 선행학습이 불충분한 학습자들은 이 단원의 수업의 출발점에서 상당한 학습결손을 가진 채 수업에 임하게 된다. 이들은 바로 이전의 학습결손으로 말미암아 앞으로의 수업과정에서 곤란을 겪게 될 가능성이 많다. 선행학습 결손의 발견이란 앞으로의 학습에 곤란을 줄 것으로 보이는 학습요소에 있어서의 결손의 유무를 진단하려는 것이다.

(2) 선행학습 결손의 처치(학습결손의 보충과정)

기초학력 검사에 의해 발견된 선행학습의 결손을 보충하는 활동을 말한다. 학교의 전체 수업시간수에 제한이 있기 때문에 일률적인 집단활동을 통해서 학습결손을 교정하기는 불가능하다. 결손교정을 위한 학습은 자율적인 가정학습을 통하는 방법이 좋다.

❁ 수업활동

(3) 수업목표의 명시

수업목적은 명확히 하고 구체적으로 인식시킨다. 수업의 도입활동에서처럼 성취목표 또는 완전학습의 기준을 학생에게 제시하고 명확한 학습목표점을 인식할 수 있도록 돕는 활동에 집중되어야 할 것이다. 학습내용이 될 과제의 전체적인 성격과 특징을 학생들에게 밝혀 주고 효과적인 학습절차를 해설해 주는 일도 이 단계에서 시행해야 할 일이다.

(4) 수업활동(본 수업활동)

학습내용을 학생들에게 제시하고, 최대한의 학습이 가능하도록 충분히 학습기회를 제공하는 일들로 구성된다. 이 일을 효율적으로 하기 위해서는 다음과 같은 점을 유의해야 한다. 학생들의 수업 이해력의 수준에 비추어 학습내용들을 체계적인 순서에 따라 명확히 제시하고, 학습시간을 효율적으로 사용하여 낭비시간이 없도록 하고, 학생들의 적성수준에 비추어 충분한 학습기회를 제공함으로써 좋은 수업이 이루어지도록 해야 한다.

(5) 수업보조 활동(연습, 실험, 실습, 시범)

교과의 성질에 따라서는 수업의 본 활동인 가르치는 교사의 활동과 실험, 실습, 시범, 시청각적 방법의 사용 등 보조적 활동이 동시에 병행되어야 한다.

(6) 형성평가(formative evaluation)

형성평가는 수업과정에서 소단원이나 단절의 학습이 끝났을 때 실시되는 평가로서, 그 목적은 교사에게 수업개선을 위한 정보를 제공하고, 학생들에게는 각자의 학습 진전상황을 자기 스스로 확인하도록 하는 활동을 말한다. 형성평가를 위한 교사는 수업과정에 대한 일종의 질적 관리(quality control)를 목적으로 한 활동이며, 전통적 의미의 교육평가 활동과는 성질과 목적이 다르다. 형성평가는 학생들의 성적을 산출하기 위한 평가와는 본질적으로 다르며, 평가활동이라기 보다는 수업활동의 일부로서 다루어져야 할 것이다. 형성평가에 의해서 학생들은 보충과정과 심화과정을 받을 집단으로 나누어진다.

(7) 보충학습

일정한 시점에서 충분한 학습진전을 보여주지 못한 학습자는 학습에 필요한 양만큼의 학습시간을 가지지 못한 것으로 본다. 따라서 보충학습은 형성평가를 통하여 학습이 부진한 것으로 판정된 학습자에게 적절한 재학습의 기회를 주는 것이다.

(8) 심화학습 과정

일정한 기준까지의 학습이 이루어진 것으로 판명된 학습자들로 하여금 학습경험을 심화시킬 수 있도록 하는 활동이다. 심화학습 과정은 정상적인 진전을 보인 학생에게 집중된다.

(9) 제2차 학습기회

보충과정과 심화과정을 따로 거친 학생들은 다시 모여서 제2차 학습기회를 갖는다.

✿ 수업 후 단계

(10) 종합평가

수업이 종결된 후에 학습진전도를 평가한다. 학기 중간이나 학기말에 실시하는 종합고사와 비슷하다.

이상에서 본 바와 같이 완전학습을 목적으로 한 교수-학습과정에서 중요하게 다루어져야 할 것은 형성평가와 이에 따르는 계속적인 수정 혹은 시정이다. 형성평가는 물론 진단적인 성격을 풍부히 지녀야 하며 진단결과에 대한 구체적인 대처방법이 제시되어야 한다. 진단검사에 나타난 오진을 학생 자신이 수정하도록 기회를 마련해 주는 것이 좋다.

완전학습이 가져 올 수 있는 결과에 대해서 Bloom은 두 가지를 지적하고 있는데, 그 하나는 대부분의 학생이 높은 성적을 낼 수 있게 된다는 것이다. 이것은 완전학습 전략의 1차적 목표이다. 두 번째 결과로서 학생의 정의적 성장을 들고 있다. 높은 성취에 대한 학습자 자신의 만족과 외부로부터의 인정은 학생의 흥미증진, 다음 학습을 위한 강한 동기의 유발, 자아개념의 향상을 가져올 가능성이 높다. 이것은 완전학습에 따른 결과이지만 교육의 중요한 목표들이라는데 의의가 있다.

부록 2

수업설계와 학습지도안

1. 수업설계

1) 좋은 수업의 설계

교사들이 교실에서 행하는 일련의 수업 가운데, 어떤 수업을 좋은 수업이라고 규정할 수 있을까? 또 좋은 수업을 하려면 어떻게 해야 할까? 그러면 내 자신이 행한 수업이 좋은 수업인지를 실제로 알아볼 수는 없을까? 만일 좋은 수업의 모습을 그릴 수 있다면 좋은 수업을 설계·개발할 수 있을 것이고 자신의 수업을 평가할 수 있을 것이다.

좋은 수업은 다양하게 논의될 수 있다. 예컨대, 좋은 수업을 한다고 생각되는 행동특성을 찾아내기도 하고, 특정 수업방법과 다른 대안적 수업방법과의 상대적 효과를 비교하기도 하고, 학습자의 학업성적과 태도변화를 조사하기도 한다.

우선 어떻게 하는 수업이 좋은 수업인지를 논의하기 위해서는 좋은 수업의 조건 또는 기준이 확인되어야 할 것이다. 김순택(1983)은 좋은 수업이 되기 위한 조건으로서 ① 목표와 내용의 적절성, ② 수업과정의 적절성, ③ 체제화의 조건(학교 여건)을 제시하고 있다. 그는 ①과 ②의 조건을 강조하고 있지만 ③의 조건을 추가시킨 의도는 수업목표를 달성하기 위해 교사와 학생이 처한 상황을 종합적으로 고려하여 최대의 효과를 기하자는 것이다.

코헨과 메이베리(Kohen & Mayberry, 1984)는 좋은 수업을 규정하기 위한 투입, 과정, 산출이라는 세 가지 변인들을 제시하고 좋은 수업이란 이들 변인에 따라 기준이 달라진다고 한다. 예컨대, 투입변인이 강조되면, 학생과 교사의 특성, 그리고 학급규모와 같은 코스 특성이 주요기준이 된다. 또 과정변인이 강조되면, 교사가 교실에서 무엇을 어떻게 하느냐에 초점이 모아진다. 마지막으로 산출변인이 강조되면, 학습자의 학습량이 좋은 수업을 판단하는 기준이 된다.

이러한 좋은 수업의 조건에 충족할 수 있는 수업을 설계하려면 무엇보다도 수업을 설계하기 전에 수업과정의 주요 구성요소를 체계적으로 사전에 계획해야 한다. 물론 수업설계란 말을 쓰기 전부터 단원 전개 계획이나 학습지도안 등과 같은 사전의 수업 계획 활동을 수행해 왔으나 새로운 의미의 수업설계에서는 사전 계획성을 보다 강조하려고 하는 의도가 있다.

또 수업을 체계적으로 사전에 설계하려면 수업과정의 구성요소를 보다 보편적이고 과학적인 방법에 의거하여 계획해야 한다. 여기서 과학적 방법이란 체제 접근방법(systems approach)을 의미한다. 수업의 체제 접근방법이란 수업현상을 체제적 관점에서 이해하려는 방법이다. 수업체제란 명확한 목표를 가지고 있어야 하고 목표를 달성하기 위한 다양한 구성요소를 지니고 있으며, 이들 요소들의 유기적인 종합과 상호관계를 형성함으로써 전체적으로 그 기능을 수행할 수 있게 되어 있다. 따라서 수업의 체제적 설계란, 수업과정에 있어서 목표－방법－평가와 같은 요소가 서로 독립적으로 제각기 무관하게 전개되는 것이 아니라 이들을 포함하여 수업이 시작되어 끝날 때까지 관계되는 모든 구성요소들이 서로 영향을 주고 받으며, 유기적이고 상호 보완적 작용의 관계를 유지하는 체제를 계획 입안하고 수업을 실행 관리하며, 평가하는 전문적인 활동과정을 말한다. 따라서 수업설계란 어떤 수업목표를 달성하기 위하여 수업과정에서 전개되는 여러 수업사상을 사전에 체계적으로 계획하는 과정이다. 즉, 수업설계란 과학적 방법이라 할 수 있는 체제접근방법으로 사전에 수업실제의 활동계획을 작성하는 일이라고 할 수 있다.

2) 수업설계의 모형

모형은 어떤 사물의 구조나 기능을 축소화, 응고화, 단순화시켜 다루기 편리하게 해 주며 그 문제의 사상을 더 쉽게 이해하고 설명하며 연구하는 수단으로 활용되고 있다. 이와 같이 수업설계 모형이라 함은 수업체제 설계에 관련된 여러 가지 사상을 기술, 설명, 처방, 예언하기 위하여 수업체제 설계과정을 축소화, 추상화, 단순화하여 제시한 것이다.

사전계획성과 체제접근 방법을 강조한 수업설계의 모형에는 여러 가지 형태가 있다. 앤드류와 굿슨(Andrews & Goodson, 1980)이 문헌연구를 통하여, 60개의 모형을 찾아 내어 그 중에서 40개의 모형을 선정하여 분석한 바 있다. 이들 가운데 비교적 이해하기 쉽고 교육실제에 적용하기 용이한 두 가지 모형을 소개하면 다음과 같다.

(1) 수업설계를 위한 체제접근 모형(Dick, 1976)

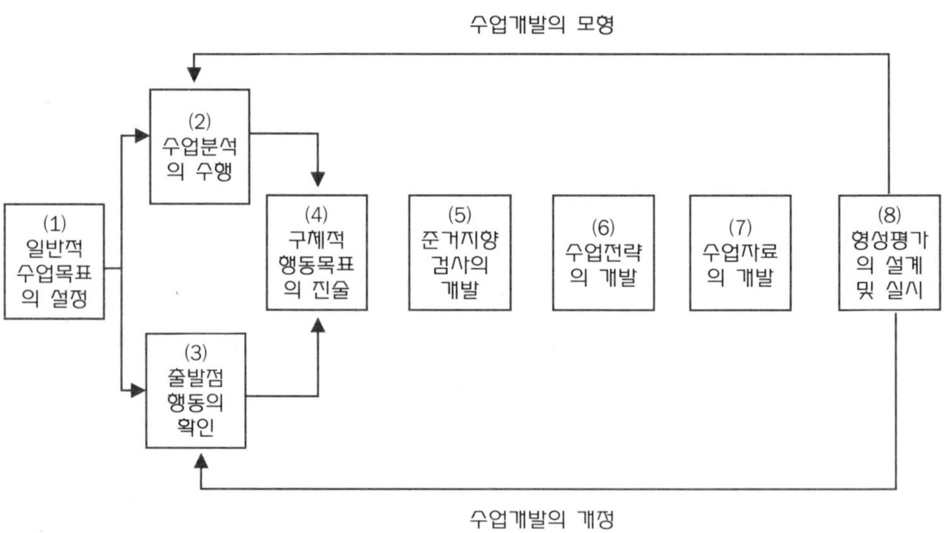

(2) 수업체제 설계의 단계(Gagné & Briggs, 1979)

1 교육과정의 수준

① 요구, 목적 및 우선순위의 분석

② 자원, 제약조건 및 대안적 수업실행 체제의 분석

③ 교육과정과 과목의 범위와 계열의 결정 : 수업실행 체제의 설계

2 과목의 수준

④ 과목의 구조와 계열의 결정

⑤ 과목목표의 분석

3 단시수업의 수준

⑥ 행동목표의 정의

⑦ 단시수업 계획안(모듈)의 준비

⑧ 자료와 매체의 선정과 개발

⑨ 학생의 성적평가(평가도구 개발)

4 체제의 수준

⑩ 교사의 연수

⑪ 형성평가

⑫ 수업현장에 실험적 적용과 개정

⑬ 현장에서의 채택과 확대보급

이상의 두 모형을 보면 구체적인 세부 사항이 다소 다르더라도, 목표와 주요 구성요소가 있다는 점, 요소들간의 상호작용이 있다는 점, 피드백 활동이 포함되어 있다는 점, 투입-과정-산출이라는 기제가 분명하다는 점 등 체제적 집근의 특징을 가지고 있다.

3) 수업설계의 실제

(1) 전통적 설계와 체계적 설계

일반적으로 수업설계라 하면 체계적 수업설계를 지칭한다. 물론 수업설계라는 용어가 쓰이기 전에 행해진 수업이라고 해서 모두 무계획적 · 무의도적 활동이라고

단정할 수 없다. 요컨대, 전통적 수업설계와 체계적 수업설계간의 차이점은 기본 가정에서 찾을 수 있다. 전통적 수업설계에서는 강의위주의 수업, 고정된 시간계획, 동일한 속도의 교과진도, 교과의 논리성에 따른 수업계열 및 교과서와 강의 보조자료에 의존하는 수업을 당연한 것으로 인식해 왔다. 반면에, 체계적 수업설계에서는 대부분의 학습자가 주어진 수업목표를 성공적으로 달성할 수 있도록 하는 개별화 수업체제의 기본적 신념이나 캐롤(Carroll)과 블룸(Bloom)이 제안한 완전학습의 이상과 같은 맥락이 강조되고 있다.

이러한 기본 가정의 차이에 입각해서 수업설계의 구성요소를 중심으로 전통적 수업설계와 체계적 수업설계를 비교하면 다음의 〈표〉와 같다.

<표> 전통적 수업설계와 체계적 수업설계의 비교(Hannum & briggs, 1982)

수업 구성요소	전통적 수업설계	체계적 수업설계
목표	· 전반적 성과나 교사의 성취 행동에 비추어 진술 · 모든 학생들에게 동일	· 요구사항/직무분석에 근거 · 학생의 성취행동에 비추어 진술 · 학생의 출발점 행동을 고려하여 선택
출발점 행동	· 중요시하지 않음 · 모든 학생들에게 동일한 목표와 자료/활동을 제공	· 중요시함 · 모든 학생에게 다른 목표와 자료/활동을 제공
수업전략	· '두루 통하는' 전략을 선호 · 취향에 맞고 익숙한 전략	· 목표달성을 위해 선정 · 다양한 전략의 활용 · 이론과 연구에 근거
수업매체와 자료	· 취향과 입수 가능성에 따라 선정됨 · 효과가 확인되지 않음	· 목표와 학습자의 특성에 따라 선정됨 · 효과를 실증해야 함 · 이론과 연구에 근거
교정지도	· 자주 계획되지 않음 · 방법을 고정	· 도움을 필요로 하는 학생들을 위해 계획함 · 다른 목표와 다양한 수업방법을 선택/활용

목표 미달자	· 열등한 학생으로 간주	· 수업개선을 요함
평가	· 자주 실시하지 않음 · 규준 기준	· 체계적으로 계획 · 학생의 목표 달성도를 사정 · 준거기준

(2) 단시수업과 모듈의 설계

수업설계 전문가들은 교육과정, 과목 또는 체제의 수준에 대한 설계에 전반적으로 기여하고 있다. 반면에, 현장 교사들은 단시수업을 설계하는데 주된 관심을 기울이고 있다. 물론 수업을 '설계하는' 일과 수업을 '하는' 일로 분리될 수 있고, 분리될 때가 보다 효과적이라는 견해도 있으나(변영계, 1978), 단시수업의 수준에 국한시켜 본다면, 교사는 수업의 설계자와 운영자의 두 기능을 동시에 발휘할 수 있다고 본다.

단시수업(lesson)이란 수업이 보통 계획되는 최소의 단위, 약 한 시간 분량의 수업을 의미하기도 하고(Briggs, 1977), 또 학습자에게 수업자극을 공식적으로 제시하는 것으로 정의하기도 한다(Briggs & Wager, 1981). 앞에서 제시한 가네(Gagné)와 브리그스(Briggs)의 수업설계 모형에서는 단시수업을 ① 행동목표의 정의, ② 단시수업 계획안(또는 모듈)의 준비, ③ 자료와 매체의 선정과 개발, ④ 학생의 성적평가 등 네 가지 단계로 구분하고 있다.

한편 단시수업의 설계에서 고려해야 할 점은 학급규모(class size)이다. 전통적인 집단수업에서는 소집단이나 개별화 수업에서 보다 개개 학습자의 반응을 예상해서 사전에 정확하게 설계하기가 어렵다. 그래서 수업상황에서 비교적 융통성 있고 쉽게 변경할 수 있도록 단시수업을 수업설계 모형의 원리에 따라 엄격하게 설계할 필요는 없다.

이와는 달리, 개별화 수업에서는 학습자가 스스로 학습할 수 있는 모듈(module)을 설계해야 한다. 모듈이란 학습자들이 수업목표를 스스로 달성할 수 있도록 설계된 자력 학습용의 수업단위로 한 유형을 가르치는 것으로서 최소한 네 가지 구성요소, 즉 ① 행동목표, ② 일련의 자료와 학습활동, ③ 목표달성 여부를 학습자가 스스로 확인할 수 있는 자기 평가지, ④ 교사가 학습성과를 검증할 수 있는 설비가 포함되어 있다. 따라서 모듈식 수업에서는 집단수업에서보다 다양한 수업사상과 수업자료가 동원되어야 한다. 그러한 자료가 모듈 속에 포함되어 있을 수도 있고, 학습자료 센터에 비치되어 있는 자료를 활용할 경우도 있다.

우리나라의 경우 모듈식 수업은 주로 실업 · 기술분야에서 도입 · 연구되고 있다. 이무근(1985)은 농업교사들에게 모듈을 소개한 바 있고 직업훈련연구소(1983)에서는 미국 국립 직업교육연구소가 개발한 '성취지향의 교사 훈련자료'를 번역한 바 있다. 이 자료는 모듈 형식을 취하고 있으며 총 100개의 모듈로 구성되어 있다. 또 김판욱과 이형배(1984)는 1980년부터 1984년까지 5년 동안에 걸쳐 기능공 훈련을 위한 단위(module) 훈련모형과 훈련용 패키지를 개발해서 3차에 걸친 실험적 적용을 통하여 모듈식 수업의 효과를 실증한 바 있다.

단시수업 계획안이나 모듈을 설계하는 일반적인 절차는 다음과 같다(Gagné & Briggs, 1979).

① 단시수업의 목표설정과 진술
② 수업사상의 열거
③ 매체, 자료, 학습활동의 선정
④ 교사와 학습자의 역할의 명시

이상의 네 가지 단계 가운데 단시수업의 전개과정에서 가장 큰 비중을 차지하고 있는 수업사상을 전통적인 수업절차인 도입-전개-정리 단계와 관련지어 설명해 보기로 한다.

1 도입단계

① 주의의 집중과 통제
② 수업목표의 통지
③ 선행학습 상기자극

2 전개단계

④ 학습과제에 내재한 자극의 제시
⑤ 학습안내의 제공
⑥ 성취수행의 유발

⑦ 성취수행의 정확성에 대한 피드백을 주는 일

3 정리단계

⑧ 학습성취의 정도를 평가·사정하는 일

⑨ 파지와 전이를 높이는 일

수업사상의 9단계는 단시수업의 일반적인 절차이며 단계이다. 어느 수업에서나 이러한 순서와 절차를 엄격히 지킬 필요는 없다. 학습과제의 특성, 학습자의 특성, 수업매체의 특성, 또는 학습자의 집단 크기에 따라, 수업사상은 생략되기도 하고 순서가 뒤바뀔 수 있다. 이러한 문제는 모두 교사의 판단에 달려 있다.

4) 수업설계의 교훈

좋은 수업이 되기 위해서는 사전 계획성과 체제 접근방법을 강조하는 수업설계가 요청된다. 사실 체제접근에 의한 수업설계는 기계적이고 복잡해서 현장 교사들이 쉽게 적용.실천하기가 어려운 점이 있다. 또한 기존의 수업설계 모형 가운데 현장 교사가 개별적으로 또는 소집단별로 수업을 설계할 수 있도록 제안된 것은 별로 없다. 이같은 수업설계 자체가 안고 있는 문제점에 대하여 1980년대에 들어와서 체제설계와 체제 내에서 교사와 학생의 역할에 관한 인간적 관심사를 통합시키려는 연구가 계속되고 있다.

한편 수업설계란 학급 규모가 비교적 작은 사회에서 개발된 것이어서 많은 수의 학생을 대상으로 집단수업을 실시하고 있는 우리의 현실과는 다소 거리가 있다. 우리의 실정과 다르다고 해서 거부적 반응을 보이는 것은 어리석은 일이다. 실제로 1973년부터 우리나라 실정에 맞는 수업체제 개발에 착수하여 같은 해 초에 수업과정의 일반모형을 개발해서 제1, 2차 소규모 시범연구를 통해 적절성을 검증한 후 1974년 초에 이러한 일반모형을 기초로 하여 각 교과의 특성에 맞는 교과별 하위 모형을 개발한 바 있다. 이러한 시도를 전면적으로 받아들이기 어렵다면, 우리가 소화할 수 있는 내용들은 부분적으로 받아들여야 할 것이다. 예컨대, 같은 과목을 담당하고 있는 교사들끼리 과제를 분담하여 한 단원 또는 한 시간 분량의 수업을 설계해서 서로 교환해 볼 수도 있을 것이다. 무엇보다도 여기에서 강조해야 할 것은 수업설계에서 의도하고 있는 사전계획성과 체제접근 방법일 것이다.

2. 학습지도안

1) 학습지도안 작성의 중요성

가르치는 일에 종사하는 사람은 누구나 자신이 좋은 수업을 전개하고 있는가 또는 과연 좋은 수업을 얼마만큼 실행해 왔던가라는 자기 반성의 질문을 던진 적이 있을 것이다. 만약 좋은 수업의 실체가 쉽게 발견된다면 좋은 수업을 설계하고 실천할 수 있을 뿐만 아니라 잘 가르치는 교사와 잘못 가르치는 교사를 구분 짓는 평가 기준으로 활용될 수 있을 것이다.

그래서 좋은 수업의 실체를 밝히기 위해서 여러 가지 접근 방법이 동원되고 있다. 예컨대, 좋은 수업을 실천한다고 생각되는 교사의 행동 특성을 찾아내기도 하고, 특정한 수업방법과 다른 대안적 수업방법의 상대적 효과를 비교하기도 하고, 학습자의 학업성적, 태도 변화의 정도를 측정하기도 한다.

우선 어떻게 하는 수업이 좋은 수업인가를 논의하기 위해서는 좋은 수업의 조건 또는 기준이 확인되어야 할 것이다(김순택, 1983). 좋은 수업이 되기 위한 조건으로 ① 목표와 내용의 적절성, ② 수업과정의 적절성, ③ 체제화의 조건(학교 여건)을 들고 있다. 특히 그는 ①과 ②의 조건을 다 강조하고 있지만, ③의 조건을 추가시킨 의도는 수업목표를 달성하기 위해 교사와 학생이 처한 상황을 종합적으로 고려하여 최대의 효과를 거두자는데 있다고 주장하고 있다.

무엇보다도 좋은 수업이 되기 위한 이러한 조건을 충족시키기 위해서는 수업의 전체과정의 주요 구성요소를 체계적으로 사전에 계획하는 것이 절실히 요망된다. 사전의 충실한 계획이 전제되지 않은 수업은 실패할 가능성이 더 높다. 물건을 만들다가 실패하면 새로 고쳐서 다시 만들어낼 수 있지만, 사람을 다루는 인간교육에서 교사의 무계획성으로 인한 학습실패는 용납되지 않는다.

따라서 수업계획이란 곧 학습실패를 예방하기 위한 사전계획의 일환으로 실천되는 활동이다. 즉, 수업계획은 수업목표를 성공적으로 달성하기 위하여 수업과정에 포함되는 여러 가지 구성요소, 즉 수업목표, 내용, 방법, 활동, 시간, 자료와 설비, 평가 등을 체계적으로 조직하는 수단이다.

이와 관련하여 A. R. Gayles(1973)는 수업계획의 과정을 다음 7가지 질문으로 대신하고 있다.

① 어떠한 목표가 달성되어야만 하는가?

② 어떠한 구체적인 내용이 학습되어야만 하는가?

③ 학습자에 의한 어떠한 학습활동이 그러한 목표를 달성하게 할 것인가?

④ 교사는 적절한 학습활동을 어떻게 조직하고 이끌어갈 것인가?

⑤ 목표를 달성하는 데는 어떠한 구체적인 방법을 동원할 수 있는가?

⑥ 학습자에게 학습활동을 보다 의미있게 하기 위해서는 어떠한 자료와 자원이 필요한가?

⑦ 목표가 어느 정도 달성되었는가를 결정하는데 사용될 수 있는 평가도구로서는 어떠한 것이 적절한가?

위의 7가지 질문은 수업과정의 구성요소를 제시한 것이다. 이들 구성요소는 크게 수업의 목표, 방법, 평가로 요약될 수 있다. 실제 수업과정에서는 이들 구성요소가 서로 독립적으로 무관하게 제각기 전개되는 것이 아니라, 수업이 시작되어 끝날 때까지 관계되는 모든 요소들이 서로 영향을 주고 받으며 진행되므로 이러한 수업의 흐름을 보다 원활히 할 수 있도록 계획되어야 할 것이다.

수업계획은 궁극적으로 학습지도안의 형태로 나타나게 된다. 학습지도안은 좋은 수업이 되게 하는 길잡이 역할을 수행한다고 하겠다. 이같은 학습지도안의 기능은 다음 7가지로 요약될 수 있다(임진권 외, 1985).

첫째, 학습지도안은 교사의 수업활동의 방향을 가르쳐 준다.

둘째, 학습지도안은 학습자가 도달해야 할 학습목표가 무엇인가를 가르쳐 준다.

셋째, 학습지도안은 교사의 수업활동과 학생의 학습활동을 예측하고 안내하는 지침서이다.

넷째, 학습지도안은 대단원과 단시수업의 전체적인 흐름을 가르쳐 준다.

다섯째, 학습지도안은 학습자의 학습진도 상황을 가르쳐 준다.

여섯째, 학습지도안은 수업 및 학습에 유용한 보조자료는 어떤 것인가를 사전에 가르쳐 준다.

일곱째, 학습지도안은 학습내용과 학습경험의 제시순서와 계열을 안내한다.

위와 같은 다양한 기능을 수행하고 있는 학습지도안을 작성하는 근본적인 목적은 수업, 즉 교수-학습의 효율성과 효능성을 가능한대로 제고시키려는데 있다고 하겠다. 여기에서 효율성과 효능성의 의미는 교수-학습의 질과 양의 두 측면에서의 효과를 극대화시키고자 하는 것이다(이성호, 1987). 이는 곧 좋은 수업을 실시해야 한다는 것이 전제되어야 한다. 즉, 좋은 수업은 수업의 효율성과 효능성을 극대화시킬 수 있기 때문이다.

이어서 이성호는 학습지도안을 작성하는 부수적인 목적과 가치를 네 가지로 요약하고 있다.

첫째, 학습지도안은 가르치는 사람에게 있어서 교과과정의 내용을 탐색하는 좋은 기회이다.

둘째, 학습지도안은 가르치는 사람과 배우는 사람 간의 의사소통의 한 가지 매체이다.

셋째, 학습지도안을 작성함으로써 타과목, 타수업간의 연계성, 통합성, 균형성을 유지할 수 있는 기회를 얻게 된다.

넷째, 학습지도안은 가르치는 사람들의 가르치는 일에 대한 책무의식을 드높일 수 있다는 가치를 지닌다.

학습지도안의 목적과 가치에서 논의된 것 이외에 한 가지 유념해야 할 사항은 학습지도안은 가르치는 사람의 창작활동이라는 점이다. 무엇보다도 중요한 것은 교사의 창의성이다. 학습지도안은 결코 일정한 형식이나 서식에 획일적으로 얽매일 필요는 없다. 따라서 각자의 창의적 사고와 노력이 동원되어야 한다. 특히 실제 수업장면에서는 가르치는 사람의 창의성이 크게 요구된다는 사실을 간과해서는 안될 것이다. 더구나 학습지도안이 가르치는 사람과 배우는 사람을 위한 스스로의 계획이어야 하는 것이지 이들을 통제하기 위한 행정적인 수단으로 전락하거나 사무적이고 행정적인 요식행위로 그쳐서 습성화된다면, 생동감이 넘치는 수업은 기대할 수 없게 될 것이다.

2) 학습지도안 작성의 기저

학습지도안 작성의 기법을 논의하기에 앞서 학습지도안이 갖추어야 할 구비조건을 살펴보고 학습지도안 작성을 위한 사전 계획을 제시하고, 학습지도안 작성에서 중요한 비중을 차지하고 있는 수업목표 진술방법을 좀더 구체적으로 언급하고자 한다.

(1) 학습지도안의 구비조건

학습지도안은 수업의 흐름과 방향을 제시하는 지침서이다. 학습지도안을 지나치게 복잡하게 작성하면 실제 수업에서 모두 다룰 수 없게 되고, 반면에 너무 간략히 작성하면 학습지도안이 없는 경우와 별다른 차이를 찾아낼 수 없게 된다. 따라서 학습지도안은 수업목표를 달성하는데 혼란을 일으키지 않은 범위 내에서 수업의 전체 개요를 일목요연하게 표현할 수 있도록 작성되어야 할 것이다. 또한 학습지도안 작성의 상세화 수준은 노련한 교사와 초심교사에 따라 다소 다를 수 있다. 사실 노련한 교사에게는 아주 상세한 학습지도안이 불필요할지도 모른다.

그럼에도 불구하고 학습지도안에 포함되어야 할 최소한의 구비조건이 요구된다. Risk(1973)는 학습지도안에 포함되어야 할 구성요건으로서 다음과 같이 7가지 요건을 제시하고 있다.

① 목표

② 교재의 개관

③ 학습활동

④ 방법 또는 기법

⑤ 자료

⑥ 과제(숙제)

⑦ 참고도서

김학수와 이희도(1976)는 지도안의 구비요건으로서 선행학습과의 관련성, 도달해야 할 목표, 지도기술, 학습활동, 평가방법 등을 열거하고 있다. 또한 이성호(1987)는 학습지도안을 가르치는 일의 효율성을 높이기 위한 여러 가지 가용대안을 기술해 놓은 것이라 보고, 학습지도안의 내용 요건으로 7가지 내용에 대한 대안을 제시하고 있다.

① 학습지도안 속에는 학습자들에게 다양한 학습목표의 대안들을 제시해 놓아야 한다.

② 그러한 목표를 성취하기 위해 무엇을 가르치고 배우는가에 대한 진술이다. 즉, 교수-학습내용을 밝혀 두는 것이 좋다.

③ 그러한 내용을 어떻게 전개시켜 나갈 것인가에 대한 대안이 탐색되어야 한다. 이는 곧 교수방법의 문제이다.

④ 시간 배분계획이다.

⑤ 수업을 이끌어 나가는데 있어서 교사가 준비해야만 할 교재와 학습자들이 준비해야만 할 학습자료 등이 분명히 명시되어 사전준비가 철저히 이루어지도록 하여야 한다.

⑥ 수업을 어떻게 종결하겠는가에 대한 준비이다.

⑦ 교수-학습을 전개하는데 따른 기타 관련 사항들에 대한 행정적인 명시이다.

이상에서 제시한 학습지도안의 구비요건은 학습지도안 작성에 있어서 필수적인 요소라 할 수 있다. 물론 모든 학습지도안이 여기에서 언급한 구비조건을 똑같이 갖추어야 하는 것은 아니다. 앞에서 말한 바와 같이, 학습지도안은 좋은 수업, 즉 수업의 효율성과 효능성을 극대화시키기 위한 노력의 일환으로 작성되는 것이며, 사전에 충분히 계획한 수업은 그렇지 않은 수업에 비해 학습실패를 줄일 수 있고 수업의 효과를 제고시킬 것이라는 기본가정에서 출발한다는 점에서 본다면 어떤 특정한 형식을 고집한다는 사실은 기본 가정에 위배된다.

(2) 학습지도안 작성의 사전계획

학습지도안을 작성하기 위해서는 사전계획과 실제 작성의 두 단계를 거쳐 개발하는 것이 편리하다. 학습지도안 작성을 위한 사전계획은 교과의 어떤 한 단원의 수업 및 학습을 위하여 교사가 미리 사전에 반드시 계획하고 준비해야 할 사항들이다(임진권 외, 1985).

임진권 외(1985)가 제시한 학습지도안작성을 위한 사전계획을 요약하면 다음과 같다.

① 단원의 설정 근거와 단원 목표의 확인

② 단원의 학습요소의 분석과 분류

③ 단원의 명세적 수업목표의 추출과 진술기법

· 수업목표의 추출

· 수업목표의 명세적 진술의 요건

· 명세적 수업목표의 진술기법

④ 단시수업의 학습량의 결정

⑤ 평가계획과 검사도구의 작성

⑥ 단시수업의 수업단계와 수업흐름의 결정

⑦ 수업 및 학습활동의 상세화

⑧ 보조자료의 준비

⑨ 지도상의 유의점 제시

이와 같은 9가지의 사전계획은 새로운 단원의 수업에 들어가기 전에 반드시 미리 계획하고 준비하여 학습지도안을 들고 수업에 임하는 것이 원칙이다. 그러나 ⑥, ⑦, ⑧, ⑨항은 실제 학습지도안을 작성할 때 함께 이루어질 수도 있으나 ①, ②, ③, ④, ⑤항은 반드시 사전에 미리 계획하고 준비해 두어야 할 사항이다.

(3) 수업목표의 진술방법

수업목표의 추출과 진술은 학습지도안 작성에서 가장 중요한 부분이라 할 수 있다. 수업목표란 한 단위 수업시간이 종결된 후에 학생에게 나타나기를 기대하는 학습성과를 말한다. 즉, 학생들로 하여금 수업 및 학습을 통하여 기르려고 하는 바의 행동을 진술하여 놓은 문장을 의미한다. 그리고 명세적 수업목표(specific objectives)의 추출이란 어떤 단원이 담고 있는 내용(혹은 학습요소)을 확인하고 그 단원이 종료된 후에 학습자로 하여금 변화될 행동이 무엇인가를 찾아내는 것을 말한다. 명세적 수업목표의 진술이란 추출된 행동을 행위동사를 사용하여 행동을 구체적으로 표현하는 것을 뜻한다. 이러한 명세적 수업목표의 추출과 진술은 대단히 중요한 만큼 수업목표의 추출방법, 명세적 진술의 요건, 진술기법의 세 가지 사항을 소개하기로 한다(임진권 외, 1985).

① **수업목표의 추출방법** : 어떤 한 단원, 즉 학생들이 새로 배울 내용을 통하여 기르려고 하는 수업목표를 추출하기 위해서 참고가 될 수 있는 사항을 제시하면 다음과 같다.

첫째, 새로 배울 단원이 담고 있는 학습요소를 확인하고, 단원의 전체적인 내용에 대하여 명확한 지식을 갖고 있어야 한다.

둘째, 단원의 내용을 가르치고 난 후에 변화될 행동이 어떤 것인가를 모두 찾아낸다.

셋째, 내용과 행동의 이원적 관계를 설정한다.

② **수업목표의 명세적 진술요건** : 수업목표를 명세적으로 진술한다는 것은 관찰 가능하고 측정 가능한 행동으로 표현하고, 그 행동은 교사의 행동이 아니라 학생의 행동으로 진술되어야 하며, 수업과정에서 일어나는 행동이 아니고 수업의 최종 성과인 도달점 행동으로 진술되어야 함을 뜻한다. 이 조건을 구체적으로 설명하면 다음과 같다.

첫째, 수업목표는 관찰될 수 있는 행동으로 표현한다. 여기서 관찰될 수 있는 행동이란 식별한다, 계산한다 등과 같은 행위동사를 사용한 경우를 말한다.

둘째, 표현 진술된 행동은 교사의 행동이 아닌 학생의 행동이어야 한다.수업의 목적이 학생이 무엇을 한다 또는 할 수 있다라는 학습성과를 의미하므로 학습자의 행동으로 진술할 것을 요구한다.

셋째, 수업과정에 일어나는 행동이 아니고 도달점 행동(terminal behavior)으로 진술해야 한다.

③ **명세적 수업목표의 진술기법** : 명세적 수업목표는 학습자에게 기대하는 최소 단위의 행동이라고 말할 수 있다. 한 시간의 성공적인 수업을 위하여 수업목표는 명세적으로 진술되어야 한다. 이 명세적 수업목표의 진술기법에 대해서는 여러 학자들이 주장하고 있는데 그 중에서 가장 유용하며 대개의 교과에 공통적으로 적용할 수 있는 것은 N. L. Gronlund(1970)의 기법이다.

Gronlund는 수업목표를 일반적 수준의 수업목표와 명세적 수준의 수업목표로 구분하여 이차원적 진술을 하도록 주장하고 있다. 이는 먼저 일반적 수업목표를 진술한 다음, 이를 기초로 명세적 수업목표를 만들어내야 한다는 것이다. 그리고 이 두 단계의 목표를 진술할 때에는 ① 내용과 함께, ② 학습자를 주어로 하여, ③ 수업 및 학습의 결과로서 변화되기를 바라는 행동이 빠짐없이 진술되어야 한다는 것이다. 또한 목표진술을 간단 명료하게 나타내기 위하여 주어에 해당하는 학습자를 생략하고, 할 수 있다 라는 동사로 하기 와 같이 줄여서 부정사 형태로 표현할 것을 권장하고 있다.

Gronlund에 의하면 일반적 수업목표는 학습내용과 함께 '안다' 또는 '이해한다' 등과 같은 내재적 행동을 진술하여 진술된 목표가 적절한 수준의 일반성을 유지하도록 하므로 어떤 한 단원의 단원목표에 해당될 수 있다. 그리고 명세적 수업목표는 관찰이 가능하고 측정될 수 있는 행위동사로 진술되어 일반적 수업목표의 내재적 특성을 보다 구체적으로 밝히고 있으므로 40~50분의 단시수업을 통해서 기대할 수 있는 목표로 적절하다. 그 실제적인 예는 다음과 같다.

㉿ :

1. 조선시대의 중요한 역사적 사실을 알기
(일반적 수업목표)

1－1. 날짜, 사건, 관련 인물을 관련짓기
(명세적 수업목표)

1－2. 특정 역사적 사실의 특징을 기술하기
(명세적 수업목표)

1－3. 중요 역사적 사건을 시대적으로 열거하기
(명세적 수업목표)

1－4. 역사적 사건과 그 원인을 설명하기
(명세적 수업목표)

3) 학습지도안의 예시와 활용 방안

(1) 실제 학습지도안의 예시

학습지도안의 양식은 과목, 학습자, 교사에 따라 다양할 수 있다.

(2) 수업의 전개 과정

❁ 학습지도안 작성지침

1 단원명

이것은 교과서의 대단원명의 이름을 그대로 쓴다.

2 단원 설정의 이유

여기에는 「교육부 교육과정일람」이나 교육개발원의 「교사용 지침서」를 참고하여, ① 국가와 사회의 요구 ② 학습자의 요구와 필요 ③ 교재의 계열적인 요구의 세 가지 측면에서 기재한다.

3 단원 목표

단원의 전체에 대한 목표를 기재한다. 여기에서도 「교육부 교육과정일람」이나 「교사용 지침서」를 참고하면 된다. 단원 목표이기 때문에 일반적 수준의 목표가 된다.

4 차시별 학습 주제

한 단원의 수업이 끝나는 시간을 결정하여 차시에 따라 학습할 내용의 주제를 차례대로 기재한다.

5 단시수업의 전개과정

① **본시 주제** : 본시와 주제명을 쓴다. 주제명을 쓰는 양식은 학습 내용에 따라서 제재, 제목, 문제, 소단원명과 같이 제목식, 문제식, 소단원명 등 어느 것을 기재해도 좋다.

<table>
<tr><td>①
본시
주제</td><td colspan="2"></td><td>②
차 시</td><td></td><td>③
시 점</td><td>년 월 일

요일</td></tr>
<tr><td rowspan="2">④
본시
학습
목표</td><td colspan="5" rowspan="2">1.
2.
3.
⋮</td><td>⑤
국민교육헌장</td></tr>
<tr><td></td></tr>
<tr><td rowspan="2">⑥
수업단계</td><td rowspan="2">⑦
수업의 흐름</td><td rowspan="2">⑧
학습내용</td><td colspan="2">학습활동 ⑨</td><td rowspan="2">⑩
유의점</td><td rowspan="2">⑪
비 고</td></tr>
<tr><td>교 사</td><td>학 생</td></tr>
<tr><td></td><td></td><td></td><td></td><td></td><td></td><td></td></tr>
</table>

② **차시** : 단원의 수업 및 학습이 일어나는 순서를 쓴다. 전체 단원이 4시간만에 끝나고, 두 번째의 수업이라면 '2/4'로 표시하면 된다.

③ **시점** : 날짜, 요일을 기재한다.

④ **본시 학습목표** : 본시의 명세적 수업목표를 기재한다.

⑤ **수업단계** : Gagné와 Briggs의 수업절차의 9단계를 기재한다.

⑦ **수업의 흐름** : 본시의 수업이 시작에서부터 끝날 때까지의 수업 및 학습활동의 흐름을 기재한다(모형 학습지도안 참조).

⑧ **학습내용** : 본시의 학습내용(학습요소)을 제시 순서대로 기재한다.

⑨ **학습활동** : 교사의 수업활동과 학생의 학습활동을 구체적으로 상세화하여 기재한다.

⑩ **지도상의 유의점** : 지도상 유의해야 할 시점에 유의사항을 기재한다.

⑪ **학습 보조자료** : 보조자료가 필요한 시점에 기재한다.

(3) 학습지도안의 활용방안

많은 시간과 노력을 투입해서 개발해 놓은 학습지도안을 잘 활용하지 않으면 좋은 수업은 기대할 수 없을 것이다. 매일 일정한 수업을 반복해서 실시하게 되면 수업내용을 완전히 암기하여 학습지도안이 필요없게 될 수도 있다. 그러나 아무리 비슷한 대상을 반복적으로 가르친다고 해서 동일한 학습지도안을 가지고 틀에 박힌 수업을 진행해서는 안 된다. 기본적인 골격을 유지하면서 교육대상의 특수성에 따라 학습지도안을 융통성있게 변형시킬 수 있어야 한다. 철저한 사전준비를 하여 수업에 임하는 것은 하나의 예의이다. 특히 학습지도안을 항상 준비할 뿐만 아니라 적극 활용하는 것은 부끄러운 일이 아니다.

수업시간은 귀중한 시간이다. 학습자에게 보탬이 되는 좋은 수업을 실시하려면 무엇보다도 반성이 요구된다. 수업 전체를 평가하는 여러 가지 방법이 소개되고 있으나, 학습지도안을 평가하는데 국한시키기로 한다.

김학수와 이희도(1976)가 제안한 학습지도안의 평가기준 12개를 제시하면 다음과 같다. 각 기준을 3단계 또는 5단계로 평정하여 합해 보면 의미있는 결과를 얻을 수 있다.

① 학습의 목표는 학교교육의 목표와 유기적인 관련을 맺고 있으며 구체적으로 명료하게 진술되어 있는가?

② 기준행동(무엇을, 어떻게, 어디까지)이 명확히 밝혀져 있는가?

③ 교재의 중심관념과 기본적 요소가 명확하며, 구조화를 계획했는가?

④ 지도목표 및 내용에 알맞는 학습활동을 계획하고 있으며 이에 따른 학습형태는 적절한가?

⑤ 지도과정 또는 문제제시의 배열과 시간배정이 적절한가?

⑥ 학습활동 계획에 타영역과의 관련을 고려하고 있는가?

⑦ 학생의 개인차에 대한 배려가 되어 있는가?

⑧ 학생 및 지역사회의 실태를 고려한 계획인가?

⑨ 학습결과의 평가계획이 적절한가?

⑩ 유효한 지도안 작성을 위하여 타인의 의견을 받아들이고 있는가?

⑪ 학습자료 및 교구를 충분히 활용하도록 되어 있는가?

⑫ 학습의 현장에서 신축성있는 활동을 예상하고 있는가?

이상의 기준에 비추어 검토하고 시정한 후에 수업을 실천하는 것이 학습지도안을 더욱 효과적으로 활용하는 하나의 방안이 될 수 있다.

4) 결 언

일률적이고 틀에 박힌 학습지도안을 작성해서 수업을 전개시키면 학습자의 자유로운 학습활동을 구속하고 개성의 발달을 저해할 우려가 있다고 해서 학습지도안의 불필요론이 대두되기도 한다. 학습지도안 불필요론의 요점은 교사가 학습지도안에 지나치게 구속되어 학습자의 학습활동을 제한하고 수업을 형식적으로 진행시킬 위험이 있다는 것이다.

그러나 학습지도안을 작성하지 않고서 수업을 진행하다가 보면 가르쳐야 할 내용을 잊어버리기도 하고 엉뚱한 방향으로 수업이 전개될 위험성이 더 크다고 하겠다. 따라서 수업에 필요한 사항을 사전에 치밀하게 계획한 후에 교단에 서는 것은 실로 엄숙한 책무이다.

그렇다고 해서 획일적인 양식을 만들어 놓고 모든 교사들이 똑같은 양식에 맞추어서 작성한다던가 그러한 학습지도안을 의무화해서 상급자가 결재하는 일은 특수목적의 훈련기관에는 필요할지 모르나 교육의 장에서는 불필요할 뿐만 아니라 교사의 창의성을 위축시키는 우를 범할 가능성이 높다.

왜냐하면 학습지도안은 가르치는 사람의 창작품이기에 수업목표, 내용, 학습자의 성격에 따라 교사 자신이 독자적으로 다양한 형태를 달리할 수 있는 것이다. 따라서 학습지도안 양식은 하나의 예시에 불과한 것이지 절대적인 정답이 아니다는 점을 명심해야 할 것이다.

저자 소개

✍ 윤길근

· 한양대학교 교육학과(교육학 박사)

· 부천대학 유아교육과 교수

✍ 이병헌

· 건국대학교 졸업/건국대학교 대학원 수료

· 상지영서대학 유아교육과 교수

· 현대교육학개론/유아교육실습/서원의 태동과 발달(4)/실기교육의 이론과 실제

✍ 정황순

· 원광대학교 대학원 교육심리 및 상담심리 전공(교육학 박사)

· 백석예술학교 교수

· 어머니의 양육태도와 자녀가 지각한 양육태도간의 차이 및 자녀의 인성과의 관계/지각된 어머니 양육태도와 아동의 정서지능과의 관계 연구/창의성 계발 프로그램의 적용이 창의성, 정서지능 및 다중지능에 미치는 효과/집단상담의 이론과 실제(공저)

✍ 정경은

· 숙명여자대학교 문과대학 교육심리학과 졸업/숙명여자대학교 대학원 교육학 석사

· 서울 외국어대학원 대학교 겸임교수/서울 보건대학 겸임교수/안산1대학 강사

실기교육방법론

초판발행 2005년 9월 5일
개정5쇄 2010년 8월 10일

저 자 윤길근 · 이병헌 · 정황순 · 정경은
발행인 김 현 태
발행처 태영출판사

주 소 (152-705) 서울 구로구 구로동 104-10 동남오피스텔 201호
전 화 02 · 839-3757, 839-3752
팩 스 02 · 837-3754
등 록 2005년 5월 30일 제12-421호
홈페이지 http://www.taeyeongbook.co.kr
E-mail tys2005@paran.com
typub@taeyeongbook.co.kr
ISBN 978-89-91777-45-3 93370
정 가 15,000원

* 잘못 만들어진 책은 교환해 드립니다.

NAVER 태영출판사